BAYERISCHE AKADEMIE DER WISSENSCHAFTEN

BAYERISCH-ÖSTERREICHISCHES WÖRTERBUCH

II. Bayern

BAYERISCHES WÖRTERBUCH (BWB)

Herausgegeben
vom
Beirat für Mundartforschung
Bearbeitet von Felicitas Maria Erhard, Edith Funk,
Anthony R. Rowley, Andrea Schamberger-Hirt,
Michael Schnabel und Vincenz Schwab.

Heft 31 (4. Heft des 4. Bandes)
[*Sauer*]*trog* – [*Dunst*]*tuch*

DE GRUYTER
AKADEMIE FORSCHUNG

ISBN 978-3-11-077350-7
e-ISBN (PDF) 978-3-11-077376-7

Library of Congress Control Number: 77235493

Bibliografische Information der Deutschen Nationalbibliothek
Die Deutsche Nationalbibliothek verzeichnet diese Publikation in der Deutschen Nationalbibliografie; detaillierte bibliografische Daten sind im Internet über http://dnb.dnb.de abrufbar.

Druck und Bindung: CPI books GmbH, Leck

www.degruyter.com

[Sauer]t., [Säuer]- wie →*[Dämpflein]t.*, °OB, °NB, °OP vereinz.: °*der Seiertrog* „zur Aufbewahrung des Sauerteigrests" Marktl AÖ; °*Sauertrog* Winklsaß MAL.
WBÖ V,560.

[Scheiß]t. scherzh. wie →*T.*3: °*mein Scheißtrögerl* „Bett" Stein TS.

[Schlacht]t. wie →*[Brüh]t.*, OB, SCH vereinz.: *Schlåchttrog* Derching FDB; „Schweinebrühtrog ... *šlåxdrōᵘg*" Thierhaupten ND nach SBS XI,304.

†**[Schleif]t.** Wasserbehälter zum Befeuchten des sich drehenden Schleifsteins: *1 Schleiftrog mit Stein* Tölz 1800 StA Mchn Briefprot. 11265, fol.41ᵛ (Inv.).
WBÖ V,555.

†**[Schliff]t.** wie →*[Schleif]t.*: „*Schliefftrug ... oder Stain* ... Ein Wasserkasten gehörte ... zum Gerät" 1550 Singer Vkde Fichtelgeb. 67.
WBÖ V,555.

[Schwarz]t. Backtrog für Schwarzbrot, °OB, °NB, °OP vereinz.: °*an Schwarztrog aufstelln* Taching LF.
WBÖ V,560.

[Senn]t. wie →*[Ursch-barn]t.*, °OB (v.a. TS) vielf., °OP vereinz.: °*Seetrögerl* „Holzbehälter zum Fassen einer Quelle" Rottau TS; *'s Seeh(n)trögl hoalt 's Woassa nimma* Heimatb. TS 39.– Zu →*sennen* 'geifern'.
WBÖ V,560.

[Sicker]t. Sichertrog, Schüssel zum Goldwaschen: „Der goldbehangene Lappen wurde in einem hölzernen Trog, dem *Sickertrog*, ausgewaschen" Hager-Heyn Dorf 166.– Wohl volksetym. aus →*sichern* '(Metall) reinigen'.
WBÖ V,556.

[Spei]t. meist Dim. **1** Spucknapf, °OB, °NB, °OP, SCH vereinz.: °*Speibtrögei* Taching LF.– Phras.: *nicht größer wie ein Speitrögelein* von geringer Größe, geringem Ausmaß, °OB, °NB vereinz.: °*net größer wia a Speibtrögerl* N'viehbach DGF.– **2** scherzh. übertr.– **2a**: °*Speitröglein* „Tabakspfeife" Flintsbach RO.– **2b** Gefäß, Behälter von geringer Größe, °OB, °NB vereinz.: °*Speibtrögei* „kleine Mörteltruhe" Taching LF; °*Speitrögerl* „kleines Jauchefaß" Arnstorf EG.– **2c** kleines Auto, °OB, °NB, °OP vereinz.: °*mit dein Speibtrögerl brauchst ma fei nimma kemma* „Ente oder Fiat" Pfaffenhfn.– **2d** Haus, Hof von geringer Größe, °OB vereinz.: °*de heirat in a kloans Speitrögal ei* Flintsbach RO.– Auch: °*Speitrögel* „kleiner Raum" Passau.– **2e** Acker, Grundstück von geringer Größe, °OB, °NB, °OP vereinz.: °*du host ja bloß so a kloans Speitröchal* Frauenbg PAR.– **2f** kleine Sache, Menge, kleines Exemplar, °OB vereinz.: °*des is a so a Speibtrögerl von aram Acker* DAH.
WBÖ V,560.

[Stempf]t. wie →*[Gersten]t.*: *Stempftrog* „Gefäß, in dem Gerste gestoßen wird" Elbach MB.– Zu →*stempfen* 'stampfen, zerstoßen'.

[Stopf]t. Trog, in dem Rüben, Kartoffeln u.a. zerkleinert werden, °OF, °MF vereinz.: °*der Stopfdruch mit Hackmesser* Rohr SC.

[Stoß]t. **1** wie →*[Stopf]t.*, °OP mehrf., OB, NB, °OF vereinz.: °*Schdaoußdrug* „rechteckiger Holzkasten zum Kleinstoßen von weißen Rüben, Dorschen, Krautstingeln und Kartoffeln" Kchnthumbach ESB; *1 Stoßtrog mit Messer* 1832 Fähnrich M'rteich 19 (Inv.); „Vor meiner Zeit wurden die Rüben vor dem Verfüttern mit einem *Stoußmesser* in einem *Stoußtruag* zerkleinert" Wir am Steinwald 9 (2001) 35; „*Stosstrog ... Stossmesser* ... nach 1600 regelmäßig in bäuerlichen Inventaren" Singer Vkde Fichtelgeb. 93.– **2** übertr.: *šdǫusdruag* „unhöflicher Mensch" nach Denz Windisch-Eschenbach 261.
Schmeller II,789.– WBÖ V,560.

[Sur]t. Surfaß: *sūrdrōg* Rottenbuch SOG nach SBS XI,315.

[Über]t. wie →*[Heber]t.*: *do muaß a Übertrog her ... mit Wasser voll* Reimeier Hüttenstaub 44.
WBÖ V,560.

[Wasch]t., [Wäsche]- wie →*[Pritschel]t.*, OP mehrf., OB, NB, MF vereinz.: *a Woschtroch* „zum Auswaschen der Wäsche, auch als Badewanne benützt" Nabburg; *Wäschtroug* Eckenhaid LAU; *waššdro:g* Kilgert Gloss.Ratisbonense 166.
WBÖ V,561.

[Wasser]t. **1** Wassertrog, °OB mehrf., °NB, °OP, OF, °MF, °SCH vereinz.: *gon Wossatrog treim* Valley MB; *Wassadruach* „Brunnentrog"

Wildenau TIR; „Viehtränke ... *wåsadrōχ*“ Biesenhard EIH nach SBS VIII,32.– **2** kastenförmiger Zulauf zum Mühlrad: *Wåssatruch* Dietkchn NM.

WBÖ V,561.

[**Wat**]**t.** wie →[*Wasser*]*t.*2, °OB, °OP vereinz.: *Wattrog* Eutenhfn RID; *Der ... Wattrog* „Einfang, Gerinne, worin das Wasser läuft, das ein unterschlächtiges Mühlrad zu treiben hat“ SCHMELLER II,1045.

SCHMELLER II,1045.

[**Weiß**]**t. 1** Backtrog für Weißbrot u. Gebäck aus Weißmehl, °OB, °NB, °OP vereinz.: °*an Weißtrog aufstelln* Taching LF.– **2**: °*Weißtrog* „Behälter für Kalkbrühe zum Weißen der Zimmerwände“ Steinhögl BGD.

WBÖ V,561.

[**Well**]**t.** wie →[*Back*]*t.*: *Welltroch* Wolfsegg R DWA XII,7. A.S.H.

Drogerie

F., Drogerie, OB, NB, OP, SCH vereinz.: *Droscheri* Naabdemenrth NEW; *Droogarie* BRAUN Gr.Wb. 103.

Etym.: Aus frz. *droguerie*; ²Fremdwb. IV,915.

WBÖ V,561f. A.S.H.

†Drohe, Dräue

F., M. **1** Drohung, Einschüchterung: *Minarum ... throono* wohl Rgbg 9.Jh. StSG. II,741, 12; *als er vernomen habete, des chuniges zorn unt sînen drô, sie wurden harte unfrô* Kaiserchr. 282,10983-10985; *Dise drö veracht er gar* FÜETRER Chron. 131,36.– Auch Provokation, Hetze: *Hab wir sein dro! Sagt, wie im das gevall* FÜETRER Trojanerkrieg 63,177.

2 drohendes Herannahen, Bevorstehen: *also erkennent di nachtengel, wenn in der tak dez morgens dro anlegen wil* KONRADVM BdN 512, 7f.

Etym.: Ahd. *drawa, drewa, drôa* stf., *drouwa* st/swf., mhd. *drouwe, drô* stf., *dröuwe* stm., germ. Wort idg. Herkunft; Et.Wb.Ahd. II,760-763.

WESTENRIEDER Gloss. 589.– WBÖ V,552.

Abl.: *drohen, -droher, drohlich, Drohung.* A.S.H.

drohen, -ö-, dräuen

Vb. **1** mit Gesten od. Worten einzuschüchtern versuchen, Gesamtgeb. vielf.: *dea hod ma dreaht* Walkertshfn DAH; *mit da Faust hota eam dråut* Beratzhsn PAR; *dës Mândei ... hât eahm à so mit'n Fingern drouht* HALLER Frauenauer Sagen 58; *drouə˜, drâuə˜ ... drê·n, drèi·n, drèiə˜* SCHMELLER I,564; *Argues thrauuis* wohl Rgbg 1.H.9.Jh. StSG. I,32,12; *Nu habet ir wol vernomen diu wort unsers herren, wie er den sůntærn gedrot hat* O'altaicher Pred. 46,27f.; *ich ... wird nit förchten diejenigen, die uns drôen* AVENTIN IV,895,33-896,2 (Chron.).– Phras.: *Vón Draoa stirbt kâñ Kraoa* [allein mit Drohungen läßt sich nichts erreichen] Eschenbach SCHÖNWERTH Sprichw. 12;– *Werván' Draoa stirbt, wird mid Oarschwischan bigróbm* [von einem überängstlichen Menschen] wohl Wernbg NAB SCHÖNWERTH Sprichw. 12, ähnlich DELLING I,190.– †Auch: reizen, provozieren: *du hast gedröet mir zu uil* FÜETRER Persibein 67,251.– Unter Androhung von Strafe ermahnen, zu etwas anhalten: *vns damit götlich, gnedigclich vnd vätterlich ermanendt vnd droend, von vnnsern lasterlichen sundigen leben zusteen* OP 1534 WÜST Policey 602.

2 (unangenehme Folgen) androhen, mit Drohungen ankündigen: °*i ho nan sogåa a Watschn draout* Windischeschenbach NEW; *die Frau Owerlehrer häitnan davoagstaabt* [davongejagt] *und mitn Schandarm draouht* SCHEMM Dees u. Sell 220; *Intenᵗat ... drouit* Frsg 9.Jh. nach StSG. II,169,1; *uns trowent Rômære in ir charchære* Kaiserchr. 209,7004f.; *Do ... Valentinianus ... den Schwaben drôet, er wolts ... all erschlagen, henken, köpfen lassen* AVENTIN IV, 1073,26-31 (Chron.).– Auch †im Begriff sein, jmdm etwas Gefährliches, Unheilvolles zuteilwerden zu lassen: *kundte ers doch nit verhüten/ dass nicht das Wasser häuffig darein luffe/ vnd jhm den nahenden Vntergang trohete* 1625 GIERL Bauernleben 68.

3 jmdm beinahe zustoßen (von etwas Gefährlichem, Unheilvollem): °*neile hods ma beim Hoamfohrn drouhd* „hätte ich beinahe einen Unfall gehabt“ Stammham AÖ.

Etym.: Ahd. *drouwen, drô(w)en, drewen*, mhd. *drouwen, dröu(we)n, drôn*, westgerm. Abl. von →*Drohe*; Et.Wb.Ahd. II,768-770.

Ltg, Formen: *drọun* (MB, WS; VIB), *drọuα* OP (dazu BOG, KEH, LAN; HEB), *drōn* (DON), mit Uml. *drēn* u.ä. (LL), *drẹαn* (WM).— 3.Sg., Part.Prät. *drọud* OB, NB, OP (dazu SEL, WUN; FÜ, HEB, LAU, WUG), *drọαd* (AIC, DAH, GAP, LL, SOG; ND), *drọid* (MB, PAF), *drōd* (TÖL, TS, WM), *drọuαd, drọ̄αd* (STA; DGF, PA, REG; AM, BEI, NM, R, TIR), mit Uml. *drēd* (LL; FDB), *drẹid* (RID; EIH; ND), *drẹαd* westl. OB (dazu ND), *drạt* (VOH).

SCHMELLER I,564.– WBÖ V,550-552.

Komp.: [**an**]**d.** wie →*d.*2: °*Schläg hams ma odroht* Siegsdf TS; *Zambrî, drowest dû mir an den tôt* Kaiserchr. 270,10262; *nach viler angetroheter Marter vnd Peyn/ in einen Bachofen geschoben* 1640 GIERL Bauernleben 82.

WBÖ V,552.

[**be**]**d.** bedrohen, einschüchtern: °*bedroun* Fischbachau MB; *durch Schreiben von Euch betroet worden* Mchn 1657 MB XIII,243.– †Part.Prät.: *vmb Abwendung bedrohter* (bedrohlicher) *Bölen* (Beulen verursachende Knüffe) Errettung der Jungfrau 79. A.S.H.

†-droher

M., nur im Komp.: †[**Be**]**d.** Aufwiegler: *Ordnen wir/ daß hinfüro niemands ... solche Bedroher/ Vehder oder außgetrettene wissentlich fürschieben* [zur Flucht verhelfen] ... *oder glaiten* [soll] Landesord.1599 138.– Mhd. *dröuwære* stm., Abl. von →*Drohe*; ²DWB VI,1415. A.S.H.

†drohlich, -ö-

Adj. **1** drohend, einschüchternd, feindselig: *vor vns grobe tröliche wort ausszogen* Indersdf DAH 1479 OA 25 (1864) 56; *so ferr einer darüber auffrührisch oder trohlich zu sein vermerckt wurde* Landr.1616 681.

2 dringend, eilig: *Non magnopere nblsdrblkhp* [*nals draliho*] Tegernsee MB 10./11.Jh. StSG. I, 423,5.

Etym.: Ahd. *drôlih*, mhd. *drôlich*, *drouwelich*, Abl. von →*Drohe*; Et.Wb.Ahd. II,800.

SCHMELLER I,564; WESTENRIEDER Gloss. 589.– WBÖ V, 552. A.S.H.

Drohne, Drohn, Trene

F., M. **1** Drohne, männliche Biene, °Gesamtgeb. vielf.: *da Drohn* Staudach (Achental) TS; °*d'Imbm beißend d'Dronan aus* Metten DEG; *Drenl raffm* Miesbrunn VOH; *Weil d Herrn allweil mehra werdn, wie dö Dröh im krankn Impstock* ANGERER Göll 104; *Fucos trenun* Tegernsee MB 1.H.11.Jh. StSG. II,643,45; *Trien od humel* Voc.Teutonico-Latinus hh.i[r].

2 Arbeiterbiene, weibliche Biene, OB, MF vereinz.: *Droi* „weibliche Biene" Berchtesgaden.

Etym.: Ahd. *tren*(*o*), mhd. *tren* swm., germ. Wort idg. Herkunft. Jüngere Formen über die Schriftspr. aus mnd. *drône*; PFEIFER Et.Wb. 245.

Ltg, Formen: *drō*(*n*), *-ǭ-*, auch *drōnα*, *-ǭ-* u.ä., ferner *drǫu*(*n*) (AIB, AIC; BUL), *drǫunα* (AIC; REH; WUG; ND), *drǫα* (AIC, GAP, WM), *drǫαnα* (AIC, WM), *drūnα* (LAN; TIR), *drōi* (BGD), vgl. Lg. § 11d3, daneben *drē*(*n*), *-ę̄-* u.ä. (BGD; KÖZ).— Pl. *drōnα*(*n*), *-ǭ-* u.ä., auch *drōn*, *-ǭ-* (NEN; N), *drǫunα* (ND), daneben *drē*(*n*), *-ę̄-* u.ä. (BOG; BUL, CHA, ROD, WÜM), *drę̄nα* (PEG).— Dim. *drǭn*(*α*)*l* (NEW, VOH), *drǫu*(*n*)*l* (NEW), daneben *drē*(*n*)*l*, *-ę̄-* OP, *-lα* (AM), *dręαndl* (AM).— Neben F. vereinz. M. (TS; R).

WBÖ V,422, 567f.

Komp.: [**Impen**]**d.** wie →*D.*1: *Impndrohna* Freimann M. A.S.H.

†Drohung, Dräuung

F. **1** Drohung, Einschüchterung: *Ih han gesuntit in zorne ... in drouunga, in racha* 12.Jh. SKD 145,9-17 (Wessobrunner Glauben I); *ob ainer dem andern troumb thätt mit veräffenlichn zornign wordtn* Werdenfels 1431 GRIMM Weisth. III,661.– Auch gewalttätige Drangsalierung, Nötigung: *mit droung zefahen vnnd zuo erwürgen des herren junger* BERTHOLDvCH Theologey 300.

2 Androhung: *so ist ... die dreuung Gottes zorns vnd ewiger straffe ... krefftig* N. HAHN, Catechismvs. Predigsweise gestelt/ für die kirche zu Regenspurg, 1554, fol.biiij[r].

Etym.: Ahd. *drouwunga*, *-ô*(*w*)*-*, *-ew-*, mhd. *drouwunge*, *-öuw-* stf., Abl. von →*Drohe*; vgl. PFEIFER Et.Wb. 245.

Komp.: †[**Be**]**d. 1** wie →*D.*2: *Es sollen ... alle pfarrer vnnd prediger vnsers furstenthumbs ... alle solche vbel ... mit dem wort Gottes vnnd betröung gotlichen zorns ernstlich straffen* Neuburg 1568 WÜST Policey 619.– **2** Aufwiegelung, Feindseligkeit: *WVrden ... die Außgetrettenen Vehder oder Bedroher auff ihren Bedrohungen beharren* Landesord.1599 138.

†[**Er**]**d.** wie →*D.*2: „dass *das Viech bezaubern hier vorkomme*, welches ihnen ... *mit Ertroung des Viechs Verlierung* (Androhung der Requirierung) verboten worden ist" Haselbach BUL 1585 Oberpfalz 94 (2006) 80. A.S.H.

Troie

wohl M., F., Triebweg des Viehs: °*Troi* Wiesau TIR.– Als Fln., AM.

Etym.: Rom. Lehnw. kelt. Herkunft; WBÖ V,562.

WBÖ V,562-564.

Komp.: [**Kühe**]**t.** wie →*T.*: *Köitroi* Vilseck AM.

WBÖ V,564. A.S.H.

trolchen

Vb., in heutiger Mda. nur im Komp., unordentlich, ungleichmäßig spinnen: *drolchen* „im Spinnen die Fäden ungleich drehen" Bay.Wald SCHMELLER I,566.

Etym.: Wohl Nebenf. zu →*trollen* mit verstärkendem Gleitlaut; WBÖ V,564 (trolken).

Schmeller I,566, 661.– WBÖ V,564.

Komp.: [**ver**]**t. 1** wohl refl., sich unbemerkt od. rasch entfernen, davonstehlen: *vatroicha* Fahlenbach PAF.– **2** †wie →*t.*: „Die Spinnerin ... *vertrolcht* oft einen ganzen Sträng oder Spulen" Schmeller I,661.

Schmeller I,661.– WBÖ V,564. A.S.H.

Troll, Trolle(n), -ö-

M., F. **1** Bommel, Quaste, °OP vielf., °NB, °MF mehrf., °OB, °SCH vereinz.: *a Dischdåu mit vüa Drolnan* Zandt KÖZ; °*an dem Vorhang san ladda Trollala dra* Weiden; *Sei Kappm hot an Droin* Schlicht Dorftheater 87; *neun Überschläg, theils mit Tröllen* Wunsiedel 1662 Singer Kloaida-Schrank 65.
2 (Stelle im) Faden.– **2a** verdickte Stelle im Faden, °NB, OP vereinz.: °*da is mir a Troin eigloffa* „beim Spinnen" Heilbrunn BOG; *Druidd'n* „verfilzte Wolle im Knäuel" Sojer Ruhpoldinger Mda. 12; *Beim Spinnen bráf* [in hohem Maße] *Trolln einé loussn* Schmeller I,661.– **2b** †abgeschnittener Kettfaden: „Bey den Webern heißen *Trollen* die Fäden von dem am Ende abgeschnittenen Gewirk, woran der Aufzug des künftigen Gewebes geknüpft wird" Schmeller I,661.
3 Körperteil.– **3a** Kehllappen des Hahns, °OB, °NB, °OP, °MF vereinz.: °*dea Gikl håt an groẞn Troin* Eging VOF.– **3b** meist Dim., Hautsäckchen am Hals der Ziege, °OP mehrf., °OB, °NB vereinz.: °*de zwoa Drejal hand lustig* Arnstorf EG; °*schau, wos döi Goaß für Trolltala am Kien hot* Wiefelsdf BUL; *drolai* „Halszäpfchen der Ziegen" Unterer Bay.Wald nach Kollmer II,325.– Spottv.: °*da Nigl is an oita Mo, hot hint und vorn a Drejal dro* Bodenmais REG.– **3c** Dim., Hautsäckchen am Hals einer best. Schweinerasse, °NB vereinz.: °*Trejerl* Kchmatting SR.– **3d** Doppelkinn, Fettwulst unter dem Kinn, °OB, °NB, °OP, °MF, °SCH vereinz.: *dea schüibt an Droln füra* Flossenbürg NEW; *Trolln* Bauernfeind Nordopf. 148.– Phras.: °*der hat a doppelte Droin* Doppelkinn Pleinting VOF.– *Den T. hängen lassen* u.ä. verdrossen, niedergeschlagen schauen, °OB, °NB vereinz.: °*der laßt aber heut an Droij bös hänga* Miesbach.– °*Bi iazt stad, sonst lauft eahm der Droi an* „wird er zornig" Passau;– *jmdm läuft / geht der / die T. ein* jmd steht unter Zeitdruck, wird mit der Arbeit nicht fertig, °nö.NB (v.a. REG) mehrf., °OB, °OP vereinz.: °*iaz muaß i aba kocha, sonst laft ma da Droi ei* Grafenrd VIT.– °*Daß da fei ja s Tröiderl nit abdruckt!* „zu einem Kind, das es nicht erwarten kann, etwas zu sagen" Winklsaß MAL.– **3e** Hoden: *die Drolln* Singer Arzbg.Wb. 56.
4 Teil von Fell od. Haar.– **4a**: °*Drollala* „verfilzte Haarbüschel im Ziegenfell" Erbendf NEW.– **4b** Backenbart, Koteletten: °*die Trolln* Malching GRI.– **4c** Korkenzieherlocke: °*die Trolln* Malching GRI.
5 Kot-, Schmutzklumpen.– **5a** Kotklumpen am Rind, NB, °OP vereinz.: °*an Schäck moußt an Schwanz mit lauwarma Wassa auswaschn, daß düi vüln Drollala vaschwindn* Kchndemenrth NEW.– **5b**: *drei'al* „Schmutzklümpchen" Kollmer II,93.
6 Dolde, Pfln.– **6a** Dolde, Rispe, Blüten- od. Fruchtstand, °NB mehrf., °OB, °OP vereinz.: °*den Hopfa muaß ma zupfa, daß da Droin no an Stingl hot* Pörnbach PAF; *da Howan hod grossö Droina* Gergweis VOF; °*hot die Hollastaudn Drolln!* O'viechtach; *Droin san schnej in Kar* [Korb] *gfoin* Pinzl Bäuerin 157.– Auch Getreideähre: °*s Korn hat schöne Droina* Fürstenstein PA.– **6b** Trollblume (Trollius europaeus): °*Trollerl* Weiherhammer NEW.
7 meist abwertend von Menschen, v.a. von weiblichen Personen.– **7a** dicker, schwerfälliger, häßlicher Mensch, °NB, °OP mehrf., °OB, °MF vereinz.: °*ein solchers Droiei, dös Dirndl!* „langsamer Mensch" Reit i.W. TS; °*schö war ja d'Marie no nia, aba iatz is a Trolln worn* „rund und fett" Schönbrunn LA; *Droidei* „langweiliger Mensch" Sojer Ruhpoldinger Mda. 11.– **7b** dummer, ungeschickter Mensch, °OB, °NB, °OP vereinz.: *du dumma Droln* Zandt KÖZ; *Drålln* „dummes Weibsbild" Angrüner Abbach 26.– **7c** grober, ungeschlachter, ungehobelter Mensch, °OB, °OP vereinz.: °*gscheade Troin* „ungebildete, unhöfliche Frau" Frsg; „*Droll* und *Drolln*, jenes auf Männer, dieses auf Weiber ... angewendet" Schönwerth Opf. II,270; *dem tet der hochmuet und stolz ... des groben trollen und paurn Marii wê* Aventin IV,522,13f. (Chron.); *Troll* „grober starker Kerl" Hässlein Nürnbg.Id. 133.– Auch Hundename, PA.– **7d** eigenwilliger, sonderbarer Mensch, °OB, °NB, °MF vereinz.: *a halb Bsunderi, a so a Troidei* Kreuth MB; *Drolln* „ulkige ... Person" Koller östl.Jura 20.– **7e** Dim., nettes, niedliches Kind, °NB, °OP vereinz.: *dös is a schä^{n}s Drölall* Zandt KÖZ.

8 †Troll, Dämon, Gespenst: *Es wonen bei disem volk Trollen, sollen geist sein* AVENTIN IV, 56,21f. (Chron.).
9 Gewohnheit, Trott, →*Drall*.

Etym.: Mhd. *trol(le)* st/swm., Abl. von →*trollen*; DWB II,1429f., XI,1,2,801. Dim. auch zu →*Troller(er)* möglich, teilw. mit epenthetischem *-d-*.

HÄSSLEIN Nürnbg.Id. 133; PRASCH 24; SCHMELLER I, 661.– WBÖ V,565f.

Komp.: [**Bauern**]**t.** dummer, ungehobelter Mensch (vom Land): *Baua(r)ntroll* BRAUN Gr. Wb. 676; *Was würde er jez sagen, so der mêrer tail paurntrollen gaistlich pfaff und munch werden* AVENTIN I,209,25f. (Türkenkrieg); *Baurentroll* PRASCH 24.

PRASCH 24.– WBÖ V,566.

[**Erd-birn**]**t.**: *Äbiandrolln* „Beeren der Kartoffel" Fürnrd SUL.

[**Doppel**]**t.** wie →*T.*3d: °*döi hot an Doppeltrolln* Doppelkinn Heng NM.

[**Geiß**]**t.** meist Dim., wie →*T.*3b, °NB, °OP vereinz.: °*Goaßdröiala* Lohbg KÖZ.

[**Haber(n)**]**t.** Haferrispe, OB, NB vereinz.: *Håbadroin* Haidenhf PA.

[**Hahnen**]**t.** wie →*T.*3a: °*Hahnatrolln* Fleischlappen unter dem Schnabel des Hahns Lindenloh BUL.

[**Hemd**]**t.** **1**: °*Hemdtrolle* „eine Art Krawatte unter flachem Kragen" Sulzkchn BEI.– **2** wie →*T.*6b: °*Hemdtroll* „Trollblume" Winklsaß MAL.

[**Hopfen**]**t.** **1** Hopfendolde, °OB, °NB, °OP vereinz.: °*Hopfadroin* Hzleithen KEH; *hopfadrei'al* KOLLMER II,93.– **2** Dim., übertr. Kleinigkeit, Mangelhaftes.– **2a** Kleinigkeit, geringfügige Menge, °OP vereinz.: °*tausend Mark sen ka Hopfadrölal!* Kchnthumbach ESB; „zu einer Kleinigkeit, etwa einem kleinen Bissen ... *dēs īs grōd a hopfadręlal*" nach DENZ Windisch-Eschenbach 270.– **2b** Mangelhaftes, Vergängliches: „*Das ist g'rad ein Hopfentröllerl* (ganz ungenügend, nicht dauernd)" BAUERNFEIND Nordopf. 152.

SCHMELLER I,661.

[**Kukuruz**]**t.** Maiskorn: *d'Gugaruzdroina ausfisln* Kchdf PAN.

[**Hasel-nuß**]**t.** Haselkätzchen: *Hoslnußdrolln* Michelsneukchn ROD; *Haslnußtrojerl* U'bachern DAH DWA X,38.

[**Sau**]**t.** wie →*T.*3c: °*Saudrejal* Straßkchn SR.

[**Werg**]**t.** Spinnrad zum Spinnen von Werg: „so hat man ... das bekannte Spinnrad ... und den *Wergtrolln*" BAUERNFEIND Nordopf. 36.

[**Zwirns**]**t.**: *s Zwirnströllerl* „Zwirnrolle" SINGER Arzbg.Wb. 284. A.S.H.

trollen

Vb. **1** gehen, sich entfernen.– **1a** (schwerfällig, langsam) gehen, sich fortbewegen, OB, NB, °OP vereinz.: *troin* „weitergehen, weiterschleichen" Burghsn AÖ; *der Dachs trollt* Pfaffenbg MAL; *trooln* BRAUN Gr.Wb. 676; *trollen* PRASCH 24.– Auch †: *trollen* „mit kurzen, eiligen Schritten gehen" SCHMELLER I,661.– **1b** refl., sich unbemerkt od. rasch entfernen, davonstehlen, OB, NB, °OP, MF vereinz.: *droi de!* „verschwinde!" Traunstein; *Da Schneida ... trollt se aus 'm Haus* SCHUEGRAF Wäldler 79; *Der gute Wirth ... wurde nur außgelacht, und sich zu trollen befohlen* MOSER-RATH Predigtmärlein 211.– Auch im Befehl sich irgendwohin begeben: *Troll di oa daa Arwet!* SCHEMM Dees u. Sell 113.
2 auch refl., Dolden, einen dichten Blüten- od. Fruchtstand bilden: °*der Baum trollt nur so von Blüten* Luitpoldhöhe AM; *D'Reaman bliahn und droiln se* PINZL Bäuerin 123.

Etym.: Mhd. *trollen*, germ. Wort unklarer Herkunft; DWB XI,1,2,801, 804.

HÄSSLEIN Nürnbg.Id. 133; SCHMELLER I,661.– WBÖ V, 566f.

Abl.: *Troll, Troller(er), Trollers, trollicht*.

Komp.: [**ver**]**t.** **1** refl., wie →*t.*1b, °OB mehrf., °NB, OP, MF, SCH vereinz.: *er vadroid se* Rechtmehring WS; *mit sowas mögts enk* [euch] *scho vertroin* RATTELMÜLLER Soldatenlieder 88.– **2** †unordentlich, ungleichmäßig spinnen: „Die Spinnerin ... *vertrollt* ... oft einen ganzen Sträng oder Spulen" SCHMELLER I,661.

SCHMELLER I,661. A.S.H.

Troller →*Tiroler*[1].

Troller(er), -ern, -ö-

M. **1** Bommel, Quaste, °OP vereinz.: °*Drollern, Drollerl* „meist aus Wolle" Rottendf NAB.
2 Körperteil.– **2a** Kehllappen des Hahns, °OB vereinz.: °*Tröllern* Polling WM; *Drållá* ANGRÜNER Abbach 25.– **2b**: °*Troller* „zwei fingerförmige Hautanhänge am Hals einer bestimmten Schweinerasse" Straubing.– **2c** Doppelkinn, Fettwulst unter dem Kinn, °OF, °MF

vielf., °OB, °OP vereinz.: °*schejb dein Drollera niat so oin!* „nach vorne" Neusorg KEM; °*dea hout an ganz schöin Trolla droahenga* Schönwd REH; *Drållá* „scherzhaft" ANGRÜNER Abbach 25; *Troller* „ein fleischigtes Unter Kin" HÄSSLEIN Nürnbg.Id. 133.
3 Kotklumpen: *Drollern* „am After" Weiden.
4 dicke, schwerfällige, häßliche weibliche Person: °*a so an Troller* Viechtach.
HÄSSLEIN Nürnbg.Id. 133; SCHMELLER I,661.

Komp.: [**Hemd**]**t.** Buschwindröschen (Anemone nemorosa): °*Hemerttrolla* Allersbg HIP; *Hemaddrolla* Allersbg HIP DWA IV,3.

[**Mist**]**t.** Mistklumpen: *dö Misttrollan* „hängen am Rock der Stallmagd" Lauterbach REH.
A.S.H.

Trollers, -ö-
M., Doppelkinn, Fettwulst unter dem Kinn, °NB vereinz.: °*der Droias hängt eam unterm Kui owa* Lindbg REG. A.S.H.

trollicht, -ö-, trollig, troldicht
Adj. **1** †: *trollet* „quast-ähnlich, buschicht zusammengeballt" SCHMELLER I,661.
2 dick, mollig, rundlich, °OB, °NB, °OP, °SCH vereinz.: °*dös is a trollige Dingin* „dicke Frau" Arnstorf EG.
3 ungeschickt, schwerfällig, langsam, °OB, °NB, °OP vereinz.: °*drollig* „unbeholfen, tolpatschig" Königstein SUL; *Engl … gài a weng vorô, I will schô trollàt nachà gàî* Furth CHA Oberpfalz 4 (1910) 241.
4 mit dichtem Blüten- od. Fruchtstand, °OB, °NB, °OP vereinz.: °*da Flieda hot so schene droiate Blüah* Pörnbach PAF; °*heier hand d'Äicha drellert* Trausnitz NAB.– Auch üppig gewachsen: °*der Rhabarber hat droiate Bläggan* [Blätter] N'viehbach DGF.
5 dicht gedrängt, in großer Menge: °*ganz trollat sans drangwen* „die Bienen" Wiesenfdn BOG.
SCHMELLER I,661.– WBÖ V,566.

Komp.: [**groß**]**t.** mit großen, üppigen Hopfendolden: *grousdroiad* MEISTER Hallertauer Hopfenbauern 73.

[**klein**]**t.** mit kleinen, im Wachstum zurückgebliebenen Hopfendolden: *gloadroiad* MEISTER Hallertauer Hopfenbauern 96. A.S.H.

drollig, -icht
Adj. **1** niedlich, zierlich, gefällig, °Gesamtgeb. vielf.: °*de junga Katzln san scho drollig, wenns spuin* Hzkchn MB; °*des is a droigs Kind* Grafenrd VIT; *Dei Leiberl ist drollat* PANGKOFER Ged.altb.Mda. 96.
2 spaßig, lustig, °OB, °NB, °OP vielf., °MF, °SCH mehrf.: °*da Hiasl is a drolliga Kerl, mit dem muaß ma vui lacha* Ismaning M; °*dös is åba a drollige Gschicht* Abbach KEH; °*bei da Musi is drolle zuaganga* Wiefelsdf BUL.
3 verrückt, närrisch, sonderbar, °OB, °OP vereinz.: °*de is owa drolle!* Brennbg R.
Etym.: Aus nl. *drollig*; KLUGE-SEEBOLD 218.
WBÖ V,566. A.S.H.

Dromedar
N. **1** Dromedar, OB, NB vereinz.: *s Dromödar* „Kamel mit einem Höcker" Mittich GRI; *Von dem dromedår* KONRADvM BdN 159,1.
2 von Menschen.– **2a**: *s Dromödar* „Mensch, der lärmend umhertrabt" Mittich GRI.– **2b** dummer, ungeschickter Mensch, OB, NB vereinz.: *Dromedåa* „Schimpfwort" Ingolstadt; *Esl, Ochs und Dromedar … Gloiffe, Depp, Hanswurst sogar* RATTELMÜLLER Soldatenlieder 88.
Etym.: Mhd. *dromedâr, tr-* stm., aus lat. *dromedarius*; KLUGE-SEEBOLD 218.
WBÖ V,567. A.S.H.

Tromete → *Trompete.*

Trommel, -u-, †Trumbel
F. **1** Musikinstrument.– **1a** Trommel, Schlaginstrument, °Gesamtgeb. vielf.: *dö grouß Drumö* Geiersthal VIT; *dö kloi Druml* Stadlern OVI; *Mit die Fahna und Trummln und Pfeifa voro san ma furt* RATTELMÜLLER Soldatenlieder 32; *Ein Drummelschlager … allhier verstorben und … mit Trumbel und Pfeiffen begraben* Hohenbg REH 1622 SINGER Totenbrauchtum 17.– Phras.: *ein Bauch wie eine T.* u.ä. dicker, aufgedunsener Bauch, OB, NB vereinz.: *an Laiw håm wia a Drumö* Mittich GRI; *a Bauch wöi a Trumml* „Blähbauch" SINGER Arzbg. Wb. 241;– *aufgetrieben wie eine T.* u.ä. dick, aufgedunsen, NB vereinz.: *aftrim wia a Truml* Tittling PA; *Wan ain Roß das Stille Därm gicht hat … wirdt auch Zu Zeit(en) auf plänt alß wie Ein Trumbl* Roßarznei (GFRÖRER) 41,82.– *Die große T.* (*für jmdn, etwas*) *schlagen* / *rühren* sich für jmdn, etwas einsetzen, werben, Aufsehen erregen, OB, NB, OP, MF, SCH vereinz.: *dö grouß Drumö schlång füa äbs* Plattling DEG; *de grouß Druml röian* Pechbrunn

TIR.– *Auf die T. kommen* wirtschaftlich zugrunde gehen, °OB vereinz.: *auf dö Trummi kema* Kiefersfdn RO.– *da: bist du: no mi:d da drumml um an gri:sbaum … umigre:nt* „Ansage an jmd. jüngeren, dem man einiges an Lebenserfahrung voraushat“ KILGERT Gloss.Ratisbonense 195f.– **1b** Maultrommel: *Z'nachst han i mei Trumbl … zupft zwischen die Zähnd* Altb.Heimatp. 58 (2006) Nr.48,3.

2 zylindrischer Geräteteil, Gegenstand.– **2a** Trommel, Walze der Dreschmaschine: °*Drumme* „durch ihre Drehung werden die Körner aus den Ähren gelöst“ Neufraunhfn VIB; „Vorne an der *Trummel* (Kornwalze) standen zwei *Troiaaftrocha* (Getreideaufträger) bereit“ REGLER Opf.Dorf 59.– **2b** Behälter zum Warmhalten des Glases in der Glashütte, fachsprl.: „Der *Anfänger* nimmt sich eine Pfeife … aus der Vorwärmtrommel *drumədl, dromədl* und begibt sich damit zum Ofenloch“ DÜRRSCHMIDT Bröislboad 18.– **2c** Seiltrommel: *Trommel* „zum Aufwickeln des Seils“ Passau.– **2d** Einfassung des Getreidesiebs: „Dort verstand man es, in eine aus Tannenholz gebogene Zarge (*Trommel* …) ein … Maschenwerk einzuspannen“ Fuchsmühl TIR SINGER Vkde Fichtelgeb. 75.

3 dicker, aufgedunsener Bauch, °OB, NB, OP vereinz.: *dia houda a Drumm Drumml drahängkn* „ist hochschwanger“ Michelfd ESB.

4 abwertend von weiblichen Personen.– **4a** dicke, schwerfällige Frau, OB, °OP vereinz.: °*fale Drumml* Rottendf NAB; *Trume* FEDERHOLZNER Wb.ndb.Mda. 223.– **4b** Schwätzerin, Vielrednerin, °OP vereinz.: °*a Trumml* Kehnthumbach ESB; *Daß die alte Trummel nicht das Maul gehalten hat* Altb.Heimatp. 10 (1958) Nr.12,7.– **4c** †: „Person, die gerne Dinge, welche geheim gehalten werden sollten, ausplaudert … *das ist a rechte Trummel*“ DELLING I,138.– **4d** (alte) Frau allg., °NB, °OP vereinz.: °*so a olte Trumml!* Marchaney TIR; *weil d' Frau Kreuzer aa mitspielt … dö alt Trummi* PEINKOFER Mdadicht. 50.

5 Trommeltaube: °*Trummen, Lerchan* Taching LF.

Etym.: Spätmhd. *trum(b)el* stf., Abl. von →*Trumme*; PFEIFER Et.Wb. 1464.

DELLING I,138; SCHMELLER I,664.– WBÖ V,664-666.

Komp.: [**Dorf**]**t.** Vielredner(in), Schwätzer(in) im Dorf, OP, OF vereinz.: *Doaftruml* Etzenricht NEW.

WBÖ V,666.

†[**Heer**]**t.** im Heer mitgeführte große Trommel: „der festliche Auszug der Schützen … mit Posaunen, Zinken und *Herdrumblen*“ Passau 1555 Bayerld 18 (1907) 489.

†[**Krebs**]**t.** Behälter zum Krebsefangen: „Fanggeräte sind: *Krebskörbe, Krebstrommeln* (aus Schmiedeisen oder Zinkblech)“ Fischerei Opf. 135.

[**Maul**]**t.** wie →*T.*1b, OB, NB, OP, MF vereinz.: *Maidrumö* „mit zitternder Feder“ Gottsdf WEG; *Mauldromme* BINDER Bayr. 132; *von einem 10. Jährigen Buben/ der anderen allerhand Sachen gefixlet* [gestohlen] … *Maul-Trumlen/ Pfeiffen und Brötzen* SELHAMER Tuba Rustica I,447.

SCHMELLER I,1586.– WBÖ V,666f.

†[**Ohren**]**t.** Gehörgang: *es ist ihm ein durchschleichenter Ohrenheller durch das Ohr hinein kommen vnd hat in der Ohrentrumel sich also beschwerlich herumb gedumlet* HUEBER Granat-apfel 175.

WBÖ V,665.

[**Öl**]**t.** wie →*T.*2b: „um ein Erstarren der Glasmasse zu vermeiden, wird das Glas … *eingewärmt* oder *nachgewärmt* … in der sogenannten *Öltrommel* oder … *Gastrommel*“ HALLER Geschundenes Glas 47f.

[**Rätsch**]**t.** Rätsche, Geräuschinstrument mit Resonanzkörper: „die in der Pumpermette hinter dem Altar aufgestellte *Ratschtrommel* ahmt das Zerspringen der Felsen beim Tode Christi nach“ Wdhf PAN.

[**Rohr**]**t.** Rohrdommel: °*Rohrtromel* Gangkfn EG.– Grundw. volksetym. aus →*Dommel* 'dass.'; WBÖ V,667.

WBÖ V,667.

[**Rollier**]**t.** Wirbeltrommel, OB, OP, MF vereinz.: *Ruliertrumö* O'audf RO.

[**Scheiß**]**t. 1**: *Schoaßtrummel* „Brummtopf (einfaches Rhythmusinstrument)“ nach ZEHETNER Bair.Dt. 301.– Phras.: *die / mit der S. spielen* furzen: °*dou hod einer mit seiner Schoasdrumml gspült* „gefurzt“ Freudenbg AM; „Da er die passende Hintergrundmusik aber gerade nicht hinbrachte, spielte er die *Schoaßtrommel* mit dem Mund“ L.F. SEIDL, Genagelt, Köln 2014, 78.– **2** (Geräusch einer) Abfolge von Fürzen: °*Schoaßtroml* „Blähungen, die laut abgehen“ Pfreimd NAB.– **3** geblähter Bauch von

jmdm, der furzt: „Bei einem trommelförmig aufgetriebenen, flatulenten Bauch … *Schoaßtrommel*" STADLBAUER Heilpflanzen Opf. 45f.– **4** abwertend von Menschen.– **4a** jmd, der ständig furzt, °OB, °NB vereinz.: °*Schoaßtrummö* Wimm PAN; *A de Schoaßtromme hat zum Arbeitn ogfanga und de Wind san ohne Zwicka außeganga* BILLER Garchinger Gsch. 11.– **4b** dicke, meist alte Frau, °OB, NB, °OP vereinz.: °*alte Schoaßtrumml* Weiden; *A sechane əide Schoasdrumme!* AMAN Schimpfwb. 127.
WBÖ V,667.

[**Wäsche**]**t.** Waschtrommel, scherzh. übertr. wie → *T.*3: *mit seiner Weschtrumml in Huasabund* SCHEMM Die allerneistn Deas-Gsch. 16.
A.S.H.

trommeln, -u-
Vb. **1** ein Musikinstrument spielen, etwas darauf spielen.– **1a** die Trommel schlagen, °OB, °NB vereinz.: °*trommln* Nabburg; *Der haout genau in Takt trummlt* SCHEMM Stoagaß 155; *Jetzt höre ich trommlen* 1686 DITFURTH Hist. Volksl.1648-1756 42.– Phras.: °*da is nimma viel zu trommeln* „von einem, der nicht mehr viel besitzt" Thanning WOR.– **1b** auf der Trommel spielen: *da Schloochzeicha hout an Tusch trummlt* HEINRICH Stiftlanda Gschichtla 42; *I hà˜ ghört a Musi … Schö˜ trumbelt und blasen* Fdwies TS um 1800 OA 34 (1874/1875) 77.– **1c** †auf der Maultrommel spielen: *Muaß' Enk* [euch] *ebba 'was trummin … oder an' Gaßlreim sag'n* KOBELL Schnadahüpfln 155.
2 in kurzen, rhythmischen Abständen schlagen, klopfen, stampfen.– **2a** schlagen, klopfen.– **2aα** schlagen, klopfen allg., °OB, °NB, °OP vereinz.: °*der hot da an Diar trummlt* O'viechtach; *a Teufl … Ergreift … an glühenden Brand Und trummelt s' auf Goschen und auf d' Hand* STURM Lieder 88.– **2aβ** (durch Trommeln, Klopfen) bewirken, daß jmd (aufwacht u.) aufsteht, °NB, °OP vereinz.: °*diesn Bruder hab i ausm Bett tromml*t „unsanft geweckt" Parsbg.– **2aγ** an die Baumrinde klopfen (v.a. vom Specht), °OB, °NB, °OP mehrf., °OF, °MF, °SCH vereinz.: °*hörst an Bambecker, wia a trummet* Lenggries TÖL.– **2aδ** heftig mit den Vorderläufen schlagen (v.a. vom Hasen), jägerspr l., °OB vereinz.: °*d'Hasn tromm ln* Hohenpeißenbg SOG.– **2aε** mit dem Dreschflegel dreschen: °*van Bauan XY trummlns schou, daou möin mia a afanga* Kchnthumbach ESB.– **2aζ** schlagen, verprügeln: *drummln* KILGERT Gloss.Ratisbonense 166.– **2b** stampfen, trampeln, °OB, °NB, °OP vereinz.: °*heit is bein Wirt a Houzat, da werns wieda trummen* „beim Tanzen" Rosenhm; *geh ausö, da Breial* [braunes Pferd] *trummöt uman Håban* Limbach PA.
3 einen trommelnden, dumpfen Laut von sich geben.– **3a** prasseln (von Regen, Hagel), °OB, °OP vereinz.: °*s Wassa drommet ans Fensta* Taching LF.– **3b** rauschen, pulsieren: °„Ohrenkranke fühlen innen ein *Trommeln*" Reit i.W. TS.– **3c** gurren, einen rhythmischen Gesang ertönen lassen (v.a. von der Trommeltaube), °OB, °NB, °OP vereinz.: °*de Taubn truman* Tandern AIC; °*lus, wej d'Dam drummönd* Bodenmais REG; *trummeln* „vom Täuber" Bay. Wald SCHMELLER I,664; *Ich ho èmal èn schèin Trummltauber ghatt … Allèwal bè dè Nacht … Trummlt e*[r] *af mein Dach* VOGT Sechsämter 11.– Übertr.: *der trommlt* „ist verliebt" Massing EG.– **3d** summen, surren vor dem Ausschwärmen (von Bienen), °OB, °OP vereinz.: „die Bienen *trommeln* im Stock" Rgbg.
4 schimpfen, herabsetzen.– **4a** schimpfen, lautstark seine Meinung äußern, °OB, °NB, °OP vereinz.: °*de am bestn trummelt, kriegt recht* „unter Frauen, die sich streiten" Pocking GRI.– **4b** herabsetzen, schlechtmachen: °*de trommelt* „richtet andere aus" Ainring LF.
5 prahlen, werben.– **5a** prahlen, großtun: °*der kann guat trommeln* „große Sprüche machen" Zustorf ED.– **5b** sich für jmdn, etwas einsetzen, werben, Aufsehen erregen, °OB vereinz.: °*es trommelt einer* „für eine Ansicht, eine Ware, ein Geschäft" Mchn; „Auf der … Salzachbruggen … lassen die Standlischen und die Pfaffenbergerischen [FN] *Comödi trummeln*" Laufen 19.Jh. Zwiebelturm 8 (1953) 350.
6 †Geschlechtsverkehr ausüben: *I hà' ·n trumm·ln lass·n* NB SCHMELLER I,664.
SCHMELLER I,664.– WBÖ V,667.

Komp.: [**ab**]**t. 1** die Trommel schlagend abgehen, durchziehen: °*s ganze Dorf werd otrommelt* „von den Dreikönigsbuben" Hahnbach AM.– **2** durch Schlagen, Klopfen aus dem Bienenkorb vertreiben, °OB, NB, °OP, SCH vereinz.: *im Mai an Schwarm åbtrumen* Mittich GRI.– **3** wirtschaftlich zugrunde gehen: °*der hat abtrommelt* Deggendf.
WBÖ V,668.

[**an**]**t.** refl., sich vollessen, vollfressen: *k kǫu hǫd se ǟdrumed* nach KOLLMER II,37.
WBÖ V,668.

[**um-ein-ander**]**t. 1** in kurzen, rhythmischen Abständen schlagen, klopfen, stampfen.– **1a** wie →*t.*2aα: °*nacha hot er mit dö Finga afm Tisch umanandtrummöt* M'rfels BOG.– **1b** wie →*t.*2b, °OB, °NB, °OP vereinz.: °*d'Kina trummeln am Foußbuan ummanand* Falkenbg TIR.– **2** ziellos, ruhelos herumgehen, °OB, °NB vereinz.: °*trummöt nöt so lang umanand, schau dast zu deiner Oawat kimmst* Limbach PA.– **3** ausplaudern, prahlen.– **3a** ausplaudern, weitererzählen, °NB, °MF vereinz.: °*der drummelts im ganzn Durf umanand* Thalmannsfd WUG.– **3b** wie →*t.*5a, NB, °OP vereinz.: °*der trommlt umananda, bis sei Schwindl aufkommt* Rgbg.

[**auf**]**t.** aufblähen, auftreiben: „gefährlich für das Vieh waren Koliken … *haand s' recht aafdrummet*" Dirnbg VIT S. El-Samahi, „Wer geht denn heet no boarfouß in d' Kircha?", Regensburg 2023, 41.
WBÖ V,668.

[**aus**]**t. 1**: *austrummln* „mit Trommelschlag verkünden" Schweizer Dießner Wb. 22.– **2** wie →[*ab*]*t.*2: °*den Bien muß man austrommeln* „um ihn aus dem Strohkorb zu kriegen" Kchndemenrth NEW.– **3** ausplaudern, werben.– **3a** wie →[*um-ein-ander*]*t.*3a, °OB, °OP vereinz.: °*dea hats schnell austrommelt* „eine unliebsame Neuigkeit verbreitet" Fronau ROD; *aastromml'n* „etwas an die große Glocke hängen" Braun Gr.Wb. 27.– **3b** wie →*t.*5b, OB, NB, OP, MF vereinz.: *dös wiad austrummöd* Arrach KÖZ.
WBÖ V,668.

[**ausher**]**t.** wie →*t.*2aβ: °*mittn in da Nocht hams mi assatrummlt* „mit viel Lärm geweckt" O'viechtach.

[**aushin**]**t.**: °*den Bauern hams außitrommit* „sein Besitz ist versteigert worden" Burghsn AÖ.
WBÖ V,668.

[**der**]**t.**: °*da Schpecht hot an Baam datrumöt, daß grod d'Fätzn gflogn han* „durch Klopfen an die Rinde stark beschädigt" Fischbachau MB.

[**einher**]**t.** jmds Eintreffen durch lautes Schlagen, Klopfen begleiten: „Erschien ein Glasmacher verspätet an seiner Werkstelle … *Einertrummeln* … mit *Zwackeisen* … *Abschneidscheren*" Theresienthal REG Haller Glasmacherbrauch 99.

[**her**]**t.** wie →*t.*2aζ: *dia weri no dein Blutza* [Kopf] *heatrumin* Mchn.

[**maul**]**t.** die Maultrommel spielen: °*jetz woas i ned, glungazzt de Glockn oder muchazt de Kuah oder maultrommelt mei Bua* Grafing EBE.
WBÖ V,668.

[**zu-sammen**]**t. 1** wohl wie →*t.*2aζ: °*Herrschaft, hot mi da Fritz zamtrommlt!* Wiefelsdf BUL.– **2** zusammenrufen, auffordern, bewirken, sich zu versammeln, °OB, °NB, °OP, °MF, °SCH vereinz.: °*der wenn net aufhört, trumld ea die ganzn Leit zam* Windischeschenbach NEW; *Dö ganz Gmoa hams zamtrummelt und den B'schluß gfaßt, daß ma dö vieln Säu aus'n Bach raustreibn müaßt* G. Kapfhammer, Bayer. Schwänke, Düsseldorf u.a. 1974, 13.– **3** beschaffen, auftreiben: °*in zwoa Jahr håt er soviel Geld zammatrommlt, daß zum Häusl langt* Rgbg.
WBÖ V,668. A.S.H.

Trommler, -u-
M. **1** Trommler: *Trummla* „Tambour" Kötzting; *Musikant … genauer gsagt Trummler* Schemm Dees u. Sell 188; *Trummler und Pfeiffer* W. Rauscher, Oel u. Wein Deß Mitleidigen Samaritans Für die Wunden der Sünder, Bd II, Dillingen 1690, 105.
2 Trommeltaube, °OB, °OP vereinz.: °*do håst an schen Trommea obn* Ensdf MÜ; *drumi'a* „Taubenart, die den Kropf stark bläht" Kollmer II,97.
WBÖ V,670. A.S.H.

Trompete, Tru-, -mete, Pete
F. **1** Blasinstrument.– **1a** Trompete, °Gesamtgeb. vielf.: *Drumbetn blosn* Haselbach PA; *Bädn* Eslarn VOH; *Naou setzn s' erscht d'Drumbätn o'* Schwägerl Dalust 97; *also ward er gar wirdiglich enpfangen mit lobsank und drumeten* Arnpeck Chron. 620,36f.; *ihr zween … hament auf trometten blosen* Landshut um 1650 Jb.Schmellerges. 2012, 19,35f.– Phras.: *große Trumpetn* Bombardon Neusteinrth KEM.– °*Er håt oiwei hübsch Trompetn blåsn* „gesoffen" Mchn.– **1b** Posthorn: *er hat zum Postmuckl g'sagt … dersell' Engel … blast auf deiner Trumpet'n* Franz Lustivogelbach 72.– **1c** aus Weidenrinde gebasteltes Spielzeug zum Pfeifen: *Trumbädn macha* „die abgeschälte Rinde rollt man zusammen und steckt eine *Pfarze* hinein" Haimhsn DAH.

2 scherzh. große Nase: *Drombetn* Landshut.

Etym.: Spätmhd. *trum(p)et* swf., aus afrz. *trompete*, gleicher Herkunft wie →*Trumme*; PFEIFER Et.Wb. 1464.

Ltg, Formen: *drumbḛtn*, *-bétn* u.ä. neben z.T. jüngerem *drom-*, auch *-bḛta* (LL, SOG, WM), *-bḛ́(d)n*, *-ḗ-* (TIR; WUN), *-bḛi(d)n*, *-éi-* MF (dazu KEM, SUL), *-bḛadn* (AÖ; NM), *-bûn* (LF), *dråmbḛtn*, *-bétn* (FFB, FS; HEB; FDB), *droum-* (TIR), *drūbḛtn*, *drō-* (KEH; PAR, R, ROD), *drombḛt*, *dråm-* (RO; DON), *dromḛtn* (ROD), ferner *bḛtn* (KEM, OVI, TIR, VOH), *bḛidn*, *-ei-* (HIP).

WBÖ V,670f.

Abl.: *trompeten*, *Trompeter*.

Komp.: [**Baß**]**t.** Bombardon, OB, NB, OP vereinz.: *Baßtrompätn* Kolmbg CHA; *D' Kreitmeierin, de a Stimm hat, wia de Baßtrompetn von der alten Aichacher Landwehr* Neues Münchener Tagbl. 1 (1877) Nr.64[,4].

[**Rotz**]**t.** scherzh. wie →*T.*2: *Rotztrompettn* Traunstein. A.S.H.

trompeten, tru-

Vb. **1** Trompete blasen: „Marterlinschriften ... *Hier liegt ein frummer Trumpetist. Warum? Weil er gestorben ist Und weil er nicht mehr trumpeten kann, Drum bete, du, o Wandersmann!*" Oberpfalz 20 (1926) 179.– Phras.: *i här di scha*ⁿ *trompetn* „verstehe, was du sagen willst, ohne daß du es aussprichst" Passau.

2 scherzh. lautstark niesen, sich schneuzen.– **2a**: °*trompetn* „laut niesen, im Scherz" Nabburg.– **2b**: *der trompet wia a Elephant* „schneuzt sich laut" Mchn.

WBÖ V,671f.

Komp.: [**aus**]**t.** **1**: *austrompḛtn* „mit Trompeten verkünden" SCHWEIZER Dießner Wb. 22.– **2** ausschreien, lautstark bekanntgeben: *austrombetn* Donaustauf R.– **3** ausplaudern, weitererzählen, OB, °OP vereinz.: *austrompetn* Wald a.d.Alz AÖ.

WBÖ V,672. A.S.H.

Trompeter, Tru-, †-meter

M., Trompeter, OB, NB, OP vereinz.: *Drumbätta* Kötzting; *zwischendrei' ham die Trumpeter vo' Jericho si' hör'n lass'n* FRANZ Lustivogelbach 65; *Trampeter reiten voran* MÜLLER Lieder 129; *der kunigin pliesen vnd pfyffen aus irer Herberg in dy kirchen ... Hunndertt Trumetter vnd pfeiffer* Landshut 1475 WESTENRIEDER Beytr. II,141f.– Phras.: *du bist ja da Trompeta von Säckingen* „zu einem, der sich laut schneuzt" Mchn.

SCHMELLER I,567.– WBÖ V,672.

Komp.: [**Hosen**]**t.** **1** Bub, der die erste Hose trägt, OB, NB, OP vereinz.: *a Huasatrumpäta* Naabdemenrth NEW; „daß er selbst die kleinen *Hosentrompeter* als 'Herrn' ansprach" SCHLICHT Bayer.Ld 31.– **2**: *Hosntrompeter* „Feigling" Mchn.

WBÖ V,672. A.S.H.

Tropf, -u-, -ü-

M. **1** auch N., Tropfen, kleine Flüssigkeitsmenge, °OB, °NB, °OP, °OF, °MF vereinz.: *ea gspürts nima, di Trupf hengn åba* „von Rotz" Bernau RO; *Die Dreißigstbeterin hat grad Arbeit gehabt, von den Kerzen as Tropf wegzumachen* BAUER Oldinger Jahr 121; *ein Tropf* „gutta, stilla" SCHÖNSLEDER Prompt. Kk5ᵛ.

2 auch N., vom Dach od. Baum tropfendes od. fließendes Wasser, °OB, °NB, °OP vereinz.: °*s Drupf geaht ein* „durch eine undichte Stelle im Dach" Peißenbg WM; °*es geht der Tripf* „bei der Schneeschmelze" Barbing R; *da dropf gēd* Grafrath FFB nach SBS VIII,81.

3 Dachkante, Dachrinne, OB, °OP vereinz.: *der Drupf* M'nwd GAP.

4 Infusionsgerät, Tropf, °OB, °OP vereinz.: °*an Drobf griang* Dachau.

5 Schlaganfall: °*a Tropf hat ihn erwischt* Thanning WOR; *der Tropf* Inchenhfn AIC BzAnthr. 11 (1895) 71; *Lucium den ainen kaiser traf der gewalt gotts, schlueg in der tropf ... und starb* AVENTIN IV,876,1f. (Chron.).

6 Schlagfertigkeit: °*der hat an Tropf* Viechtach.

7 von Menschen.– **7a** abwertende Bez., Schimpfw., meist für männliche Personen, °OB vielf., °NB, °OP, °MF, °SCH mehrf., °OF vereinz.: *a großmaulada Dropf* Gallenbach AIC; °*der is a ådrahts Tröpferl!* Deggendf; *eleendege Droubfa* schlimme Kinder Derching FDB; *daß d' es woaßt, du Sakrati, du Tropf, du!* KROHER Ache 354; *Den Ambtmann betrefend ist er den Leithen ein solcher überlestiger Tropf* 1670 Chron.Kiefersfdn 314.– **7b** mittelloser od. bedauernswerter Mensch, in der Fügung: *armer / elender T.* u.ä. °Gesamtgeb. vereinz.: °*des is a arma Tropf* „finanziell oder gesundheitlich angeschlagen" Wildenroth FFB; *Das Tröpfel, das armselige!* THOMA Werke III,247; *hinder den sitzt ein arms trŏpflein, der Sigler genandt* Landshut Flugschriften zur Ritterschaftsbewegung des Jahres 1523, hg. von K. SCHOTTENLOHER, Münster 1929,

55; *die Benachbarte disen armen Tropfffen unwissend der Elteren ... verlobet* Gnadenblum 77.– **7c** Mensch mit angenehmem Äußeren od. guten Eigenschaften, °OB, °NB, °OP, °OF, °SCH vielf., °MF vereinz.: °*schaugts den Tropf o!* „anerkennend" Rottach-Egern MB; °*dös is a feiner Dropf!* „gebildeter Mensch" Lohbg KÖZ.– Auch niedliches Kind: °*ma klåis Tröpfal* „Kosename" Kchnthumbach ESB.
8: *Drobf* Schlund, Rachen Schrobenhsn.

Etym.: Nebenf. von →*Tropfen*; PFEIFER Et.Wb. 1464f.

HÄSSLEIN Nürnbg.Id. 133; SCHMELLER I,673; WESTENRIEDER Gloss. 589.– WBÖ V,568f.

Abl.: *Tropfin.*

Komp.: [**Pech**]**t. 1** (Tropfen aus) Harz, °OB, °NB, °OP vereinz.: °*an de Birkn geht heut as Pechtropf* Wildenroth FFB.– **2** (starker) Harzfluß, °OB, °NB, °OP vereinz.: °*da Pfirsichbaam hot an Pechtropf* Hohenpeißenbg SOG.

[**Bluts**]**t. 1** wie →*T.*7a, OB, OP vereinz.: *du Bluatstropf, elendiger!* Finsing ED.– **2** wie →*T.*7c: *du Bluatstropf!* „schmeichelhafte Anerkennung der Raffiniertheit" Aubing M.

[**Dach**]**t. 1** vom Dach tropfendes od. fließendes Wasser, °OB, OP vereinz.: °*heut geht as Doochtropf* Wildenroth FFB; „*dōxdrobv* m. ... wenn keine Dachrinne da ist" Marxhm DON nach SBS VIII,81.– Auch scherzh. Rotzglocke: *bei dem gehts Dachdropf alleweil!* Hfhegnenbg FFB.– **2** wie →*T.*3, °OB, OP, MF vereinz.: °*Dachtropf* „wo das Wasser rinnt" Mchn; *šteəd undərn dāxdrubv* Dünzelbach FFB nach SBS VIII,81; *Stillicidium ... dachtropff* Tegernsee MB 1468 Lib.ord.rer. I,54,25.– Auch †als Grenze des Hausfriedensbezirks, rechtssprl.: *WEr von newen bawen/ vnd hinter sich Liecht oder Tachtropff haben/ oder behalten will* 1657 Wachtger.Ordng Rgbg 27.

SCHMELLER I,673.– WBÖ V,569.

[**Herz**]**t.**: *Herztröpfl* Lieblingskind Breitenrd WÜM. V.S.

tröpfeln, -ü-
Vb. **1** tropfenweise niederfallen, herabrinnen, °OB, °NB, OP vereinz.: *s Bluat trepflt a bißl* Aubing M.– Phras.: *Wo-s drepfed, fangd mà-s auf, wo-s dropfd, dǫ lǫssd mà-s rinà* „Im kleinen sparen, im großen verschwenden, ist sparen am falschen Ort" KAPS Welt d.Bauern 33.– Übertr. in kleinen Mengen verdient, eingenommen werden, °OB, NB, SCH vereinz.: °*es tripfet alwei wos, daß a net vosteigern muaß* Halfing RO; *Bài dene drepfed-s schē̃ē schdàd* KAPS Welt d.Bauern 38.
2 Tropfen von sich geben, an sich herabrinnen lassen, °OB, °NB, OP vereinz.: °*muasd a neichs Ledal* [als Dichtung] *einimacha in Brunna, die ganz Zeid drepfida* Ebersbg; *Da tröpfeln mir d'Augn* HALBREITER Gebirgsl. II, 397.
3 leicht regnen, SCH vielf., °OB, MF mehrf., °NB, OP vereinz.: *as trepflt scha, aöza wiads bål ränga* Zandt KÖZ; *Es dribfed gråd a bißl* nach BAUMGARTNER Wasserburger Ld 69; *als wöll es alle augenplickh einеu grossen plazregen thun, vnd etlichmal angehebt zu dropflen* Mchn 1584 Bayerld 7 (1896) 551.
4 weinen: °*tröpfln* Matzersrth TIR.
5 trödeln, langsam sein: °*der tröpfelt* „braucht zu allem so lang" Frauenau REG.

WBÖ V,570f.

Komp.: [**ab**]**t.** wie →*t.*2, °OB, °NB vereinz.: °*häng die Barablü auf zum Otröpfln!* Eschenlohe GAP.

WBÖ V,571.

[**an**]**t.** nach u. nach ankommen: *verstreut antröpfelt* Zeitlarn R.

[**ein**]**t.** einträufeln, in Tropfen hineinfallen lassen, °OB, °NB, °OP vereinz.: °*in d'Augn eitrepfln* Neusorg KEM.

WBÖ V,571.

[**ver**]**t.** tropfenweise verschütten, OB, NB, °OP vereinz.: °*gi Owåcht, du vatröpflst dein gånzn Kåffee!* Sulzbach-Rosenbg.

[**da-her**]**t.** wie →[*an*]*t.*, °OB, °NB vereinz.: °*aso wia dö nachanand daherdröbfönd* Grafenau; *Da drepfln allwei no a paar daher* MM 3./4.3.2001, J2. V.S.

Tropfen, -u-
M. **1** Flüssigkeit.– **1a** Tropfen, kleine Flüssigkeitsmenge, °OB, °NB, °OP, °SCH vereinz.: *Tropfm rinand aba vo lauta Schweiß* Hengersbg DEG; *a boar Trepfal Bluat* Pettendf R; „eine alte Wanduhr ... *Wenns a Öl braucht, geb i a paar Tröpferl ins Werk, nacha laufts wie a Wiesl*" SZ 11 (1955) Nr.288,4; *Punctis trophun* Tegernsee MB 10.Jh. StSG. II,476,61; *di tropfen sint den fiebrigen lauten gůt* KONRADvM BdN 483,3f.– Phras.: *keinen T.* gar

nicht(s), keinerlei, °OB, NB, SCH vereinz.: °*dö Axt schneid koan Tropfa* Mammendf FFB; *Der Bursch hat doch koan Tropfa Religion im Bauch* Fliegende Bl. (Mchn) 42 (1865) 8.– *dees iis a Tropf'm af-r-an håißn Stoa(n'* „das ist viel zu wenig; das ändert an der Sache nichts!" Braun Gr.Wb. 677.– *Bis auf den letzten Tropfen* [ganz u. gar] Endlhsn WOR.– °*Es fehlt um a Tröpferl* „sehr wenig" Schäftlarn WOR.– Auch †tropfenförmiger Einschluß im Stein: *Crisopassus son in di sunn anscheint roüt guldein tropfen gibt er fein* Tegerns.Hym. 6,66.– **1b** Träne, OB, °NB, °OP, °SCH vereinz.: °*da san ihm d'Tropferl abagrunna* Wildenranna WEG; *haand eah d' Trupfa owagrunna* Dirnbg VIT S. El-Samahi, „Wer geht denn heet no boarfouß in d' Kircha?", Regensburg 2023, 54.– **1c** Nasenschleim, NB, SCH vereinz.: *heid gead s Drejbfla wiedr n ganza Dag* Mering FDB; *da ist der allerschönsten ein Tröpferl hinter der Nasen ro g'hangen* Thoma Werke III, 148.– **1d** übertr.– **1dα** sehr kleine Menge (Flüssigkeit), OB, °NB, °OP, MF vereinz.: °*mei Kaffee is na rechd schwoaz, duama a Dröbfei Mil einö dazua!* Grafenau; *des Tröpferl zwingst jetzt auch noch* Kilgert Gloss.Ratisbonense 166.– Auch scherzh. große Menge: °*ein Tröpferl Kafä* „fast ein halber Liter" O'köllnbach LA.– **1dβ** gutes, meist alkoholisches Getränk, OB, NB, °OP vereinz.: *ein guter Tropfen!* Endlhsn WOR; „seine ... Schnapsbrennerei, in der er hervorragende *Tröpferl* herstellt" Altb.Heimatp. 51 (1999) Nr.11,4.– **1dγ** Medizin, die in Tropfen eingenommen wird, NB, OP vereinz.: *Tropfa* Wutschdf AM; *Wenn ma fleißig Tröpferl nimmt und Arzneien, na dauert so a Katarrh ... vierzehn Tag* SZ Erding 34 (1978) Nr. 7,IV (S. Sommer).

2 †Schlaganfall: *Tropfen oder slag* Ingolstadt 1445 nach Lib.ord.rer. I,364,13.

3 Ohrring mit tropfenförmigem Anhänger, °OB, °NB, °OP, °MF, °SCH vereinz.: *Drebfal* Haimhsn DAH.

Etym.: Ahd. *tropfo*, mhd. *tropfe* swm., germ. Abl. zur Wz. von →*triefen*; Kluge-Seebold 932.

Schmeller I,673.– WBÖ V,571-574.

Komp.: [**Augen**]**t.** **1** wie →*T.*1b, °OB, NB, °OP vereinz.: °*Aungtröpfln* Träne Cham; *Waar'n d' Aug'ntröpfei Taler, So war's gar net dumm* Meier Werke I,30.– **2** Augentropfen: *Augntropfen* Heilmittel Hengersbg DEG.

WBÖ V,574.

[**Pech**]**t.** **1** Tropfen aus Harz, °Gesamtgeb. vereinz.: °*da hängan scho sölchanö Pechtropfen dran* Arnstorf EG.– **2** Tropfen von Biestmilch, °OB, °NB vereinz.: °*s Roß hot scho Böchtrupfn ghabt* Fischbachau MB.

[**Blut(s)**]**t.** **1** Blutstropfen, OB, NB, OP, SCH vereinz.: *o mei, wöi vui Bloutströpfa hot insa Herrgat füa ins vogoßn!* Kötzting; *mit einem Blutströpfel auf einen Zettel geschrieben* Pfarrkchn Rotthaler Bote 11.02.1872[, 1]; *ez geschicht auch ze stunden, daz rotez wazzer regent sam plůtztropfen* KonradvM BdN 109, 16; *allwo jetziger Zeit nur ein Heiliger Bluts-Tropffen soll vorhanden seyn* Selhamer Tuba Tragica II,233.– Phras.: *den letzten B.* (*her*)*geben* sich bis zum Äußersten einsetzen, anstrengen, NB, OP vereinz.: *er gewatn letztn Blåutstropfm her!* Etzenricht NEW.– *A Bluutstropfn is eam in Hearz stecka blibm* „er hat einen Schlaganfall gehabt" Ingolstadt.– *Der tät oans letzte Bluatströpferl a no ozapfa* einen bis aufs Blut verfolgen Donaustauf R.– **2** meist Dim., Pfln.– **2a** Nelkenwurz.– **2aα** Bachnelkenwurz (Geum rivale), °OB vielf., °NB, °OP, °OF, °MF, °SCH vereinz.: °*Bluadsdrepfal* Dachau; *s Blouttröpfl* Singer Arzbg.Wb. 38.– **2aβ** Echte Nelkenwurz (Geum urbanum): *Bluadsdröpfal* Tölz.– **2b** Nelkenart.– **2bα** Rote Lichtnelke (Melandryum rubrum), °OB, °MF mehrf., °NB, °OP, °SCH vereinz.: °*Bluatströpfla* Neukchn KÖZ; *Blutströpferl* OB Marzell Pfln. III,111.– **2bβ** Kuckucksnelke (Lychnis flos-cuculi), °NB vereinz.: °*Bluadsdröbfal* Neufraunhfn VIB; *Blutströpferl* Schilling Paargauer Wb. 53.– **2bγ** Steinnelke (Dianthus sylvester), °NB, OP vereinz.: °*Blutströpflein* Nabburg; *Blutströpferl* Strobl Feiertäg 42.– **2bδ** Pechnelke (Viscaria vulgaris), °NB, °OP vereinz.: °*Bluatsdröpfal* Stöckelsbg NM.– **2bε** Heidenelke (Dianthus deltoides): °*Blutstropfen* Euernbach PAF.– **2c** Hahnenfußart.– **2cα** Echte Kuhschelle (Anemone Pulsatilla), °OB, °NB, °OP vereinz.: °*Bluatströpferl* Ismaning M.– **2cβ** Kleines Teufelsauge (Adonis aestivalis): °*Blutströpflein* Sulzbürg NM; „Als scharfe Gifte ... das *Blutströpflein*" Abb. u. Beschreibung der gefährlichsten in Bayern vorkommenden Giftgewächse, München 1842, Nr.XX.– **2cγ** Buschwindröschen (Anemone nemorosa): °*Blutströpflein* Gündlkfn LA; *Bluttrepfal* Gündlkfn LA nach DWA IV,4.– **2d** Maßlieb-

chen (Bellis perennis): *Blutströpfel* Hengersbg DEG MARZELL Pfln. I,554.– **2e** Großer Wiesenknopf (Sanguisorba officinalis), °OB, °NB, °MF vereinz.: °*Blutstropfen* Tegernbach MAI; *Zupf dö Blüatnblattl von drei Bluatströpferl … und stopf's in d' Nasn eini* STROBL Mittel und Bräuch 18.– **2f** Echtes Lungenkraut (Pulmonaria officinalis), °OB, °NB vereinz.: °*Bluatströpferl* Hacklbg PA.– **2g** Blutauge (Comarum palustre), °MF, °SCH vereinz.: °*Bloudsdrepfla* Regelsbach SC.– **2h** Fuchsie (Fuchsia), °OB, °NB, °MF vereinz.: °*Bluatströpferl* Garmisch-Partenkchn; *Bluatströpferl* Frontenhsn VIB MARZELL Pfln. II,500.– **2i** Flammendes Herz (Dicentra spectabilis), °OB vereinz.: °*Blutströpflein* Mchn.– **2j** Tüpfelhartheu (Hypericum perforatum): °*Blutströpflein* „Johanniskraut" Deggendf.– **2k** Brändlein (Nigritella nigra), °OB vereinz.: °*Bluatströpfal* „auf nassen Wiesen, im Moor" Rosenhm; *Blutstropfen* Reichenhall MARZELL Pfln. III,330.– **2l** Gemeine Pestwurz (Petasites hybridus): °*Blutströpflein* Tutzing STA.– **2m** Bibernelle (Pimpinella saxifraga), °OB vereinz.: °*Bluttröpferl* Greiling TÖL.– **2n** Erdrauch (Fumaria officinalis): °*Blutströpflein* Falkenbg TIR.
WBÖ V,574-576.

[**Dach**]**t.** **1** vom Dach tropfendes od. fließendes Wasser: °*Dachtropfa* Maxhütte-Haidhf BUL.– **2** †Dachkante als Grenze des Hausfriedensbezirks, rechtssprl.: *Ein gewächs zuvertreiben … grabe das Bein unter Dachtropfen* OBERMEIER Abdeckersleut 30; *Wer den anndern iagt … vnd kumbt nach im gelauffen strafflich unter die Tachtroffen … der soll dem Richter … geben 65 Pfund* O'nzell WEG 1450 VHN 11 (1865) 217.
WBÖ V,576f.

[**Tau**]**t.** Tautropfen, OB, NB, OP, SCH vereinz.: *da Daudropfa* Mittich GRI.

[**Georgi**]**t.**, [(**Sankt-**)**Georgs**]- Terpentinöl, OB, NB, OP vereinz.: *Geoagsdropfa* „Medizin für das Roß" Beilngries; *St. Georgs-Tropfen* OB BzAnthr. 13 (1899) 90.
WBÖ V,577.

[**Januar**]**t.** Tauwasser im Januar, in der Bauernregel: °*Januartrupfen machen leere Heuschupfen* U'wössen TS.
WBÖ V,577.

†[**Kaiser**]**t.** best. Medikament: „Gegen Heiserkeit … die *Kaisertropfen* … von Napoleon I. gebraucht" LAMMERT Volksmed. 240.

[**Nas(en)**]**t.** **1** meist Dim., wie →*T.* 1c, °OB mehrf., NB, OP, SCH vereinz.: *heit ged oan vor lauda Kejdn s Nåsndrepfö* Frsg; *Damals san die Winter noch Anfang Dezember angan-ga und in der Kirchn is uns a' Nasentröpfl zamgfrorn* Altb.Heimatp. 59 (2007) Nr.51/52, 29.– **2** Wiesenschaumkraut (Cardamine pratensis): *Nasentröpfe* Burgharting ED.

[**Ohren**]**t.** meist Dim., wie →*T.* 3, °NB vielf., °OB, °OP mehrf., °OF, °MF, SCH vereinz.: °*dei Mo hot dir oba schöne Oahrntropfa kaft!* Wiefelsdf BUL; *Ohntrépfäl* „Ohrring … mit Anhänger in Form eines Tropfens" FEDERHOLZNER Wb.ndb.Mda. 162.
WBÖ V,577.

[**Regen**]**t.** Regentropfen, OB, NB, OP, °MF, SCH vereinz.: *d Regndropfan fåint scha* Mittich GRI; *Und scho hods ea dö erstn Regntropfa ins Gsicht gschlagn* KERSCHER Weihnacht 41; *wenn ein zamew chatz wild well werden, so schneid ir die orn ab, so vallend ir die regentropfen in daz haupt vnd mag niht ze wald beleiben* KONRADvM BdN 177,10f.
WBÖ V,577.

[**Schar**]**t.** Dachrinne, NB, OP vereinz.: *Schoartropfa* Wdhäuser GRA.

[**Schweiß**]**t.** Schweißtropfen, OB, OP, °MF vereinz.: °*die Schweißtropfn falln ma runter wie Rosnkranzbederla* Allersbg HIP; *Aba weil er … hie und da auf ra Gracken naufsteign muaß, so hat eahm dös Aufsteign manchn Schweißtropfn rauspreßt* Münchener Volksztg 3 (1874) Nr.32[,4]; *du aber hast noch kein Blutstropffen/ ja wol kein Schweiß:Tropffen ihm zu lieb vergossen* SELHAMER Tuba Rustica I,175.
WBÖ V,577.

[**Wasser**]**t.** Wassertropfen: „*a poa Wossatropfan* aufs Genick bei Nasenbluten" Aicha PA.
WBÖ V,578. V.S.

tropfen, -ö-, -u-, tröpfnen
Vb. **1** niederfallen, herabfallen.– **1a** tropfenweise niederfallen, herabrinnen, °OB, NB, OP, SCH vereinz.: *da Schwitz drobfd* Kchasch ED; *Da tropft af d'Mahden hi sei Schwoaß* PANGKOFER Ged.altb.Mda., Bd I, Nürnberg [3]1854, 142; *Der luchs stain tropft von dez luchs wammen* KONRADvM BdN 487,18.– **1b** †einzeln herabfallen allg.: *tropfen* „von einzelnen Äpfeln oder Birnen: fallen" Werdenfels SCHMELLER I, 673.

2 Tropfen von sich geben, an sich herabrinnen lassen, °OB, NB, °OP vereinz.: *der hat gloge, daßm vor lauter Druck glei d'Oge dröpfnat habe* Hfhegnenbg FFB; *tropfadö Nåsn* Simbach PAN; *und geschwitzt homs, daß dropft hom* Westerham SOB Böck Sagen Neuburg-Schrobenhsn 187; *Elidros ... ist ein stain, der geleicht einer christallen vnd tropft an vnderlos fåucht tropfen* KonradvM BdN 483,2f.– Phras.: *jmdm t. die Augen* jmd weint, OB, NB, OP vereinz.: *schaugn duada, daß eam glei d'Augn dröpfn* Kochel TÖL; *dera kume, das ara d'Augn dropfn* Konrad nördl.Opf. 93.
3: *dropfa* „durchnässt sein“ Kilgert Gloss. Ratisbonense 166.
4 leicht regnen, NB, OP vereinz.: *troopfn* Rottenburg.
5 Part.Prät., verwirrt, durcheinander, fassungslos: °*bisserl drepft* Walleshsn LL.
Etym.: Ahd. *tropfôn*, mhd. *tropfen*, germ. Abl. zur Wz. von →*triefen*; Pfeifer Et.Wb. 1465.
Schmeller I,673.– WBÖ V,578.

Abl.: *tröpfeln, -tropfetze, tropfetzen, Tröpfler.*

Komp.: [**ab**]**t. 1** wie →*t.*1a: °*laß Fett otropfa!* Brunnen SOB.– **2** wie →*t.*2, °OB, °NB, °OP vereinz.: °*d'Wåsch låß ma åtropfa* Moosach EBE.

[**be**]**t.** Part.Prät.: °*a wiani betrepft* „ein bißchen dumm“ Mering FDB.

[**ein**]**t.** einträufeln, in Tropfen hineinfallen lassen, NB, °OP vereinz.: *s Schmåiz aindropfa* Mittich GRI. V.S.

-tropfetze, -u-
F., nur im Komp.: [**Dach**]**t.**: *Dohtrupfez* „Dachtraufe“ Valley MB.
WBÖ V,580. V.S.

tropfetzen, -ö-, -u-, -ü-
Vb. **1** tropfenweise niederfallen, herabrinnen, °OB, °NB vereinz.: °*halt Kerzn grad, sonst tröpfözt dös Wachs aufn Bodn* Neukchn a.Inn PA.
2 Tropfen von sich geben, an sich herabrinnen lassen, °OB, °NB, °MF vereinz.: °*da Wexl* [Wasserhahn] *von Ausguß drupfezt, dea gheat gricht* Garching AÖ; *d'Aung tropfaznd eam* Ruhstorf GRI.
3 leicht regnen, °OB, °NB vereinz.: °*nimms Parasoi mit, es tröpfezt scho!* Tacherting TS.
Etym.: Ahd. *tropfezzen*, mhd. *tropfezen*, Abl. von →*tropfen*; WBÖ V,580.
Schmeller I,673.– WBÖ V,579f.

Komp.: [**ab**]**t.** wie →*t.*2: °*odrupfazn* „vom Topfen“ Rechtmehring WS.

[**hin-ein**]**t.** tropfenweise hineinfallen: °*laß die Medizin langsam neitropfezen!* Perchting STA.

[**da-hin**]**t.** wie →*t.*3: °*renga hot ma net sogn kinna, es hot hoit oiwei aso dahitripfezt* O'neukchn MÜ.

[**da-zu**]**t.** in kleinen Mengen hinzuverdient, zusätzlich eingenommen werden: °*es tripfitzt hoit a bisl wos dazua* Fischbachau MB. V.S.

†Tropfin, -ö-
F., mittellose, bedauernswerte weibliche Person: *ein arme Dropfin, welche ... das Vieh gehiett* Straubing 1678 JberHVS (1967) 78. V.S.

Tröpfler
M., umständlicher Mensch: °*Tröpfla* Inzell TS. V.S.

†Troppen
(Genus?), wohl Trommel: *der aeÿ hat zwaeÿ Troppä! dö dätä däklopffä* 1796 Lenglachner Gesängerb. II,1,135.
Etym.: Wohl onomat. V.S.

Tror
M., N. **1** Honigtau: °*a Droa is gfoin* „Blatthonig, z.B. auf der Tanne“ (Ef.) Limbach PA; *honig vellet von den lůften auf die paum vnd auf daz graz ... die peinen ... samend daz. Daz haizt man dror* KonradvM BdN 114,8-10.
2 †Blut, Blutstropfen: *Hat daz trôr inderthalb der gurtel, dô mach di frawe wol auf bereden, daz er ir daz vergozzen hab von seiner nôtnuft* [Vergewaltigung] Frsg.Rechtsb. 138.
3 †hervortretende Feuchtigkeit, Flüssigkeit: *Hercules ... grůb daz ertreich ab ... vnd trůg nev erden vnd stain dar vnd beschut den dror ze mal vnd macht die stat druken* KonradvM BdN 300,29f.
Etym.: Ahd., mhd. *trôr* stm./n., germ. Wort wohl idg. Herkunft; WBÖ V,582.
M. Hornung in: ZMF 27 (1960) 197-209.– Schmeller I, 674.– WBÖ V,582.

Abl.: *troren, trorig.*

Komp.: †[**Himmel**]**t.** wie → *T.*1: *Die schaff sterbent gar schier, wenne sie daz himel dror ezzend in dem mayen oder dar nach, so ez auf daz* *graz gevellt* KONRADvM BdN 180,13f.; *Lagdanum himel flad oder himel tror* Ebersbg 1436 Clm 5930,fol.162[v].

SCHMELLER I,674. A.S.H.

†troren, -trören

Vb. **1** (Blut) vergießen, bluten: *Rômære helde ... wurden alle bluotvar ... die trôrten alle daz walbluot* [im Kampf fließendes Blut] Kaiserchr. 211,7082-7086; *Slecht ein man ein lêrchint ... daz im deu naz trôrent wiert, des puezzet er nicht* Frsg.Rechtsb. 54.

2 regnen, tropfen: *Pluit trprkt* [*trorit*] Rgbg 10.Jh. StSG. II,415,32.

Etym.: Ahd., mhd. *trôren*, Abl. von →*Tror*; WBÖ V, 583.

SCHMELLER I,674.– WBÖ V,583.

Komp.: †[**be**]**t. 1** (mit Blut) begießen, beträufeln: *da belac* [starb] ... *manic helt guoter betrôret mit dem bluote* Kaiserchr. 178,5296-5298.– **2** wohl mit blutenden Wunden verletzen: *die Leuth geschendet, betrört vnd geschlagen* Kemnath 1760 Heimat TIR 14 (2002) 168.

SCHMELLER I,674. A.S.H.

†trorig, -richt

Adj., blutig, bluttriefend: *Habent aver sich di wunten* [des Exhumierten] *verchêrt, daz si trôrich sint, sô ist er* [der Beschuldigte] *des tôts schuldich worden* Frsg.Rechtsb. 314; *Aloe frisch gepulluert saubert dy trorigen wunden* Ebersbg 15.Jh. Clm 5931,fol.200[r].

Etym.: Mhd. *trôrec, -ric*, Abl. von →*Tror*.

SCHMELLER I,674f.; WESTENRIEDER Gloss. 34. A.S.H.

Drosche[1]

F. **1** Drossel.– **1a** Singdrossel: *Droschn* (Ef.) Pfaffenhfn RO; *Turdella droscha* wohl Rgbg 1.H.12.Jh. StSG. III,462,10.– **1b** †Misteldrossel: *Uiscum mistil ... Uiscus nascitur de fimo turdelarum auivm id est drôscha* Tegernsee MB 1.H.11.Jh. StSG. II,656,29f.

2 von weiblichen Personen.– **2a** ungeschickte, schwerfällige, dicke weibliche Person, auch allg. abwertend, °OB, °NB, °OP vereinz.: °*mit einer solchn Drouschn braucht ma si net abgebn* Wiesenfdn BOG; *drǫuš* „(abfällig) Weibsperson" KOLLMER II,97; *ə˜ faulé, plumpé, grobé Traəsch* SCHMELLER I,676.– **2b** Vielrednerin, Schwätzerin, °OB vereinz.: °*a Droschn* Brunnen SOB.

3 †: „*Die ... Traəsch*, b[ay.] W[ald] *Trâusch* ... Baum, der keine Frucht trägt" SCHMELLER I, 676.

Etym.: Ahd. *drôska* swf., germ. Wort idg. Herkunft; Et.Wb.Ahd. II,802-806. In Bed.2b auch zu →*Trasche* 'dass.' möglich.

SCHMELLER I,676; WESTENRIEDER Gloss. 112.

Abl.: *droscheln, Drossel*[1]. A.S.H.

†Drosche[2]

F., Tenne, Dreschplatz: „*in seiner Drosch* (Dreschtenne)" Pliening EBE 1778 Altb.Heimatp. 51 (1999) Nr.8,9/12.

Etym.: Abl. zur Wz. von →*dreschen*; vgl. Rheinisches Wb., Bd I, Berlin 1928, 1505. A.S.H.

droscheln

Vb., nachlässig, ungelenk gehen: °*trouschln* „nur von einer Frau" Burglengenfd.

WBÖ V,586. A.S.H.

Droschke, Droschel

F., Droschke, leichtes Pferdefuhrwerk: „Der Münchner ... fahrt selbst bisweilen in einer *Droschl*" FENTSCH Bavaria Mchn 201; *Nachher is er Droschkerl g'fahr'n* Fliegende Bl. 157 (1922) 91.

Etym.: Aus russ. *drožki* 'dass.'; [2]Fremdwb. IV,917. A.S.H.

Trosel

(Genus?): *dea hot d'Zent voller Drosl* „Zahnstein" Tittling PA.

Etym.: Wohl zu einer Nebenf. von →*Drusen*; vgl. WBÖ V,586f. (Trose).

WBÖ V,589f. (Troslein).

Abl.: *troslicht*. A.S.H.

Drosen, Trockenvorrichtung über dem Herd, →*Ase*[1].

Troser(er), -ö-, -st-, Tröserich

M. **1** Rückstand beim Zerlassen der Butter, °OB (v.a. NW), SCH vielf., °OP vereinz.: °*laß den Drousara in a eigns Schissal laffa* Griesbeckerzell AIC; *Drosala* Thierhaupten ND; *dre[i]sara* Ergertshsn ND nach SBS X,245.

2: *Droser* grüne Algendecke auf stehenden Gewässern Puch FFB.

Etym.: Gleicher Herkunft wie →*Trosel*; vgl. WBÖ V, 589f. Formen mit *-st-* wohl unter Einfluß von →*Trester*. Belege ohne Genusangabe auch zu →*Tros(er)et* möglich.

Ltg, Formen: *drōsa(ra)* u.ä. SCH (dazu AIC, FFB; ROD), *drēsa(ra)* u.ä. (AIC, WM; DON, ND), *drēsari*

(AIC), *drōsdara*, *-ū-* (SOB), *drēsda(ra)* (TS).– Dim. *drōsala* u.ä. (AIC; ND), *drēsdala* (WÜM).

WBÖ V,589f. (Troslein). A.S.H.

Tros(er)et, Tröseret, †Trosach, Trosterach, -ö-
N. **1** †Drusen, Weinhefe, Bodensatz: *Feces ... trosach* Rgbg 2.H.12.Jh. StSG. I,614,1-3.
2 Rückstand beim Zerlassen der Butter: °*Drosarad* Haunswies AIC; *drōsad* Schiltbg AIC nach SBS X,245.
3 †Bodensatz beim Kochen: „Von Mehlklößen, die im Sieden auseinander gefallen, sagt man, sie seyen *lautə' Drosə* geworden" Mchn SCHMELLER I,568.
4 †Trester, Rückstand beim Auspressen von Obst: „was nach dem Auspressen übrig bleibt ... *Drostərə', Dréstəre'*" Bay.Wald SCHMELLER I,568.

Etym.: Ahd. *truosah, trosach* stn., gleicher Herkunft wie →*Trosel*; WBÖ V,583. Formen mit *-st-* wohl unter Einfluß von →*Trester*.

SCHMELLER I,568.– WBÖ V,583, 597.

Komp.: †[**Knödel**]**t.** Bodensatz beim Kochen von Knödeln: *ə˜ Knedldréstəre'* Bay.Wald SCHMELLER I,568.

SCHMELLER I,568. A.S.H.

troslicht
Adj., trübsinnig, niedergeschlagen: °*drouslad* „kopfhängerisch" Wasserburg.

Etym.: Abl. von →*Trosel*; vgl. WBÖ V,589.

WBÖ V,589. A.S.H.

Droß(t), Drosse(n)
M., F. **1** Kehle, Gurgel, Schlund, °NB (WEG, WOS) mehrf., OB vereinz.: *da Drossn* „Luftröhre" O'audf RO; *er hat was in die unrechte Dros bracht* „sich verschluckt" Gottsdf WEG; *sei' Bua hat ihr d'Droß abg'schnitt'n* MEIER Werke I,332; *drozun* Rgbg 10.Jh. StSG. II,455, 34; *in chelen. drozzen* Windbg.Ps. 275; *Wan ein roß ... unter dem kew am endt der troß ein dippel gewindt* Roßarznei (BRUNNBAUER) 121.
2 Doppelkinn, Fettwulst unter dem Kinn, °OB, °NB, °OP vereinz.: °*hat dö an Droost!* Gottfrieding DGF; *a ganza Drost hängt eahm oi* Adlersbg R; „Fetthaut unter'm Kinn ... *ə˜n rècht·n Drosst kriegng*" Bay.Wald SCHMELLER I,568.– Auch Unterkiefer, NB, OP vereinz.: *da Tråust* St.Englmar BOG.
3 Triel, Wamme des Rinds, °OB, °NB, °OP vereinz.: °*dö hat an starkn Drost* N'bergkchn MÜ; °*dö Kuah hat a schöne Drost* „weit herunterhängende Wamme" Bayerbach GRI; „Die Kühe ... waren der *Scheck* ... und ... das selbstgezogene *Semmelscheckerl* mit dem schönen *Drost*" Zwiesel REG HuV 15 (1937) 325.
4 Kehllappen des Hahns, °OB, °NB, °OP vereinz.: °*dem Gickerl lauft da Dross oda s Kampferl an* Marktl AÖ.– Auch: °*Drosst* „Hals des Truthahns" Laaber PAR.

Etym.: Ahd. *drozza* swf., mhd. *drozze* swm., st/swf., germ. Wort wohl idg. Herkunft; Et.Wb.Ahd. II,807-809.

SCHMELLER I,568.– WBÖ V,590.

Abl.: *Drossel*[2], *drosseln*, *Droßter(er)*. A.S.H.

Troß
M. **1** †Gepäck, bes. Heeresgepäck: *künig Teutschmund zog mit seim haufen ... in das Niderland, lies alda sein plunder und tros, so er mit im nit füeren ... mocht* AVENTIN IV,502, 6-8 (Chron.).
2 von Menschen.– **2a** Begleitmannschaft für das Heeresgepäck: °*er war beim Dross* „bei den Pferden" Thanning WOR; *Izo ist des droß oft so vil als etwo schir des haufen ist* AVENTIN I,252,8f. (Kriegsregiment).– **2b** †Troßknecht: *daß alle solche einkommene* [als Gefangene eingelieferte] *Trossen ... alda zuarbeiten condemniert ... werden* Mchn 1608 Maximilian I., Mandat vom 13.6.1608.– **2c** †: *Der Troß* „träger, ungesitteter Mensch" OP SCHMELLER I,675.

Etym.: Mhd. *trosse-*, aus frz. *trousse* 'Bündel, Pack'; Fremdwb. V,503.

SCHMELLER I,675; WESTENRIEDER Gloss. 589f.

Abl.: *Trosser, trossieren, Troßler*. A.S.H.

Drossel[1]**, Droschel, Drostel, †Dröschel**
F., M. (PA, auch ä.Spr.). **1** Drossel.– **1a** Drossel, v.a. Singdrossel, °Gesamtgeb. vielf.: *Droaschl* Hohenpeißenbg SOG; *Dråschl singt stoiz* Mittich GRI; *Nua d'Draouschl singt Von Wold noh raus* SCHUEGRAF Wäldler 109; *Turdela ... dröschela* Aldersbach VOF 12./13.Jh. StSG. III, 88,33; *drossel* Indersdf DAH 1419 Voc.ex quo 2807; *von ainem treschel und Ambschel iedem 2 dl* 1674 POSCHINGER Glashüttengut Frauenau 18.– **1b** Amsel: *Tråuschl* Altmannstein RID.
2 von weiblichen Personen.– **2a** Vielrednerin, Schwätzerin, °NB, °OP vereinz.: °*dös is a åldi Drouschl* Windischeschenbach NEW; *a Drouschl* „Plappermaul (Frau)" FÄHNRICH M'rteich 165.– **2b** dumme, ungeschickte, schwerfällige weibliche Person, °OB, °NB,

°OP vereinz.: °*schau no grad aussi, was do fia a Drouschl daherkimmt!* Grafenrd VIT; *a damische Trouschl* „unbeholfene Frau, die nichts zu Wege bringt“ JUDENMANN Opf.Wb. 158.– **2c** dicke, häßliche weibliche Person, °NB, °OP vereinz.: °*is dös a Dråschl!* Lam KÖZ; *„Drauschl* ... altes, häßliches Weib“ BRUNNER Heimatb.CHA 140.– **2d** schlampige, ungepflegte weibliche Person, °OB, °NB, °OP vereinz.: °*in Nachbarn sei Moil is a so a schlambige Drouschl* Haselmühl AM; *drǫušl* BRÜNNER Samerbg 81.– **2e** unhöfliche, taktlose weibliche Person, °OB, °OP vereinz.: °*mei Löiber, dös is der so a Dråuschl!* Ambg.– **2f** liederliche, moralisch verkommene weibliche Person, °OB, °OP vereinz.: °*dös is a richtige Drouschl* Neustadt; *die Drauschl* SINGER Arzbg.Wb. 54.– **2g** verrückte, närrische weibliche Person, °OB, °OP vereinz.: °*hiaz kimmt die narrische Drouschl a wieda daher* O'au BGD.– **2h**: *drǫušal* „Kosewort für weibl. Person“ nach DENZ Windisch-Eschenbach 125.

3 †: *Die ... Trâusch·l* „Baum, der keine Frucht trägt“ SCHMELLER I,676.

Etym.: Ahd. *drôskala, -ila* swf., mhd. *drôschel, -o-, drostel, t-* stf., Abl. von →*Drosche*[1]; Et.Wb.Ahd. II,802-806.

Ltg, Formen: *drǭsl, -ǭ-, drofl, -ǫ-* u.ä., auch *drousl, -ǫu-* (AIB, RO; VIB; KEM, NEW, OVI; EIH, WUG), *droisl* (MB), *drǭšl, -ǭ-, drofl, -ǫ-* OB, NB, OP (dazu HIP, LAU; FDB), *droušl, -ǫu-* OB, NB, OP (dazu HEB, LAU), *droašl* (FFB, GAP, SOB, SOG, STA; FDB), *droišl* (BOG), *drǭsdl, -ǭ-, droftl, -ǫ-* (FS, MB; GRI), *drǭšdl, -ǭ-, droftl, -ǫ-* (MB), *droušdl* (MB; EIH; ND), *droašdl* (GAP, SOG).— Dim. *drǭšal, -ǭ-, -ai* (EBE, TS; GRI, LAN, PAN), *droušal, -ǫu-* (NEW), *drēš(a)l, dref-, -e, -ai* NB (dazu M, WS), *dreišal, -e, -ai* (BOG, DEG, KEH, VIT).

SCHMELLER I,570f., 676; ZAUPSER 22.– WBÖ V,583-586.

Komp.: [**Bauern**]**d. 1** wie →*D.*2b, °NB, °OP vereinz.: °*so a Bauerntrouschl!* Burglengenfd.– **2** wie →*D.*2e: °*dös Weibsbild is a Bauerndrouschl* „ungehobelt“ Abbach KEH.

[**Dreck**]**d.** schmutziger, unreinlicher Mensch: *Bist halt doch a richtige Dreckdrossel, Anderl* PESTENHOFER Drahtverhau 152.

[**Sing**]**d. 1** Singdrossel, OB, OP vereinz.: *Singdrossl* Ingolstadt; *weil ... Singdrossl ... und Feldlerche zwengs dera vermaledeitn Klimaveränderung am Aussterbn san* Bay.Wald Die Neue Woche 2021, Nr.47,2.– **2** wie →*D.*1b: *Singdrossel* Amsel Mchn.

[**Spott**]**d.** spöttischer Mensch, NB, OP vereinz.: *Spottdråuschl* Mittich GRI. A.S.H.

Drossel[2]**, Droßtel, Droschel**

F., M. **1** Körperteil am Hals od. in der unteren Gesichtshälfte.– **1a** Kehle, Gurgel, Schlund, °OB, °NB, °OP, MF, SCH vereinz.: °*wennst net glei stad bist, pack i di bei da Drossl, daß dir d'Luft ausgeht!* Hzkchn MB; *Droschl* Rieden AM; *mir mou a Händ vull Schnaoum* [Mücken] *in die Droissl eikumma gwest saa* SCHEMM Neie Deas-Gsch. 98; *bey der Drostl dergstalten zu halten, dz Jhme dz plau: vnnd rothe vnderloffen* StA Mchn Hofmark Amerang Pr.17 (9.10.1741).– Phras.: *eine weite D. haben* viel trinken, saufen, OP, MF vereinz.: °*der håut a weite Drossl* „trinkt eine große Menge auf einmal aus“ Eslarn VOH.– **1b** Doppelkinn, Fettwulst unter dem Kinn, °OB mehrf., °NB, °OP, MF, SCH vereinz.: *Drosdl* Hzhsn VIB; °*der håt da so a Drossl dran bis auf d'Brust obi* Ambg; *der hot sein Droussl it* [nicht] *ummasunscht* „ist wohlhabend und daher wohlgenährt“ Mering FDB; *Drossl, Drostl* SCHMELLER I,568.– Auch Unterkiefer, OB vereinz.: *Drosl* Hilgertshsn AIC.– **1c** Triel, Wamme des Rinds, °OB, °NB, °OP vereinz.: °*dia håt a schöna Drossl* Eresing LL.– **1d** Kehllappen des Hahns, °OB, °NB, °OP vereinz.: °*der Gikerl hat an pfundign Drossl* Schönbrunn LA.

2 Mensch mit Doppelkinn, kurzem dicken Hals, °OB, °NB, °OP vereinz.: °*des ist a Drossl* Brunnen SOB.

SCHMELLER I,568; ZAUPSER Nachl. 15.– WBÖ V,590f.

Komp.: [**Sänger**]**d.** Kehle des Sängers: °*wennst dei Mäu it* [nicht] *boi hoitst, pack i di bei der Sängerdrossl* Lenggries TÖL.

[**Schnaps**]**d.** Säufer: *Bist heid gar amoi niachtan ... du oide Schnapsdrossl?* BINDER Saggradi 209.

[**Stier**]**d. 1** wie →*D.*1b, °OB vereinz.: °*der hat an Stierdrossl* Thanning WOR.– **2** wie →*D.*2, °OB, °NB, °SCH vereinz.: °*des is a Stierdrossl* „Mensch mit starkem Genick und fettem Hals“ Hochdf FDB. A.S.H.

drosseln, droßteln, -ö-

Vb. **1** die Kehle zudrücken, einengen.– **1a** würgen, die Kehle zudrücken, zuschnüren, °OB, °OP, °SCH vielf., °NB, °OF, °MF mehrf.: °*der hot mi drosslt beim Raffa, daß i gmoant ho, i bin hi* Haselmühl AM; °*dea had mi dressld* Regelsbach SC; *a Druhd ... An Nachban entn* (= drüben) *hod amal oine drosslt* O'konhf NAB

Böck Sitzweil 114f.; *Er ... bstet* [gesteht] *nit dz ers drössln welln* 1600 Stadtarch. Rosenhm PRO 141, 172.– Übertr. schmerzhaft am Hals einengen (von einem Kragen o.ä.), °OB, °NB, °OP vereinz.: °*der Hemadkrågn drosslt di ja* Ismaning M; *Mich droißlt maa Kroogn* Singer Arzbg.Wb. 55.– **1b** jmdm gratulieren, jmdn beglückwünschen u. ihn dabei scherzh. würgen, °OB, °NB, °OP vereinz.: °*vergiß fei net, daß du morgn an Vater drosslst!* „zum Namenstag" Eitting MAL; °*ijts mouade drossln!* „zum Geburtstag" Rottendf NAB; „die Kinder ... *drosseln* ... den ... Vater, d. h. der Reihe nach umfaßt jedes mit beiden Händen den väterlichen Hals, schüttelt ihn aus Leibeskräften und ruft: *Glückseligs neu's Jahr!*" Schlicht Bayer.Ld 33.– Auch innig umarmen, umhalsen allg.: °*dou mi amål drestlan!* „Aufforderung der Mutter an ihr kleines Kind" Kchnthumbach ESB.

2 schlucken, dabei einen Brechreiz erzeugen.– **2a** (gierig od. hastig) schlucken, schlingen, °OB, °NB, °OP vereinz.: °*he, nur nit gar so drossln, sonst erstickst ja beim Essn!* Straubing.– **2b** beim Schlucken einen Brechreiz erzeugen, sich mühsam schlucken lassen, °NB, °OP vereinz.: *da Hoizåupfe droßlt mö* Mittich GRI; „mich *dråsslt* ... würgt etwas" Dinzling CHA BM I,79.

3 laut schreien: °*droissln* Brand WUN; *droißln* „aus Leibeskräften schreien" Singer Arzbg. Wb. 55.

4: °*drosseln* „ein Paket zusammenschnüren" Parsbg MB.

5 verringern, herabsetzen, bändigen, zugrunde richten.– **5a** verringern, einschränken, °OB, °NB, °OP vereinz.: °„Ausgaben, Arbeit, Geschwindigkeit *drosseln*" O'wildenau NEW.– **5b** in seiner Leistung herabsetzen, kleiner stellen, °OB, °NB vereinz.: °*den Motor drossln* Dfbach PA.– **5c** bändigen, gefügig machen, unter Druck setzen, °OB vereinz.: °*den deafa a weng drossln, der werd eahm sist zfriesch* [zu lebhaft] Weildf LF.– **5d** wirtschaftlich zugrunde richten, ruinieren: „das verlorene Gut *droßlt mö*" Mittich GRI; *der pfarrer undränntmaister drossln und bringen mich umb das meinig* Osterhfn VOF 1551 Helm Obrigkeit 268.

Schmeller I,568f.– WBÖ V,591.

Komp.: [**ab**]**d.** **1** erdrosseln, durch Zudrücken, Zuschnüren der Kehle töten, °OB, °NB, °OP, OF vereinz.: °*der håd se sejba ådrosslt* „erhängt" Stammham AÖ; °*odrossln* „den jungen Tauben den Hals abbinden" Eslarn VOH; *oodroissl'n* Braun Gr.Wb. 433.– Übertr. schmerzhaft am Hals einengen (von einem Kragen o.ä.): °*du host dein Schaal so fest um an Hois ummegwicklt, daß a di glei oodresslt* Stammham AÖ.– **2** durch Zudrücken im Zuströmen hemmen: °*die Luft abdrossln* Lenggries TÖL.– **3** (den Motor) abwürgen, unsachgemäß zum Stillstand bringen, °OB, °NB, °OP vereinz.: °*n Motor odrossln* Schwandf.

WBÖ V,591.

[**abhin**]**d.** **1** hinunterschlingen, hinunterwürgen.– **1a** hinunterschlingen, gierig od. hastig essen, °NB mehrf., °OB, °OP vereinz.: °*den Kuacha brauchst ja nöt a so abidroßln, den nimmt dir do neamts* Winklsaß MAL; °*dea mou ållas af a mål oidrestlan* Kchnthumbach ESB; *Kaam houts as letzt Trimml oichedresslt* Heinrich Stiftlanda Gschichtla 50.– **1b** hinunterwürgen, mit Mühe schlucken, °OB, °NB, °OP, °OF vereinz.: °*drossls hoid amoi åwe!* „eine schlecht schmeckende Medizin" Grafenrd VIT.– **2** undeutlich sprechen: °*åwedrossln* „Wörter schlampig aussprechen, verschlucken" Dachau.

WBÖ V,591.

[**der**]**d.**, [**er**]- wie →[*ab*]*d.*1, °OB, °NB vielf., °OP, MF, SCH mehrf., OF vereinz.: °*dea is dadrossld won* Neufraunhfn VIB; *derdroisln* Wölsau WUN; *dadreſln* nach Denz Windisch-Eschenbach 122; *daß ein Weibsperson wäre angepackt worden und haben ... die Person halb erdroßelt* Hierl Baier 14; *ward der jung kaiser Valentinianus von denen ... im schlaf erdrosselt und erwürgt* Aventin IV,1094,23f. (Chron.).

Schmeller I,569.– WBÖ V,591.

[**ein**]**d.** schmerzhaft einengen (von einem Kleidungsstück): °*etwas drösselt einem ein* „z.B. ein Gürtel" Windischeschenbach NEW.

[**einhin**]**d.** **1** wie →[*abhin*]*d.*1b, °OF vereinz.: °*eidrossln* Schönwd REH; *eidroißln* „etwas hinunterwürgen" Singer Arzbg.Wb. 55.– **2** sich hineindrängen, drückend hineinbewegen: °*de drossln eine* „eine Menschenmenge in einen Saal" Pocking GRI.

[**ver**]**d.** wie →[*ab*]*d.*1, °SCH vielf., OB vereinz.: °*dea hot si verdroßlt* „aufgehängt" Ried FDB.

A.S.H.

[**ver**]**drossen** →*-drießen*.

Trosser

M., Troßknecht: *weißgwandete Lauffer mit wachlerte Hosn, Trosser und Knecht* ORFF Welttheater 148 (Weihnachtsspiel); *da die pruck so vol trosser, wägen und plunder steckt, das er nit für kund reiten* AVENTIN IV,757,28-758,1 (Chron.).

SCHMELLER I,675.– WBÖ V,591. A.S.H.

trossieren

Vb., ziellos umherziehen, umherstreifen: *drossían* „ruhelos und suchend, aber gelangweilt herumgehen" KOLLMER II,96; *trossieren, herumtrossieren* „verächtlich: herumziehen, herumgehen, der Liederlichkeit nachgehen" Bay. Wald SCHMELLER I,675.

SCHMELLER I,675.– WBÖ V,591.

Komp.: †[**umher**]**t.** wie →*t.*: *No˜, Trossiərərin, wo trossiərst denn ummə' 'n ganz·n Tàg!?* Bay. Wald SCHMELLER I,675.

SCHMELLER I,675. A.S.H.

†Troßler

M., Troßknecht: *Es kamen auch umb der droßler, geuffler* [Gaukler], *kaufleut und anders volks, so dem her nachzohe, vierzig tausend* AVENTIN IV,505,29f. (Var.) (Chron.).

SCHMELLER I,675. A.S.H.

Droßter(er), -ö-

M. **1** Doppelkinn, Fettwulst unter dem Kinn, °OP mehrf.: °*döi hot an schön Drosdara dro* Neunburg.

2 Triel, Wamme des Rinds, °OP vereinz.: °*dej Kuah hot an großn Drostara* Wiefelsdf BUL.– Auch Wamme des Kaninchens: °*Drosterer* Rottendf NAB.

3 Kehllappen des Hahns, °OP vereinz.: °*der Dröster* Maxhütte-Haidhf BUL.– Auch Kehllappen des Truthahns, °OP vereinz.: °„der Truthahn hat *an Drousterer*" Weiden.

4 großer Kopf, nur in Phras.: °*der Trosterer hängt ihm hinab* „er schaut traurig" Döfering WÜM. A.S.H.

Trost

M. **1** Trost, Aufmunterung, Zuspruch, Hoffnung, °OB, °NB vereinz.: *da Drouschd* Taubenbg MB; *droašd* nach SCHWEIZER Dießner Wb. 206; *solatium ... traost* wohl Rgbg 1.H.9.Jh. StSG. I,4,17; *Wie, bruoder Berhtolt, nû gibest dû uns doch guoten trôst und sprichest, wir sîn alle gotes diener* BERTHOLDvR I,385,15f.; *O unser troust herr gib du uns posew ding verschmähen* Tegerns.Hym. 49,61.– Phras.: *Dös is a schwacha Traoust* [hilft gar nicht] SINGER Arzbg.Wb. 239.– *Host an Trost wie Solhaupter und Kierde* [wohl Firmenname] „wartest umsonst auf das Versprochene" Weiden.

2 †Vertrauen, Zuversicht: *wann wir ... keinen bessern Mittler der Sachen nicht wissen, dann euch, zu dem Wir ... einen besondern Trost haben* Burghsn AÖ 1433 BLH IV,14.

3 †(tatkräftige) Hilfe, Unterstützung, finanzielle Zuwendung: *So sǒln die andern zehen vnd drei schilling geuallen avf mein vnd miner vodern iarzeit zehelf vnd zetroſt den selben seln* wohl Rgbg um 1277 Corp.Urk. I,294,20f.; *durch anrichtung und trost des künigs von Persia wolten si sölchen frid nit annemen* AVENTIN IV,849,6f. (Chron.); *wann ... einer von dem burgerlichen magistrat ... bevor ... vor und in der kirchen solches ... zu sonderbaren trost der armen zu geschehen pflegt, selbst einsamblet* 1726 WÜST Policey 591.

4 †Nutzen, Vorteil: *Hainspach* [MAL] ... *Die Gegend hat den Trost/ einen fruchtbahren Traidtboden/ vnd Feldbau zugeniessen* WENING Descriptio III,76.

5 Verstand, nur in Phras.: *nicht* (*recht* / *ganz*) *bei T. sein* u.ä. verrückt, närrisch sein, °Gesamtgeb. vereinz.: °*du bist wuhl niat ganz bei Trost* Weiden; *Sie san net recht bei Trost* WEISS Mchn 123.

Etym.: Ahd., mhd. *trôst* stm., germ. Bildung idg. Herkunft; KLUGE-SEEBOLD 932.

SCHMELLER I,676f.– WBÖ V,592f.

Abl.: *trösten, Tröster, trosthaft, tröstlich, Tröstung.*

Komp.: [**Augen**]**t. 1** Pfln.– **1a** Wiesenaugentrost (Euphrasia rostkoviana), °OB, °NB, OP vereinz.: °*schau, do blüaht scho üwaoi da Augntrost* Wackersbg TÖL; „Oberbayerische Heilkräuter-Litanei ... *Mein liabe*[*r*] *Augentrost! Brotzeit, dö siehg i schon wirkli ganz schlecht, gib mir an Balsam, dann wirds wieder recht!*" OB Altb.Heimatp. 14 (1962) Nr.20, 3; *Zerknirsche das Kraut Augentrost, und lege es über die Augen* SCHREGER Haus-Apotheke 57.– Auch Absud daraus: *Aungdrost* „Heilmittel für kranke Augen" Schönau EG.– **1b** †Zahntrost (Odontites serotina), nur in Phras.: *Brauner Augentrost* BGD SCHRANK-MOLL Naturhist.Br. II,247.– **2** übertr. schöner, erfreuli-

cher Anblick, Mensch od. Gegenstand, der Freude, Trost spendet, OB, OP vereinz.: *dös is eam an Augntrost* Wasserburg; *månche hoißn eananö Kinda eanan Aungdrousd* Beilngries.
WBÖ V,593.

†[**Ver**]**t.** wie →*T.*2: *sein hofnung was clainer dan sein vertrost* Aventin IV,761,2 (Chron.).

[**Herz**]**t.** Melisse (Melissa officinalis): °*Herztrost* „gegen ein nervöses Herz" Wimm PAN.
WBÖ V,593.

[**Mädlein**]**t.**: °*Mädladroaschd* Mond Rottenbuch SOG.

†[**Miß**]**t.** Verzweiflung, Zustand völliger Hoffnungslosigkeit: *Ih pin sculdic ... in alles leides unmezze unde in missetroste* 11.Jh. SKD 144,22-27 (Wessobrunner Beichte); *die heilige Meß, Predig und Kinderlehr ... dergleichen sie ... wann kein Kaplan vorhanden, oft lange Zeit ... mit größtem Mißtrost und Seelenschaden entrathen müssen* N'alteich DEG 1727 VHN 52 (1916) 140.

†[**Haupt-weiber**]**t.** Tee gegen Menstruationsbeschwerden: „Die bei Eintritt der Periode sich einstellenden Krämpfe bekämpft man durch ... Trinken vom *Hauptweibertrost*, Chamillen- und Baldrianthee" Lammert Volksmed. 148.
A.S.H.

-trost, -tröst

Adj., nur in: [**ge**]**t.** zuversichtlich, voller Vertrauen: °*gedresdd* Tittmoning LF; *(Fretus) gitroster* Tegernsee MB 1.H.11.Jh. StSG. II,662, 18; *Getrost dann derselbig Hamermaister mit seinem Rechten dofür komen, das er sollichs ungeuarlich gehanndelt hett* Mchn 1464 Lori Bergr. 76; *damit sie, wan der Herr kombt ... sich ergeben mögen, getröster zuversicht, er werde ... seiner großen barmhertzigkheit ingedenck sein* Neuburg 1606 Wüst Policey 665.
Etym.: Ahd. *gitrôst*, mhd. *getrôst*, urspr. Part.Prät. zu →*trösten*; DWB IV,1,3,4544.
Schmeller I,677.– WBÖ V,594.

Komp.: †[**miß-ge**]**t.** verzweifelt, völlig ohne Hoffnung: *Zu diesem Behufe ernennten sie Namens der ganzen mißgetrosten Pfarrgemeinde sieben Mann aus ihrem Pfarrmittl* N'alteich DEG 1727 VHN 52 (1916) 140.

[**wohl-ge**]**t.** furchtlos, wagemutig: *d'Italena sand net wuitråst gwen dou seiner Zeit bei Görz* Traunstein.
WBÖ V,594. A.S.H.

trosten

Adv.: *droaschtn* „plötzlich aufgetaucht" Wb. Krün 13.– Auch in Phras.: *unta droaschtn* „urplötzlich und überraschend" Wb.Krün 51.
Etym.: Herkunft unklar. A.S.H.

trösten, trosten

Vb. **1** Trost spenden, finden.– **1a** Trost spenden, ermutigen, aufmuntern, °Gesamtgeb. vielf.: *lå di droischdn!* Taubenbg MB; *i mou nan drejsdn i saina Blouch* Stadlern OVI; *hoddn s Ejla* [Großmutter] *dreaschd* Wölzmüller Lechrainer 57; *Solaciantur trostent* Tegernsee MB 2.H.11.Jh. StSG. II,294,52; *daz der heilig gaist die traurigen hertzen tröst* KonradvM BdN 98,6; *Julius ... tet ein lange red, trost sein knecht wie er kund und mocht* Aventin IV,542,1-3 (Chron.).– Phras.: *Gott tröste (dich)!* Beileidsformel: *Gott träst di!* Haag WS; *gotręft* Wittmann Mchn 120.– *„d Dokta träist schlecht, die Frau wird wieda* ... scherzhafte Redensart" Singer Arzbg.Wb. 239.– **1b** refl., Trost finden, Mut schöpfen: *Trösten S' Eahna, Frau Seilinger! Gunnen S' eahm sei Ruah* Thoma Werke IV,13; *Ditzes tages schulin wir uns trostin unde frőwen, do der almahtigi got ... uns daz himilrich eroffinote* Spec.Eccl. 57,1-3; *ich wil mich des höchsten gerichts trösten, das gott selber ist* Ebran Chron. 89,15f.
2 (sich) beruhigen.– **2a** beruhigen, beschwichtigen, NB vereinz.: *tröistn* Kötzting; *(Mulceat) troste* Frsg 9.Jh. StSG. II,166,46.– **2b** refl., sich beruhigen, innerlich zur Ruhe kommen, NB vereinz.: *dea ka sö nima drestn* „ist fassungslos" Winzer DEG.
3 lindern, erträglicher machen, OB vereinz.: *treast Ihna Gott dös Leid!* Bernbeuren SOG.
4 unterstützen, beistehen.– **4a** †unterstützen, helfen: *von vnserm gvt ze pærwing sőln wir nemen di sehzick pfenning da mit div samnvng* [Konvent] *des selben tagen getrőstet werde* Rgbg 1298 Corp.Urk. IV,284,5f.– **4b** †für jmdn bürgen, einstehen: *ob iemant waer under den gesworen, der iemant den margt zů obs erlaubet oder in trost, daz er obs vail hiet an dem margt* um 1365 Stadtr.Mchn (Dirr) 454,18-20.– **4c** die ewige Seligkeit gewähren, ä.Spr., in heutiger Mda. nur in Phras.: *den 4 Jenner Jst in Gott selligkhlich verschiden. die ... Geistlich schwöster anna Millerin ... Gott threst Sÿ vnd alle Christ glaubige Selln amen* 1649 Haidenbucher Geschichtb. 165.– Phras.: *tröste (ihn / sie) Gott* u.ä. Beifügung bei Erwähnung eines

Verstorbenen, °OB, °NB mehrf., °OP, °OF vereinz.: °*mei Großmuatta tröst God is beim sechstn Kind gstorbn* O'hausbach EG; °*unsa Voda, da Heachad drejsdn, hod da Muadan koa bejs Woad gem* Dieterskchn NEN; „*D'Sani – drästn God – håd maiⁿ Åchezn khäad* ... mit dem männlichen Fürwort auch bei weiblichen Personen“ Nußdf TS Heimatb.TS III,21-24;– erweitert: *wie der Christlbauer – Gott tröst'n und unser' liebe Frau – g'storb'n is* Meier Werke I,106;– *Drẹssd-n dà liàwe Heà-good, es weàd eàm koà Menge ned sẽi* „Damit war die Vorstellung verbunden, daß das Reden über einen Toten diesem im Jenseits noch schaden könnte“ nach Kaps Welt d.Bauern 154, ähnlich °OB vereinz.;– auch: *tröst Gott seine / ihre arme Seele*: *de anda drest God sei arme Seej hots hoid a so oda a so gmocht* „sagt einer über seine erste Frau, weil die zweite es ihm nicht recht macht“ Erding; *Tröst Gott sei arme Sejl!* Häring Gäuboden 196;– *der Maxl, tröstn der liebe Himmö* „der selige Max“ Passau.– *Weasta do koan Witiwa net heiratn, dea hengt da an „Dres God“ da andan oi Dog fia Betstod hi* „hält die Erinnerung an die erste Frau hoch“ Erding.

5 refl., †sich verlassen, vertrauen: *wil ener sich sines frivndes trôsten* Rgbg 1281 Corp.Urk. I, 414,3f. A; *di risen ... trosten sich irer sterk und größ* Aventin IV,92,16f. (Chron.).

6 refl., †sich zunutze machen: *seint sich der mensch/ dhaines seines Gv̊tes/ so vil frevn/ vnd trôsten sv̊l/ noch enmv̊ge/ als des Gv̊tes/ daz er fv̊r in ienev werlt sendet* Landshut 1296 Corp. Urk. III,502,32f.

7 refl., †sich schützen, bewahren: *Ich tröst auch mich nur gegen dir, das ich nicht wann zu den lenden mag gewundet werden* Füetrer Chron. 116,21-23.

Etym.: Ahd., mhd. *trôsten*, mhd. *trœsten*, Abl. von →*Trost*; Pfeifer Et.Wb. 1466.

Ltg: *drẹ̄sdn*, *drẹ̄ſdn* OB, NB, *-šd-* westl.OB (dazu ND), *drẹ̄sd* (LF), *drẹ̄sn* (FS, MÜ), *drẹ̄šn* (FS, STA), *drẹašdn*, *-α* westl.OB (dazu FDB), *drẹašn* (AIC, WM, WOR; FDB), *drẹašnα* (DAH), *drẹisdn* NB, OP, MF (dazu IN; WUN), *-šd-* (IN; WUG), *drẹisd* (KÖZ), *drẹisn* (GRI; CHA), *drọišdn*, *-sd-* (MB, WOR), *drọišn* (TÖL), daneben ugs. *drēsdn*, *-šd-*, ohne Uml. *drǭsdn* (TS; LAN).

Schmeller I,677.– WBÖ V,595f.

Komp.: [**auf**]**t.** **1** wie →*t.*1a, OB vereinz.: *i muaßn auftröstn* Kiefersfdn RO; *auftrœsten* Schmeller I,677.– **2** wie →*t.*2a: *i muaßn auftroistn, dea is gans vozoat* [erzürnt] Elbach MB.

Schmeller I,677.– WBÖ V,595.

[**der**]**t.** wie →*t.*1a: *Da Pfarrer ... hats aa net datröstn kinna* Altb.Heimatp. 61 (2009) Nr.16, 25.

WBÖ V,596.

[**ver**]**t.** **1** wie →*t.*1a: *vertröschtn* ich muß ihn trösten in seinem Leid Esting FFB.– **2** vertrösten, °OP, °OF, °SCH vereinz.: °*der hout me vatrejst af schbata* Thiershm WUN; *Oaber er hot mi vatröst, i soll nur brav bleibn, nacher in zwei Joahrn kimmt er zruck und heirat mi* Mchn Die Nation 23 (1905/1906) 703.– **3** wie →*t.*2a: *Sinst san d'Madeln a so, daßt as vertreaschtn muaßt, Weil s' vor Odern und Frösch gar so viel Schreckn ham* Dingler Arntwagen 55.– **4** †zusichern, versprechen: [sollen] *die Vormunder bey antrettung der vormundtschafft/ solcher künfftiger verehrung vertröstet werden* Landr. 1616 229.– **5** refl., †wie →*t.*5: *denen, so ... sich mêr auf ire eigne ... verdienst denn auf das einig sêlig machent verdienst Jesu Christi vertrost und verlassen ... haben* Aventin I,306,26-30 (Dt.Chron.).

WBÖ V,596. A.S.H.

Tröster

M. **1** †von Personen.– **1a** Trostspender, Seelenretter, bes. vom Heiligen Geist: *Nu seht, liebin, welich trôstar der geist si, der die zwelfbotin so troste* Spec.Eccl. 78,9f.; *Der heilig gaist ist paraclitus ... daz ist ein trôster* KonradvM BdN 98,7f.; *Wo nu Christus, daselbs ist auch sein heiliger geist den er versprochen hat zuo der kirch zesenden als ainn troester der betruoebten* BertholdvCh Theologey 49.– **1b**: „*Tröster* ... Vormünder, Bürgleister, Gutsteher“ Westenrieder Gloss. 590.

2: °*Tresta* Kinderschnuller Moosach EBE.

3 †: „Ein altes, sehr mechanisch geschriebenes Buch ... *Das ist ein alter Tröster*“ Westenrieder Gloss. 590.

Etym.: Ahd. *trôstâri*, mhd. *trœstære*, *trœster* stm., Abl. von →*Trost*; Pfeifer Et.Wb. 1466.

Westenrieder Gloss. 590.– WBÖ V,596f. A.S.H.

trostern

Vb., in großer Menge herunterfallen, prasselnd aufschlagen: „Ein Bauer beutelt den Zwetschgenbaum. Viele fallen herunter: *Gråd trosdan duats!*“ Rasp Bgdn.Mda. 151.

Etym.: Herkunft unklar; WBÖ V,597.

WBÖ V,597. A.S.H.

†trosthaft
Adj., zuversichtlich, hoffnungsvoll: *doch da die feind nit von stundan Italien angriffen, warn si ein wenig trosthafter, auch lessiger* AVENTIN IV, 502,3-5 (Chron.). A.S.H.

tröstlich, trost-
Adj. **1** tröstlich, beruhigend: *Wöi träistle, daß a Pfoarra aa blaouß a Mensch is* HEINRICH Gschichtla u. Gedichtla 11; *wir haben, herr, lang gegert diner trȏstlichen chunft in unsern nȏten* O'altaicher Pred. 81,32f.; *Dise trostlichen wort ... erkückten wider alle erschrockne ... hertz* FÜETRER Chron. 110,17-19.
2 †zuversichtlich, mutig, tapfer: *troustlə'* „voll guten Muthes, muthvoll" SCHMELLER I,677; *ein ritter, der was ein gar ernstlich und trostlich man* EBRAN Chron. 159,19f.
3 zufrieden, glücklich, °NB vereinz.: *er sitzt da und ißt so troustla sei Essn, daß as Zuschaun grad a Freud is* Passau; *trôstlich eßen* „sich's schmecken lassen" Bay.Wald SCHMELLER I,677; *tröstlich essen/ arbeiten* SCHÖNSLEDER Prompt. Kk5[v].
4 trostbedürftig, erbarmungswürdig: °*du schaust ja sua tröistle hear, kantst öin glatt daboarma* Tirschenrth; *drẹißtli ... schauen* DENZ Windisch-Eschenbach 271.
5 †hilfreich, dienlich: *an dem selben tag/ sol div abbtessin den frown zwai mal geben/ daz div sten* [kosten] *ein pfvnt Mȏnicher pfennig/ vmb wein vmb brot ... vnd vmb ander sache die in trȏstlich sin* Mchn 1293 Corp.Urk. III,129,8-10.
Etym.: Ahd. *-trôstlîh*, mhd. *trôstlich, trœst-*, Abl. von →*Trost*; PFEIFER Et.Wb. 1466.
SCHMELLER I,677.– WBÖ V,598.

Komp.: [**un**]**t.** untröstlich, OB, NB, MF vereinz.: *untrestle* fassungslos Rechtmehring WS; *unträistle* „bedrückt ... schwermütig" BRAUN Gr.Wb. 725. A.S.H.

Tröstung, †Trostung
F. **1** Trost, Aufmunterung, Zuspruch, Hoffnung: *Dräisdungan* Altfalter NAB; *Ich han nicht gewisst vormals so vil trostung ze súchen vor der heyligen pilden* HARTLIEB Dial. 76,29f.
2 †Hilfe, Unterstützung: *auch ze hilf vnd trostung komen den betrubten vnd krancken* JOHANNESVI Fürstenlehren 2,42-3,43.
3 †Versprechen, Zusicherung, bes. von Waffenruhe, Schutz u.ä.: *ihr ... Pfarrer sollet ... nach solcher Erhebung des Gelds durch euch selbst ... dem Volk auf der Kanzl öffentlich verkünden, und Trostung thuen, daß solch ... Geld ... allein Uns, auch unsern Landen und Leuten zu gut ... gebraucht werden soll* Mchn 1470 BLH VIII,9; *dem oder denselben Schmidmenschen soll ... durch unsere Amtleut kein Friede, Tröstung, Gleit noch Landshuld gegeben ... werden* Mchn 1694 LORI Bergr. 551.
Etym.: Mhd. *trôstunge, trœst-* stf., Abl. von →*Trost*; WBÖ V,598.
SCHMELLER I,677.– WBÖ V,598.

Komp.: †[**Ver**]**t. 1** wie →*T.*1: *Darumb gelt es gleich, sy thuon poess oder guots, vnnd schoepffen jne domit ain vertroestung* BERTHOLDVCH Theologey 534.– **2** wie →*T.*3: *Dessen haben Wir Uns also beyderseits auf unser beyder selbst, und unsrer Landschafft Zusagen und Vertröstung zu halten gewilliget* Straubing 1468 BLH VI,157; *Das ... sye ... Consens, und Vertresstung empfanngen* 1617 IRLINGER-ROTH Bgdn.Bergknappen 14.
WBÖ V,598f. A.S.H.

Trötel
(Genus?): *Trettl* „Trompete" Wb.Krün 50.
Etym.: Abl. von schriftsprl. *tröten*, onomat.; DUDEN Wb. 3982. A.S.H.

Trotsche
F. **1** schwerfällige, langsame weibliche Person: °*des is a Droutschn* Schierling MAL; *droudšn* „langweilige, umständliche weibliche Person" KOLLMER II,96.
2: *droudšal* „zärtliche Benennung einer lieben Person, bes. eines Kindes" KOLLMER II,96f.
Etym.: Wohl Nebenf. von →*Tratsche*; WBÖ V,599.
WBÖ V,599 (Trotschellein).

Abl.: *trötscheln, trotschicht.* A.S.H.

trötscheln
Vb.: °*triatscheln* „trödeln" Wunsiedel. A.S.H.

trotschicht
Adj.: *drọutšad* „plump, grob" KOLLMER II,97. A.S.H.

Trott
M., Trott, Gewohnheit, °OB, °NB, °OP, °MF vereinz.: °*du muast bössa aufpassn, nöt oöwei an oan Trott dahioabatn* Limbach PA; °*der laßt se niat as sein Trott bringa* Eslarn VOH; *'S håut se neks g'ända(r)t,'s gäiht immazou in-n ålt'n ... Trott weita(r!* BRAUN Gr.Wb. 677.

Etym.: Wohl aus afrz. *trot* od. it. *trotto* 'Trab, Gangart des Pferdes'; PFEIFER Et.Wb. 1466f.

WBÖ V,599. A.S.H.

Trottel

M., auch N. **1** dummer, schwachsinniger Mensch, auch Schimpfw., °OB mehrf., °NB, °OP, °MF, SCH vereinz.: °*ös* [ihr] *nennts mi an Troddl, kreizsaxndi, ös seids ja dö Troddln alloa, gscheid bin i* „Gstanzl" WÜM; *Drodai* „Begriffstutzige(r)" Spr.Rupertiwinkel 24.
2 übermäßig gutmütiger, willensschwacher Mensch, °OB, °NB, °OP, MF vereinz.: °*a Trottl, den jeda ausnutzn ko* Halfing RO.
3 schwerfälliger, ungeschickter, langsamer Mensch, °MF vielf., °OB, °NB, °OP, °SCH vereinz.: *a Trottl, dem ma im Geh d'Hosn flickn ko* Schwandf.– Auch Mensch, der schwankend, wacklig geht, °OB, °NB, OP vereinz.: *a Trottl trottlt* Mensch mit zu kurzen Beinen Zell RID.

Etym.: Wohl Abl. von →*trotten*; PFEIFER Et.Wb. 1466.

SCHMELLER I,681.– WBÖ V,599f.

Komp.: [**Paragraphen**]**t. 1** abwertend Anwalt: °*Paragraphentrotl* „Winkeladvokat" Lindenloh BUL.– **2** Paragraphenreiter, °OB, °OP vereinz.: °*dös is a Paragraphendrottl* Flintsbach RO.– **3** jmd, der bei jeder Gelegenheit prozessiert, °OB, °NB, °OP vereinz.: °*der verstreit sein ganzn Hof, der Paragraphentrottl* Frauenbg PAR.

[**Bären**]**t.** Arbeiter, der die letzte Garbe (→*Bär*[2]) bindet: °*Bärendrodel* Frasdf RO.

[**Bauern**]**t.** dummer, ungehobelter Mensch (vom Land), OB, NB vereinz.: *Bauandrodl gschöada!* Tittling PA.

WBÖ V,600.

[**Dorf**]**t.** Dorftrottel, auch Schimpfw., OB, °NB, °OP vereinz.: °*Dorfdrottl* Neusorg KEM; *Doafdrottl* AMAN Schimpfwb. 46.

WBÖ V,600.

[**Voll**]**t.** sehr dummer Mensch: *Wega ... dem Voitrottl, dem bläda, is ois daneem ganga* BINDER Saggradi 241f.

[**Haus**]**t.**: *Haustrottl* Pantoffelheld Erling STA.

WBÖ V,600.

[**Ge-mein(de)**]**t. 1** wie →[*Dorf*]*t.*, °OB, °SCH mehrf., °NB, °OP, °MF vereinz.: °*des is insa Gmoatroddl* Moosach EBE; °*fröiha haout da Gmoitrotl Gäns ghöüt für döi gans Gmoi* Eslarn VOH.– **2** wie →*T.*2, °OB, °NB, °SCH vereinz.: °*moants vielleicht, i mach euch an Gmoatrottel!* Ensdf MÜ.

WBÖ V,600. A.S.H.

trotteln

Vb. **1** schwerfällig, schwankend, langsam gehen, trotten, °OB, °SCH vielf., °NB, °OP mehrf., °MF vereinz.: °*de Schnapser trotteln durch de Gassn* Rgbg; *trodln* „wackeln, merkwürdig gehen" Spr.Rupertiwinkel 91.
2 trödeln, langsam arbeiten, °OB, °NB mehrf., °OP, °OF, °MF, °SCH vereinz.: °*trottlt net goar a so, sonst wirst heut nimma fertig!* Metten DEG; *trottln* SINGER Arzbg.Wb. 240.
3 †herumziehen, hausieren: *Trotteln ... hausiren* PRASCH 24.

DELLING I,137; PRASCH 24; SCHMELLER I,681.– WBÖ V,600.

Komp.: [**an**]**t.** schwerfällig, langsam herankommen, sich nähern: °*antrotteln* Ruhmannsdf WEG; *oa(n'trottlt komma* „gemächlich ankommen" BRAUN Gr.Wb. 677.

[**um-ein-ander**]**t.**, [**üm-**]**- 1** wie →*t.*1, °OB, °NB vereinz.: °*der trottelt umeinander* Eitting MAL.– **2** wie →*t.*2, °OB, °NB, °OP, °OF vereinz.: °*ea trottlt imanana* „arbeitet langsam" Schönwd REH.– **3** sich herumtreiben, herumstreunen: °*wo bist denn wieder umanandertrottelt?* Salzweg PA.

[**ver**]**t.** (Zeit) vertrödeln, vergeuden, °OB, °NB vereinz.: °*du håst ja nix toa, håst wieder dö ganz Zeit vertrottelt* Limbach PA.

WBÖ V,600.

[**da-her**]**t. 1** wie →*t.*1, °OB, °NB mehrf., °OP, °MF, °SCH vereinz.: *dea trottlt dahea wia a oitö Fackölous* [Muttersau] O'audf RO; *Der „kloa Bär" is auf an' Waldwegl dahertrottelt* FRANZ Lustivogelbach 90.– **2** wie →[*an*]*t.*, °OB, °NB, °OP, °OF vereinz.: °*um 11 Uhr is d'Schul aus, um 12 kimmt er schö langsam dahertrottelt* Mchn.

WBÖ V,601.

[**da-hin**]**t. 1** wie →*t.*1, °OB, °NB, °OP, °MF vereinz.: °*gej a weng schneja, drottelt ned so langsam dahin!* Grafenrd VIT.– **2** wie →*t.*2, °OB, °NB, °OP, °SCH vereinz.: °*der trottlt bei seina Oawat schöi dahi* Frauenbg PAR. A.S.H.

trotten

Vb. **1** gehen.– **1a** schwerfällig, langsam gehen, trotten, OB, °NB, °OP vereinz.: °*trotten* Wei-

den; *trotten* SCHMELLER I,680.– **1b** refl., weggehen, sich schnell fortbewegen: *trott di!* „geh weg, geh schneller!" Mchn.
2 †ungeordnet u. bes. kraftvoll dreschen: *trotten* „wild dreschen" OB SCHMELLER I,680.

Etym.: Spätmhd. *trotten* 'traben, reiten', wohl gleicher rom. Herkunft wie → *Trott*; PFEIFER Et.Wb. 1466f.

SCHMELLER I,680f.– WBÖ V,601.

Abl.: *Trottel, trotteln, Trotter(er), trotticht, Trottler(er), trottlicht.* A.S.H.

Trotter(er)

M. **1** langsamer, umständlicher Mensch: °*des is a richtiger Troderer* Weiden.
2 †: *Trotter* „die letzten, mit Anstrengung aller Kräfte geführten Streiche beim Abdreschen, Ende des Dreschens" HOHENEICHER Werdenfels 64.
3 †best. Tanz: *muesten die leut allerlai tänz und lieder lernen, den drotter, fierltanz und raien* AVENTIN IV,118,17f. (Chron.).

SCHMELLER I,680f.– WBÖ V,601. A.S.H.

trotticht

Adj., dumm, ungeschickt: *trottat* „trottelig" JUDENMANN Opf.Wb. 158. A.S.H.

Trottler(er)

M. **1** schwerfälliger, langsamer Mensch, °OB, °OP, MF vereinz.: °*a Drodlara* „langsamer Arbeiter" Döfering WÜM; *Troittla* „So bezeichnete man einen, der kaum noch einen Fuß vor den andern brachte" SCHILLING Paargauer Wb. 46.
2 †ungeordnete, kraftvolle Schläge am Ende des Dreschens: „*ə̃n Trotler machen*, wenn alle Drescher zugleich auf's Korn schlagen, gewöhnlich zu Ende der Dreschzeit eines Tages" M'nwd GAP SCHMELLER I,680f.

SCHMELLER I,680f.– WBÖ V,601.

Komp.: [**Paragraph(en)**]**t. 1** Paragraphenreiter, °OB, °NB vereinz.: °*dös is a Paragrafentrottler, der ois genau nimmt* Zustorf ED.– **2** jmd, der bei jeder Gelegenheit prozessiert, °OB, °OP vereinz.: *Baragravdro*^{d}*la* Adlersbg R. A.S.H.

trottlicht

Adj. **1** dumm, ungeschickt: *trottlat* „trottelig" JUDENMANN Opf.Wb. 158.
2 schwerfällig, langsam: *trottlat* „langsam, dahintrottend" JUDENMANN Opf.Wb. 158.

WBÖ V,601. A.S.H.

Trottoir

N., auch M. (OF). **1** Gehsteig, °OB, NB, OP, °OF vereinz.: °*Droddoa* Mauern FS; *mit oin Fouß aaf der Straouß, mitn annern aafm Trottar* SCHEMM Internist 72.
2 †befestigter Weg vor od. um das Haus: „die Hausthüre ... zwischen welcher u. dem Düngerhaufen eine 7 Dezim ... breite *Gred* (*Trottoir*) dahinlief" 1839 SCHWERTL Notizen 33.

Etym.: Aus frz. *trottoir*; Fremdwb. V,506.

WBÖ V,602. A.S.H.

Trotz → *Trutz.*

trotzdem → [*trotz*]*dem.*

trüb

Adj. **1** nicht (ganz) durchsichtig, klar, sauber, °Gesamtgeb. vereinz.: °*d Fensta gheratn putzt, san ganz trüab* Inzell TS; *Je tröier daaß as Wasser is, desta mäiharer fressns!* SCHEMM Neie Deas-Gsch. 120; *trubiz* Windbg BOG 12.Jh. StSG. I,626,37; *Trüber wein* SCHÖNSLEDER Prompt. Kk6^{r}.– Phras.: °*dea schdiisd am Driam umanand* [wohl hat beim Suchen Mühe] Garmisch GAP.– *Im T.en / t.en Wasser ist gut fischen* u.ä. unklare Zustände lassen sich zum eigenen Vorteil ausnützen, °OB, NB, °OP vereinz.: °*im Trübn ist gut fischen* Inzell TS; *In' dröybm Wåßarn is goud fischn* SCHÖNWERTH Sprichw. 47.
2 matt, glanzlos, mit schlechter Sehkraft, OB, NB, OP, SCH vereinz.: *tröiwö Aung* Stadlern OVI; *All slangen habent trůbs gesiht* KONRADvM BdN 289,8f.
3 nicht von der Sonne erhellt u. verhältnismäßig dunkel, trüb (vom Wetter), °OB, NB, OP, °MF, SCH vereinz.: °*da Himml is dröib* Regelsbach SC; *A triaba Dog* BINDER Bayr. 216; *ein iegleich tier fraůt sich dez liehten, lautern lufts mer denn dez trůben* KONRADvM BdN 234,13f.; *Trüb wetter* SCHÖNSLEDER Prompt. Kk6^{r}.
4 betrübt, gedrückt, traurig, mürrisch, OB, NB, OP vereinz.: *ea hod a so a trüabs Gschau* Hfhegnenbg FFB; *da hada gschaugt so driab, als wiara zwötschka Diab* RATTELMÜLLER Soldatenlieder 157.

Etym.: Ahd. *truobi*, mhd. *trüebe*, germ. Wort idg. Herkunft; KLUGE-SEEBOLD 932f.

Ltg: *driab*, flekt. auch *driaw-* OB, NB (dazu BEI, R; FDB), *dreib*, flekt. auch *dreiw-* u.ä. OP (dazu IN; KÖZ, SR; WUN; HEB, SC, WUG), *drei* OP, OF (dazu KÖZ).

SCHMELLER I,642.– WBÖ V,602f.

Abl.: *Trübel, trübeln, trüben, -trüberln, trübig, Trübler, -trübnis, Trübsal, trübselig.* E.F.

Trubel
M. **1** Trubel, Getümmel, °OB, °NB, °OP, °MF vereinz.: °*håiti fäi föst hinter mia, daß a dö nöt valois a den Trubö herin* Limbach PA; *d'Wiesn ... des dua i mir scho lang nimma o! Der Lärm, der Trubl, de Preise!* MM 27./28.9.2008, 16.– Auch Tanzveranstaltung, °NB vereinz.: °*heut gehn ma zum Trube* Regen.
2 Schar, Ansammlung (von Menschen od. Tieren), °OB, °NB, °OP vereinz.: *a Druwö Leid* Drachselsrd VIT.
3: *Trubi* Wasserwirbel Neubeuern RO.
Etym.: Aus frz. *trouble* 'Unordnung, Unruhe'; Kluge-Seebold 933.
WBÖ V,603.

Abl.: *-trubel, trubeln.*

Komp.: [**Fas-nachts**]**t.** Faschingstrubel: °*Fosnachtsdrubl* Rgbg.

[**Kirch-weih**]**t.** Kirchweihtrubel: °*Kirwatrubel* Nabburg. E.F.

Trübel
M., wohl durch gründelnde Fische getrübte Stelle im Gewässer: °„*do is da Trüabe*, wenn der Fisch *auftrüabelt* hat" Altötting. E.F.

-trubel
N., nur in: [**Ge**]**t.** Trubel, Getümmel, °OP vereinz.: °*Getrubel* „beim Volksfest" Kastl NM. E.F.

trubeln
Vb., auch refl., sich heftig durcheinanderbewegen, drängeln, herumtollen, °OB, °NB, °OP, °MF, °SCH vereinz.: °*do schaug hi, wia si do d'Leut truben* Ismaning M.

Komp.: [**durch-ein-ander**]**t. 1** auch refl. od. unpers., wie →*t.*, °OB, °NB, °OP vereinz.: °*auf der Festwiese trublz die Leut durcheinander* Nußdf RO; °*do truwöt ois duranant* Bodenmais REG.– **2** im Gewühl herumschubsen: °*dön habms schö durchanandatruwöt* Fischbachau MB.

[**um-ein-ander**]**t. 1** herumwirbeln, sich wirbelnd bewegen: °*da trubelt das ganze Laub umeinander* „wenn im Herbst der Wind weht" Flintsbach RO.– **2** auch refl., wie →*t.*, °OB, °NB, °OP vereinz.: °*Kinder, truweds enk nur richti umanander!* Frauenau REG.– **3** sich herumtreiben: °*wo weadn dea wieda umanandatrubön!* Tegernbach MAI.– Auch herumlungern: °*der trublt so umanandr* Rehling AIC.

[**aus**]**t.** refl., sich austoben, lärmen: °*heut habn se si richti austrubelt* Troschenrth ESB.

[**durch**]**t.** refl., sich durchdrängeln, °OB vereinz.: °*muasch schaugn, daß di durchtrubeln koscht* „auf dem Markt" Brunnen SOB. E.F.

trübeln
Vb. **1** (Wasser) trüben, undurchsichtig machen, °OB vereinz.: °*a Fisch triawit beim Gründeln* „wirbelt den Schlamm auf" Marktl AÖ.
2 gründeln, am Grund von Gewässern Nahrung suchen (von Fischen, Enten), °OB, °NB, °OP vereinz.: °*boi* [wenn] *d'Fisch driaweln, schlog s Weda um* Lenggries TÖL.

Komp.: [**auf**]**t. 1** trüb machen, werden.– **1a** wie →*t.*1, °OB mehrf., °NB, °OP vereinz.: °*der Karpfen hot auftriawit, wie er mi gspannt hot* Klingen AIC; °*muaßtn du dös ganze Wassa aufdrüabön!* Tegernbach MAI.– **1b** trüb, undurchsichtig werden (von Flüssigkeit), °OB, °NB vereinz.: °*da trübelts Wasser auf, weil Fisch drin sind* Ohlstadt GAP.– **2** wie →*t.*2, °OB, °NB, °OP vereinz.: °*überm Kies kinnans ned aufdriawen* Simbach EG.– **3** aufwühlen, aufwirbeln.– **3a** in Flüssigkeit aufwühlen, wirbelnd nach oben bringen, °OB, °NB, °OP vereinz.: °*paß auf bein Eischenka, du driawest de ganz Hefa auf!* Wettstetten IN.– **3b** in die Luft wirbeln: °*Staub auftrübln* Euernbach PAF.– **3c** übertr. aufrühren, etwas Unangenehmes in Erinnerung rufen, °OB, °NB vereinz.: °*da Xare muaß de alte Gschicht von dem Maibaumstehln wieda aufdriewen, iatz is da Deifö los* Koppenwall ROL.

[**ein**]**t.** sich eintrüben: °*wead båid eidriawin, hindd is scho gånz schwarz!* Ebersbg. E.F.

drüben →[*dar*]*üben.*

trüben
Vb. **1** (Wasser) trüben, undurchsichtig machen: °*d Fisch trejbm s Wasser* Fronau ROD; „*triəbm*, opf. *trêibm*" Schmeller I,642.– Auch †(den Blick) trüben: *Natantia lumina truobantiu* Tegernsee MB 11.Jh. StSG. II,681,35.

2 gründeln, am Grund von Gewässern Nahrung suchen (von Fischen): °*schau, do hot oana drejbt* Wiesenfdn BOG.
3 †: *Die Küe trüəb·n* „wenn sie plötzlich von der Milch fallen, blutrothen Harn lassen und nicht fressen" M'nwd GAP SCHMELLER I,642.
4 betrüben, traurig machen, ä.Spr., in heutiger Mda. nur im Komp.: *ob si getrůbt wurden von siner marter, daz si gefræut wurden von siner hiligen urstende* [Auferstehung] O'altaicher Pred. 97,36-98,1.

Etym.: Ahd. *truoben, -ên*, mhd. *trüeben, truoben*, Abl. von →*trüb*; PFEIFER Et.Wb. 1467f.

SCHMELLER I,642.– WBÖ V,603f.

Komp.: [**auf**]**t.** **1** wie →*t.*1, °OB, °NB, °OP, °SCH vereinz.: °*döi Entn hom des Wassa afdröit* Kchnthumbach ESB; *auftrüeben* „durch Aufrührung des Bodensatzes" SCHMELLER I,642.– **2** wie →*t.*2, °OB, °NB, °OP vereinz.: °*aftrüam* Metten DEG.– **3** in Flüssigkeit aufwühlen, wirbelnd nach oben bringen: °„Schlamm oder Sand *aftrejbn*" Wiesenfdn BOG.– **4** übertr. aufrühren, etwas Unangenehmes in Erinnerung rufen: *auftrübn* „alte Geschichten wieder auftischen" Hallertau.

SCHMELLER I,642.– WBÖ V,603.

[**be**]**t.** **1** †wie →*t.*1: *So die vischær den visch wellent vahen, so senket er sich an den grunt vnd betrůbt daz wazzer ob im* KONRADVM BdN 274,3f.– **2** matt, glanzlos machen, die Sehkraft mindern: *bötraöbz Ang* trübes Auge Zandt KÖZ; *Dez dreizehenden* [*mals*] *betrůbet si* [Sonne] *die pǒsen chranchen augen, daz si niht mǖgen gesehen ir clarhait* KONRADVM BdN 88,3f.– **3** meist Part.Prät., wie →*t.*4, OB, NB, OP, OF vereinz.: *a bedröibts Gsicht* Wildenrth NEW; *bétriəbt* SCHMELLER I,642; *ain haußfrawen ... hat ain todts kindlein geboren. Darumb wass sy gants*/ *betriebt* Inchenhfn AIC 1498 BJV 2012, 114; *Du weist, wie mich dein schlus betrüabe* ROSNER Passionssp. 38.– **4** †: *betrüben* „verletzen, beleidigen, kränken" Fürhz WOS 1887.– **5** Part.Prät., †verwirrt, besessen, schwachsinnig: *Betrübt* „vom bösen Geiste besessen, bezaubert" DELLING I,67; *daz die gaist betrůbt sind* KONRADVM BdN 32,11; *yber den betriebten Geörgen Mittermoser verordneten Vormundern* 1642 Stadtarch. Rosenhm GRE 63, fol.16v.– **6** †beeinträchtigen, bedrängen, schädigen: *das dehainem menschen erlawblich sei ... mit ichte betrüb bechümber oder beswär weder ir lawt noch ir güt* Indersdf DAH 1329 OA 24 (1863) 60; *das die schedlich Ate, ein götin alles übels, alles besessen und betrüebt hab* AVENTIN I,320,37f. (Dt.Chron.).

DELLING I,67; SCHMELLER I,642; ZAUPSER 16.– WBÖ V,604.

[**ein**]**t.** refl., sich eintrüben: °*da Himmi triabt si ei* Salzweg PA.

WBÖ V,604. E.F.

drüber →[*dar*]*über*.

-trüberln

Vb., nur im Komp.: [**auf**]**t.** (Wasser) trüben, undurchsichtig machen: °*der Hecht hat s Wasser aufdriwalt, daß nix mehr segst* Schönbrunn LA. E.F.

trübig

Adj. **1** nicht (ganz) durchsichtig, klar, sauber, °NB vereinz.: °*d'Fensta mou i putzn, dö san scho ganz trejbö* Eschlkam KÖZ; *dröiwë* Dinzling CHA BM I,241.
2: °*triawi* „trüb, dämmerig, neblig, vom Wetter" Eiting MÜ.
3 Blut harnend (vom Rind): °*de Kuah is trüabi* Garmisch-Partenkchn.

SCHMELLER I,642.– WBÖ V,603. E.F.

Trübler

M.: °*Triabler* „Mensch, der immer wieder alte Sachen aufrührt" Reit i.W. TS. E.F.

-trübnis

F., nur im Komp.: [**Be**]**t.** Betrübnis, Traurigkeit, Kummer: *Bedriabnis* Mchn; *Catharina ... war in dem 1639. Jahr*/ *in ein solche kleinmütigkeit vnd betrübnuß gerathen* 1646 GIERL Bauernleben 92.

WBÖ V,603. E.F.

Trübsal

F., tiefe Betrübnis, Trübsal: *Triăbsài* FEDERHOLZNER Wb.ndb.Mda. 223; *in grosser tr*[*übsal*] SCHÖNSLEDER Prompt. Kk6r.– Phras.: *T. blasen* traurig sein: *Trüabsal blasn* Passau; *Triəbsàl blasn* „in Angst und Kummer seyn und dabey stille sitzen" SCHMELLER I,642;– erweitert: *T. blasen und Kummernis* / *Langeweile geigen* OB vereinz.: *Triabsai blasn und Kummernuß gaing* Mchn; *triăbsàiblàsn und langwaigaignă* FEDERHOLZNER Wb.ndb.Mda. 223.

Etym.: Ahd. *truobisal* stn./m., mhd. *trüebesal* stn./m./f., Abl. von →*trüb*; KLUGE-SEEBOLD 933.

SCHMELLER I,642.– WBÖ V,605. E.F.

trübselig

Adj., trübselig, traurigen Gedanken nachhängend: *trüəbsáli'* SCHMELLER II,253; *wenn s' nöt 's best Ess'n … mitg'nomma hätt'n, war'n s' alle mitanand' trüabseli' wor'n* STIEGLITZ Nibelungenlied 29; *Trübsälig* „ærumnosus" SCHÖNSLEDER Prompt. Kk6r.

WBÖ V,605. E.F.

Truchseß →[*Truch*]*säß*.

Truchtel

F., N. **1** unförmige, unbeholfene, dumme, schlampige Frau, °OB mehrf., °NB, °OP, °MF, °SCH vereinz.: °*des is da so a wampate, schlampate Truchtl* Dietfurt RID; „*a Truachtl* … ungeschicktes weibl[iches] Wesen" MM 20./21.12.1997, J5; „*Die Truchtel*, auch *Truechtel* … besonders wenn sie dick und besser zum Kinderbringen als Arbeiten zu brauchen ist" SCHMELLER I,645f.; *volle Truchtel* PRASCH 24.
2 eingebildete, überspannte Frau, °OB, °NB, °OP vereinz.: °*a so a Truachtl, wie de daherkimb* Brunnen SOB.
3 bösartige Frau, °OB, °OP vereinz.: °*de Truchtl mog si sejba net* Halfing RO.

Etym.: Herkunft unklar; WBÖ V,606.

DELLING I,137; PRASCH 24; SCHMELLER I,645f.; WESTENRIEDER Gloss. 112, 590.– WBÖ V,605f.

Abl.: *truchteln*. E.F.

truchteln

Vb., verschütten: °*druachtln* „Wasser pritschen" Grafing EBE.

Komp.: [**um-ein-ander**]**t.** wie →*t.*: °*dua ned aso umananderdruachtln!* Grafing EBE. E.F.

Druck

M. **1** drückende Kraft, Drücken, Aufeinandertreffen.– **1a** drückende Kraft, °OB, °OP mehrf., °NB, °OF, °MF vereinz.: °*des Wossa schiaßt a so außa, do is a narrischa Drug drauf!* O'neukchn MÜ; °*der Druck hot den Feierwehrmo umgrissn* Pertolzhfn OVI; *trukχ* nach SCHWEIZER Dießner Wb. 207; *Er schlueg, das Achilles die prünn* [Brustharnisch] *mit truck in seinem vlaisch begunde heften* FÜETRER Trojanerkrieg 101,362.– Auch: °*as Druggal* „Nachtalp, Alpdrücken" Lechrain.– **1b** Drücken, Druckbewegung: [einen Knopf] *āf tswę̄n* … *druk drin̄ hā̃bm* MAUSSER Grafenau 54.– Phras.: *es ist gerade noch auf einen D. zusammengegangen* u.ä. es hätte nicht viel gefehlt, °OB, °NB vereinz.: °*dös is gråd no auf an Druck akemma, nacha hättns graft* Kreuth MB;– °*då is af Druck und Knopf gschdandn, nå war graft woarn* Laaber PAR.
2 †feindliches Aufeinandertreffen, Zusammenstoß feindlicher Parteien: *zue veld ausziehen gunden zway her vil gross … Ir paider truck gab in den wolcken dos* [Getöse] FÜETRER Trojanerkrieg 108,395.
3 Belastung, Notlage, Zwang.– **3a** Zeitdruck, °SCH vielf., °OB, °NB, °OP, °OF, °MF vereinz.: °*heit bi i in Druck* „in Eile" Rosenhm; *in Druck saa* „viel Arbeit haben" SINGER Arzbg.Wb. 56.– **3b** finanzielle Notlage, °OB, °NB, °SCH vielf., °OP, °MF mehrf., °OF vereinz.: °*der hot mi wieda schö in Druck bråcht* Kreuth MB; °*i bin im Druck* „Geldsorgen" Schaufling DEG.– **3c** durch Verantwortung od. Erwartungen bedingte psychische Belastung, OB, NB, °OP vereinz.: *den Druck habi gspürt* Haag WS; °*der alte Mo is scho a gscheita Druck für den junga Bauan* Dietfurt RID; *De Schütz'n vo Fuart … kenna koan Druck, Dea's eppas scheniat* SCHUEGRAF Wäldler 13.– **3d** Zwang, Nötigung, °OB, °OP vereinz.: °*den hob i da an Druck otou* „unter Druck gesetzt" O'viechtach; *Aso hamand di de hinter Druck gsetzt* Dirnbg VIT S. EL-SAMAHI, „Wer geht denn heet no boarfouß in d' Kircha?", Regensburg 2023, 119.
4 Schaden, Vernichtung.– **4a** seelischer od. materieller Schaden, Schicksalsschlag, °OB, °OP, °SCH vereinz.: °*dös håt ehm an richtigan Drug gem* „Unglücksfall im Stall" O'nrd CHA.– **4b** endgültige seelische od. materielle Vernichtung, °OB vereinz.: °*dös war für eahm no da Druck* „der letzte Rest" Ohlstadt GAP.
5 Drucken, Gedrucktes, Bedrucktes.– **5a** Drucken: *der Druck* „Fertigstellen eines Druckwerks" Passau.– **5b** gedrucktes Werk, Bild, °OB, NB, OP, SCH vereinz.: °*des is a schena Druck vom Dürer* O'schleißhm M; *der Druck* „fertiggestelltes Druckwerk" Passau; *die hochgelerten der heiligen schrift maister … welcher püecher nun … im druck außgangen sein* AVENTIN IV,729,24-26 (Chron.).– **5c** bedruckter Stoff, °NB, OP, SCH vereinz.: °*Drugg* „bunt gemustert" Simbach PAN.–

5d Art od. Qualität des Gedruckten, °OB, NB vereinz.: *die Zeitung hat an schöna Druck* Haag WS; *jetzer kann i … den allergröbern Druck nimmer lesen* Oberpfalz 38 (1950) 53.

Etym.: Ahd., mhd. *druc* stm., Abl. von →*drucken*; PFEIFER Et.Wb. 247.

WBÖ V,606f.

Komp.: [**Ab**]**d.** **1** wie →*D.*3d: °*aufn Odruck was verkaufn müssn* „unter Druck, gezwungenermaßen" Parsbg MB.– **2** wie →*D.*4b, °OB, °OP vereinz.: °*das hat ihm noch den Odruck gebn* „den Rest" Michelsneukchn ROD; „*Dés hàt eəm 'ən À'druk* (den letzten Stoß) *'gébm*" SCHMELLER I,647.– **3** Ende, Schluß, °OB, °OP vereinz.: °*jetzt gäihts am Odruck* Windischeschenbach NEW; *'s gäiht schäi(n' långsåm am Oodruck* BRAUN Gr.Wb. 158.– Phras.: °*er is ganz am Odruck* „vernichtet" Michelsneukchn ROD.– Auch †Sterben: *daß er noch vor seinem verzweifleten Abtruck geschryen* HUEBER Granat-apfel 143.– **4** (letzter) Augenblick, Moment, °NB vereinz.: °*moust ejzat woatn bis am letzan Odruck* Grafenrd VIT.– Phras.: *auf A.* ganz schnell, °OB vereinz.: °*auf Odruck* Reit i.W. TS;– °*auf den Abdruck kommen* „in letzter Minute" Wdkchn WOS.– *Es ist gerade noch auf den A. zusammengegangen* u.ä. es hätte nicht viel gefehlt, °OB, °NB, °OP vereinz.: °*grad no aufn Odruck is zamganga, na hätt mas Heu trucka hoambracht* Passau;– es ist gerade noch gelungen, °OB, °NB vereinz.: °*s is grod no aufn Odruck zammganga, daß ma s Heu einibrocht ham, bevors s Regna ogfangt hot* Bayrischzell MB.– **5** Gedrucktes, Geprägtes.– **5a** mit der Druckerpresse Abgedrucktes, OB, NB vereinz.: *Odrug* Mchn; *Abtruckh der zwischen gemainer … geistlichkeit vnd des H(eiligen) Reichs freyen statt Regenspurg in anno 1654 auffgerichten … haupt- vnd nebenrecessen* WÜST Policey 362.– **5b** †nachgebildete Münze: *deßhalben wir dir irer Müntzsleg hiebeu liegenden Abdruck zueschicken* Mchn 1535 LORI Münzr. I,199.

SCHMELLER I,647.– WBÖ V,607.

[**Aus**]**d.** **1** †Herausgedrücktes, Herausgepreßtes: *außTruck* „cremor" SCHÖNSLEDER Prompt. Kk6v.– **2** Ausdruck, Kennzeichen, meist ugs.– **2a** Wort, Bezeichnung, OB, NB, OP vereinz.: *sag mir an deutschn Ausdruck für Chaiselongue!* Passau; „*Derisch*", *des is einfach der Ausdruck, wenn oas recht iwerndiwer is* Dirnbg VIT S. EL-SAMAHI, „Wer geht denn heet no boarfouß in d' Kircha?", Regensburg 2023, 88; *außTruck* „expressio" SCHÖNSLEDER Prompt. Kk6v.– **2b** Ausdrucksweise, OB, NB vereinz.: *Ausdruck* „wie man etwas sagt" Mchn.– **2c** äußeres Zeichen, Kennzeichen, OB, NB vereinz.: „Lachen ist *Ausdruck* von Freude" Passau.

WBÖ V,607f.

[**Blut**]**d.** Blutdruck: °*dea hod an houha Bluatdruck* Metten DEG.

[**Ein**]**d.** **1** hineingedrückte Vertiefung: *Eidrük öd Loabal, zeascht mitn Fingan und nacha mitn Mössa, daß a schees Kreizl draf is* Hengersbg DEG.– **2** im Bewußtsein hervorgerufene Vorstellung od. Wirkung von etwas Wahrgenommenem, Erfahrenem, OB, °NB, OP vereinz.: °*da nui Tormå hod an guadn Eindruck gmochd* „umgangssprachlich" Eschlkam KÖZ; *Däer hout … an goutn Eindruck gschundn!* BERTHOLD Fürther Wb. 196.– Spruch: °*was machschdn grad? — An guadn Eindruck* „Scherzantwort" Walleshsn LL.– Auch positive, beeindruckende Vorstellung od. Wirkung, OB, NB vereinz.: *er möcht überall Eidruck schindn* Passau.– **3** †Wiedergekäutes: *So ein vich den Eindruck verliert* HÖFLER Sindelsdf. Hausmittelb. 40.

SCHMELLER I,647.– WBÖ V,608.

[**Schnee**]**d.** **1** Schneelast: *Schneadrukch* Kochel TÖL.– **2** †Schaden infolge von Schneelast: „Von Wasser- und Wildschäden, von *Schneedruk*, Schauer … und Viehseuchen hört man hier immer" SOG HAZZI Aufschl. II,1,139; „Kapelle … *zu Ehren des heil. Antoni wegen Schneedruckh und Schauerschlag … erbauet*" Hohenhard TIR 1767 Wir am Steinwald 4 (1996) 49.

WESTENRIEDER Gloss. 511.– WBÖ V,608.

[**Stein**]**d.** Steindruck, Lithographie, °OB vereinz.: *Schtoadruck* Ascholding WOR.

WBÖ V,607.

[**Wasser**]**d.** Wasserdruck, °OB, °NB, °OP, °MF vereinz.: °*Wåssadruck* Parsbg MB.

WBÖ V,608. M.S.

-druck

N., nur in: [**Ge**]**d.** Gedränge, Drängelei, °OB vielf., °NB, °OP, °MF, °SCH vereinz.: °*do is ja a soichans Gedruck, do schdöi i mi gor net o* Rosenhm; °*dös war a rechts Gedruck zur Tür auße* Laberweinting MAL. M.S.

-drucke
wohl F., nur in Komp.: [**Butter**]**d.** wohl Buttermodel: °*Butterdruck* „Form" Lindenloh BUL.

[**Käse**]**d.** Käsepresse, °OB, °OP vereinz.: *Kasdruck* O'audf RO. M.S.

-druckeln
Vb., nur im Komp.: [**um-ein-ander**]**d.** herumdrucksen, um etwas herumreden: °*druckl do net so umanand!* „sag es offen!" Hohenpeißenbg SOG. M.S.

drucken, -ü-
Vb. **1** drücken.– **1a** einen Druck auf etwas ausüben, OB, °NB, °OP vereinz.: *s Wasser druckt* „auf den Damm" Mchn; °*dåu brauchst blåuß aafm Knuapf druckn* Altenstadt NEW; *daß d'Küa künftig auf a Knopfampel drucka, damit's über d'Straß' kumma* Hzkchn MB SZ Bad Tölz 38 (1982) Nr.256,III.– Phras.: °*druck ma oans?* „messen wir uns im Armdrücken" Eschenlohe GAP.– **1b** drückend betätigen (u. einen Mechanismus in Gang setzen): °*druck hoit di Klingl!* O'schleißhm M; *die* [Ventilposaune] *is vui oafacher zum spuin ... da brauchst bloß Knepferl drucka* O'pframmern EBE SZ Ebersberg 59 (2003) Nr.67,R7.– **1c** pressend drücken.– **1cα** allg., °OB, °NB, °OP, SCH vereinz.: *s Brout drucka* Hengersbg DEG; °*druck doch mei Hend niat so fest!* Tirschenrth; *drucke˜, druckng* Schmeller I, 565; *Trucken* „premere, pressare" Schönsleder Prompt. Kk6^{v}.– Phras.: *die Bank / Ofenbank d.* u.ä. als Gast lange sitzen bleiben, nicht nach Hause gehen, °OP vereinz.: °*im Winter, wenn alla Doch da alt Girgl auf Nacht hutza kummt und Ufabänk druckt* Eslarn VOH;– untätig, faul daheim herumsitzen, °OB, °NB vereinz.: °„ein Stubenhocker, der die meiste Zeit *die Bank drückt*" Frauenau REG.– *Die Schulbank d.* zur Schule gehen, Schüler sein, °OB vereinz.: °*war bessa, er tat wos lerna* [eine Lehre machen], *ois wia d Schuibank drucka* Fahrenzhsn DAH.– **1cβ** an sich drücken, begatten.– **1cβi** umarmend, liebkosend an sich drücken, °OB, NB, OP vereinz.: °*dea håd mi druckt åls wia!* „fest" O'schleißhm M; *Er hat ... 's Diendl 'kußt und 'druckt* Kobell Ged. 279; *Complexus druchenter* Tegernsee MB 1.H. 11.Jh. StSG. II,662,50; *prust, mund an mund paide si truckten nahen* Füetrer Persibein 16, 57.– **1cβii** begatten (von Vögeln): °*dea druckts* Hohenpeißenbg SOG; „das Begatten der Henne ... *druka*" Walpertskchn ED SOB V,92f.; *Die nahtigal ... læzt sich drucken von der spircken* KonradvM BdN 247,15f.– **1cγ** wund drücken, zerdrücken.– **1cγi** †wund drücken: *Wann ain roß gedruckht wirdt oder sonnst offne scheden hatt ... nimb von ainem ... khnäblein ... den harnn* Roßarznei (Deinhardt) 55.– **1cγii** zerdrücken, zerquetschen, OB, OP vereinz.: *Lais* (Läuse) *drucka* Finsing ED; *Erdapfl druckn* beim Kochen zerquetschen G'klenau TIR; *druka* Federholzner Wb.ndb.Mda. 59; *Mang schiff in dem gedrenge zue spreissen ward getruckt* Füetrer Trojanerkrieg 78,250; *da fallen beyderseyts Läden vnnd Bretter ... schwer zusammen ... dass er/ wie ein zelten getruckt ... mit Blut vnderloffen ... gefunden worden* Miesbach 1638 Gierl Bauernleben 63.– **1cδ** durch Drücken in einen best. Zustand versetzen: *D' Schundmeierin ... hat ihrane Gäns mit de Daumen so broat druckt, daß ma glauben hätt kenna, da lachende Wirth is drauf g'sessn* Neues Münchner Tagbl. 1 (1877) Nr. 64[,4].– **1cε** durch Treten zusammendrücken, festtreten, °OP, °MF vereinz.: °*Hei drickn* Heu eintreten Eckersmühlen SC.– **1cζ** (das Euter) massieren, OB, NB, OP vereinz.: *druga* „vor dem Melken" Burgharting ED.– **1cη** drosseln, würgen, °OB vereinz.: °„früher gratulierte man Gleichaltrigen mit leichtem Drosseln: *hoschtn scho druckt?*" Wettstetten IN; *druka* Parkstetten SR nach SNiB V,76.– **1cθ** ausdrücken, herausdrücken.– **1cθi** durch Zusammenpressen herausholen: *s Oata drucka* Altötting; *Daz saf, daz man auz des paumes pleter druchet* KonradvM BdN 370,16f.; *nimb münzen vnd stoß sy in ainem merscher, drukch den safft dauon* Roßarznei (Deinhardt) 55.– **1cθii** durch Zusammenpressen von Flüssigkeit u.ä. befreien, OB, NB vereinz.: *s Gschwie drugga* Zandt KÖZ; *de Bingein ... hanma grod recht zum drugga* Kroetz Stücke IV,227 (Bauernsterben); *daz man die ôlfrûht dreistunt ... druckt vnd prest vnd daz erst saff daz pest sey* KonradvM BdN 365,14f.– **1cθiii** etwas aus dem eigenen Körper herausdrücken, herauszudrücken versuchen, °OB, NB, °OP, °SCH vereinz.: °*drugg no, Biawei, daß wås gehd!* „beim Stuhlgang" Ebersbg; °„wenn die Kuh Wehen hat, dann *druckt* sie" Erbendf NEW; *Mit dera Trauer is a net weit her. Grad drucka hat s' müassen, daß s' a paar Thräna außerbracht hat* Thoma Werke IV,13.– **1cι** refl.,

schrumpfen, an Körpergröße verlieren: *der hat si druckt* U'schleißhm M.– **1d** durch Drücken, Pressen bewirken, daß jmd, etwas irgendwohin gelangt.– **1dα** drückend befördern, gelangen lassen allg., °OB, NB, °OP vereinz.: °*der hot n an d Wand druckt* „bei einer Rauferei" Elbach MB; *Hend in Toagk druckn* „um zu prüfen, ob der Brotteig zum Backen bereit ist" Etzenricht NEW; *drauf Druck' i ihr d'Bleamln g'schwind in d'Hand* STIELER Ged. 38; *wan sie druket ain or auf die erden* KONRADvM BdN 290,1f.; *Hanss Wiener ... von einem Holtz ... in die Iser geschlagen/ vnnd ... vnder das Wasser getruckt* Tegernsee MB 1.H.17.Jh. GIERL Bauernleben 62.– **1dβ** pressend träufeln: °*druck hålt a Zitrona iwa dei Schnitzl, nåu schmeckts bessa* Windischeschenbach NEW; *hernach trŭck in die mandl, von einer Citronen den safft* PICKL Kochb.Veitin 113.– **1e** †(sich) einprägen.– **1eα** einprägen, von etwas einen Abdruck herstellen: *slůzzel, die auf taik oder auf wachs sind gedrucket* 1365 Stadtr.Mchn (DIRR) 418,18.– Übertr. beeinflussend übertragen: *wan swenne man iuch wîhet, sô wirt ein karacter gedrücket in iuwer sêle* BERTHOLDvR I,362,7f.– **1eβ** refl., sich einwirkend übertragen: *die chrawter ... habent wunderleichew werch von der stern chreften, die sich in ir form druchent* KONRADvM BdN 413, 1-4.– **1f** (Leder) punzieren, prägend verzieren: *20 hohe sessl von gedruckhtem rothn löder* Lichtenbg LL 1603 SbMchn 1910, 5.Abhandlung 6 (Inv.).– **1g** drängen, drängeln, °OB, °NB, °OP, SCH vereinz.: °*döts do långsåm, druckts niat a so!* Sulzbach-Rosenbg; *Drucka S doch ned so* SZ 53 (1997) Nr.192,37.– **1h** ein Druckgefühl, Schmerz, Alpdruck erzeugen.– **1hα** ein Druckgefühl, Schmerz erzeugen, OB, NB, OP vereinz.: *s Miada druckt* Haag WS; *da Ärmel druckt unter da Achsel* Weiden; *De Oar müassen di ja im Mag'n drucka* THOMA Werke VI,259 (Andreas Vöst); *der schuch Truckt* SCHÖNSLEDER Prompt. Kk7r.– Schnaderhüpfel: *bald druckt mi mei Stiefl, bald druckt mi mei Schuah, bald druckt mi mei Herzal, wann i zruckdenka tua* WÜM.– Als N., †Druckgefühl, Schmerz: *Margareth Däschlin ... hat auf .3. wochen lang starkhes truckhen umb das herz gehabt, das Sye vermaint, es mieste crepieren* Rott WS 1677 Heimat am Inn 13 (1993) 87.– **1hβ** bei Nacht bedrängen u. dadurch Alpdruck erzeugen (von Druden u.ä.), °OB, °NB, °OP, °MF, °SCH vereinz.: *d Häx hot mi druckt* Holnstein BEI; *An Bauangnechd ... hod oi Dog a d'Nochd a Drud drugd* BÖCK Sagen Neuburg-Schrobenhsn 64; *dem ist 20 jar lang ain gespenst im hauß vmbgangen vnd wan er geschlaffen so hat es jhn serr getruckt* 1584 GIERL Bauernleben 151.– **1i** durch Drücken formen, OB, NB, OP vereinz.: *drucka* „den Butterlaib" Greising DEG; *drukxə* Todtenweis AIC nach SBS XI,229.– Scherzv.: *mågst an Zugga? — Låß da von Hund an drugga!* Reisbach DGF.– Übertr. ändern, rückgängig machen: °*do kou ma nigs mea drou druga* Garmisch GAP.

2 (das Gesicht u.ä.) zum Weinen verziehen, °OB, °NB, °OP, °SCH vereinz.: °*schau nur, wie a wieder druckt!* Euernbach PAF.

3 senken, verringern, herabsetzen, °OB, NB, °OP, °SCH vereinz.: *an Preis drukchn* Kochel TÖL; *Daz plei ... drůkt vnd senftigt etleich smertzen ain weil* KONRADvM BdN 517,26-28.

4 treiben.– **4a** bei einer Treibjagd den Schützen Wild zutreiben, jägersprl., °NB, °OP vereinz.: °*jatz muaß druckt wean* Neuschönau GRA.– **4b** †Knospen treiben, ausschlagen: *Trucken* „gemmare" SCHÖNSLEDER Prompt. Kk6v.

5 übertreffen, schädigen.– **5a** übertreffen, überlegen sein, ausstechen, °OB, °NB, SCH mehrf., °OP vereinz.: °*an Sepp druckt koana, der konn ois* Endlhsn WOR; °*beim Schafkopfn, da drucktn koaner* Aidenbach VOF; *Wann oana richti fahr'n ko, na ko er mit dem Roß an jeden vürfahr'n, da druckt'n überhaupt koana* SAILER Lach od. Stirb 62.– **5b** schädigen, schwächen.– **5bα** Schaden zufügen, in Schwierigkeiten bringen, schwächen, °OB, °NB, °OP, °SCH vereinz.: °*der kann den ned drucka* „bei einem Gerichtsprozeß" Thanning WOR; °*den druckt ibahapt koana!* Cham.– Phras.: °*den drugt koana mehr* „er ist gestorben" Klingenbrunn GRA.– **5bβ** finanziell ausbeuten, übervorteilen, °OB, °NB, °OP vereinz.: °*der druckt mi mit die Zinsn bis zum Verrecka* Wiefelsdf BUL; *I mog di it* [nicht] *drucka, Sepp!* GRAF Werke II,11 (Der harte Handel).– **5bγ** refl., sich auf etwas schlagen, schädigend auswirken: °*dös druckt se aaf ma Gmöit* „macht mich lustlos" Weiden.

6 antreiben, unter Druck setzen, plagen, unterdrücken.– **6a** antreiben, zu höherer Leistung zwingen, °OB vereinz.: °„der *drückt* bei der Arbeit" Teisendf LF.– **6b** bedrängen, unter Druck setzen, nötigen, °OB mehrf., °NB, °OP, °SCH vereinz.: °*jetzt hast mi so lang druckt,* *bis i da a Eis kauft hab, und jetzt is da schlecht* Hzkchn MB; °*der håtn druckt, bis ers zugebn hat* Pfeffenhsn ROL; *Trucken* „urgere" SCHÖNSLEDER Prompt. Kk6v.– **6c** plagen, drangsalieren, schikanieren, °OB, °NB, °OP, °SCH vielf., °MF mehrf., °OF vereinz.: °*der håt den Girgl so lang druckt, bis er eahm oani gschmiert håt* Frauenau REG; °*nimm döi Stöil vå den niat å, dea druckt sa Leit zum Vårreckn!* Sulzbach-Rosenbg; *Gott druckt die Sünder ... Mit vilen plagen schwerer peyn* Gesangb. 78.– Auch in präp. Fügung: *af dö oama Laid druka* Aicha PA.– **6d** unterdrücken, niederhalten, °OB, °NB, °OP, °MF vereinz.: °*sei Chef druckt nan gscheit* Schwandf; *wei er sei ganz Lebn lang nix wia druckt wordn is, und as buckeln und as Jasogn scho gwohnt is* LOEW Grattleroper 39; *Also ist vor zeiten das alt fränkisch haus von dem bairischen ... gedruckt ... worden* AVENTIN V,347,12-15 (Chron.).

7 schmähen, verächtlich machen, °OB vereinz.: °*der hot mi druckt* Schönbichl FS.

8 belasten, umtreiben.– **8a** belasten, zu schaffen machen, °OB mehrf., °NB, °OP, MF, SCH vereinz.: °*dö Hibbadeggn druckan eahm hoit recht* Simbach EG; °*den druckt nix* „er hat keine Sorgen" Mintraching R; *I moan oiwai, di drukd wås. Waisd går-a-so schdaad bist* ENDE Goggolori 39; *man scholt dy feint bey nacht angreiffen ... dy finster der nachte trukchet sy* ANDREASV R 604,41-43.– **8b** umtreiben, keine Ruhe lassen, OB, °NB vereinz.: *di druckt d Neugier* Zolling FS; *enk druckt da Neid* DINGLER bair. Herz 139.– Schnaderhüpfel: *z Rengschbuach af da schtoinan Bruk, schau i drai-, viamol zruk, wal mi mai ålta Schotz går aso drukt* Bruck ROD.

9 reizen, starkes Interesse, den Wunsch, es zu besitzen, hervorrufen, °OB, °NB, °OP vereinz.: °*dös pfundige Musta, dös dat mi net schlecht drucka* Wettstetten IN; *Des mit dem Schwimmen tät mi aber scho drucka* U'haching M SZ südl. Landkreis München 60 (2004) Nr. 200,R3.– Auch: *drucka* „auf jmd. stehen" KILGERT Gloss. Ratisbonense 63.

10 †auf etwas dringen, pochen: *A Muatta is halt da dös best ... De kunnt drauf drucka* THOMA Werke VI,369 (Wittiber); *Wurd manche Herrschaft besser auf die wochentliche Monathl. und Jährliche Raitung trucken* SELHAMER Tuba Rustica I,296.

11 verheimlichen, vertuschen, in heutiger Mda. nur in Komp.: *es drucken* SCHMELLER I,565.

12 vom Wetter.– **12a** von unbestimmter Witterung, wechselhaft sein, OB, NB, °OP vereinz.: *heit druckts, moargn rengts* Emhf BUL.– **12b** schwül, drückend sein, °OB, °NB, °OP, °MF vereinz.: °*grad drucka tuats heit wieda!* Frauenau REG; °*häd is wieda a drugats Weda!* „gewittrig" Cham.– **12c** brennend heiß scheinen (von der Sonne), NB, OP vereinz.: *d Sunn druckt* Binabiburg VIB.

13 refl., sich drücken, entfernen, sterben.– **13a** sich vor etwas drücken, um etwas herumdrücken, °Gesamtgeb. vereinz.: °*der håd se gråd no drukt* „vor der Hochzeit" Bodenmais REG; °*des is a faile* (fauler) *Stingl, der druckt si, wo er ko!* Dietfurt RID; *Der drukktsy fo ara jèdn árbat, wiar-a-s nur fo da waytn daschmekkt* KUEN Bair. 34.– Phras.: *Weà d Oàwàd ... kend und se ned druggd, deà is vàruggd* KAPS Welt d. Bauern 23, ähnlich °N.– **13b** sich davonmachen, sterben.– **13bα** sich davonmachen, heimlich entfernen, °Gesamtgeb. vielf.: °*wias beim Ochsnwirt kritisch zuganga is, hot si da Gustl druckt* Wiefelsdf BUL; °*dea håd si drickt* „aus dem Staub gemacht" Regelsbach SC; *jatzat machst aba, daß di druckst, du Ruach, du elendigr* KROHER Ache 526; *sich Trucken* SCHÖNSLEDER Prompt. Kk7r.– **13bβ** sterben: *der hot sö druckt* Plattling DEG.

14 langsam, schwerfällig sein, herumtrödeln, in heutiger Mda. nur im Komp.: *drucke˜* „langsam ... handeln" Dinzling CHA BM I,80.

15 undeutlich, langsam sprechen.– **15a** lispeln: *druckn* Neualbenrth TIR; *trucken* „im Reden anstoßen" SCHMELLER I,647.– **15b** stottern: *dör druckt* „stottert" Derching FDB; *Sublidit ... druchit* Windbg BOG 12.Jh. StSG. IV,123, 17f.– **15c** stockend, zögerlich sprechen, NB, °OF, SCH vereinz.: °*druck niat imma, riad!* Brand WUN; *drukχn* nach SCHWEIZER Dießner Wb. 207.

16 †sehr sparsam, geizig sein: *trucken* „karg, filzig seyn" SCHMELLER I,647.

17: *druckng* „Possen reißen" Taching LF.

18 wegnehmen, klauen, stehlen, °OB, °NB, °OP, MF, SCH vereinz.: °*der hot mir a Mark druckt* Rgbg; *weil s' ma de scheansten Äpfen ... druckt habn* BAUER Oldinger Jahr 62.

19 im Kartenspiel wertlose Karten verdeckt ablegen, °NB, °OP vereinz.: °*druckn* Kemnath.

20 drucken.– **20a** (Geschriebenes u.ä.) drucken, drucktechnisch vervielfältigen, °OB, NB vereinz.: *laß di in d Zeitung drucka als*

Wohnungssucher! Passau; *De letztn zwoa Wörta san fett druckt, dass mas net übalesn ko* Altb.Heimatp. 64 (2012) Nr.27,9; *man mag niemand druken wehren, es druke der auf sein eigen abenteuer* 1495 KNAPP Rgbg.Gerichtsverf. 267.– Phras.: *lügen wie gedruckt* übermäßig od. unverschämt, °OB, °NB, °OP, SCH vereinz.: °*döi håud a låuse Goschn, döi löigt wöi druckt* Weiden; *Taat ... oana Sprüch reißn und lüagn wia druckt* BAUER Oldinger Jahr 79.– **20b** durch Drucken, drucktechnisch herstellen, °OB, °NB vereinz.: °*de Zeitung werd in Straubing druckt* Bogen; *de Formular müss'n druckt wer'n* THOMA Werke VII,73 (Altaich); *2 getruckhte 1 geschribens mesbuech* Lichtenbg LL 1604 SbMchn 1910, 5.Abhandlung 30 (Inv.).– **20c** (Stoff u.ä.) bedrucken, einfärben, OB, NB, OP vereinz.: *d Laiwad drucka låußn* „färben" Mittich GRI; *D Weiwaleid mid blau druggde Koobfdiacha* Esterhfn DAH Förderverein Bair.Spr. Rundbr. Nr.75 (2010) 7; *ein guldein gmosirt getruckt tuch fur den franaltar im chor* Frsg 1499 Sammelbl. HV.Frsg 11 (1918) 33.

21 Part.Prät.– **21a** flach, gedrungen.– **21aα** flach, breit, °SCH vielf., °OB mehrf., °NB, °OP, °MF vereinz.: °*der hod a druckts Hirn* Gangkfn EG; °*a druckte Stirn* „fliehende Stirn" Schwandf.– **21aβ** gedrungen, untersetzt, kräftig, °OB, °OP mehrf., °NB, °SCH vereinz.: °*dös is a druckta Bursch, dea hot Kroft!* Eschenlohe GAP; °*a druckte Statur* Weiherhammer NEW.– **21b** durchtrieben, hinterhältig, OB, °NB, °OP vereinz.: °*a druckta Mensch* „verschlagener" Windischeschenbach NEW.– **21c** unbestimmt, wechselhaft (vom Wetter): °*des is a druckts Wetter* „man weiß nicht, ob es gleich regnet oder aufreißt" Mantel NEW.

Etym.: Ahd., mhd. *drucken, drücken*, germ. Bildung idg. Herkunft; PFEIFER Et.Wb. 247.

SCHMELLER I,565f., 647.– WBÖ V,609-613.

Abl.: *Druck, -druck, -drucke, -druckeln, Drucker(er), Druckerei, Drucket(s), druckicht, -drücklich, -drucksam, drucksen, Druckser, -drucksig.*

Komp.: [**ab**]**d.** **1** drücken.– **1a** pressend drücken.– **1aα** wie →*d.*1cα, °OB, NB, OP vereinz.: *dö hamt zerscht dö ganzn Semmön adruckt, bis endlö a rechtö gfundn ham* Hengersbg DEG.– **1aβ** wie →*d.*1cβi, NB, OP, MF vereinz.: *ahdrucka* „umarmen" Hengersbg DEG; *oodruck'n* „liebkosen" BRAUN Gr.Wb. 433.– **1aγ** durch Drücken abtrennen, durchbrechen, quetschen, verletzen, °OB, NB, °OP vereinz.: °*du druckst ma jå s Greiz å!* Ebersbg; *d Hend und Pfias håds eam ådrugd* Haidmühle WOS; *mit der Amtskett'n is er no nia ausgruckt, er scheicht, dass eahm's Gnack adruckt* Gaißach TÖL SZ Wolfratshausen 57 (2001) Nr.5,R2; *.2. Neue stimpf hinein Zogen, wo es die Träm hat abgetruckht* 1605 Stadtarch. Rosenhm GRE 39, 156.– **1aδ** zudrücken.– **1aδi** zudrücken u. dadurch den Zustrom von etwas unterbinden: *Beim Raffâ hood er mei Guagl au:druggd* CHRISTL Aichacher Wb. 220.– **1aδii** durch Zudrücken im Zuströmen hemmen: °*oan d Luft odrugga* „ihn würgen" Neufraunhfn VIB.– **1b** wie →*d.*1eα: *in wachs abtr*[*ucken*] SCHÖNSLEDER Prompt. Kk6[v].– **1c** einen Abzug, Auslöser betätigen.– **1cα** durch Drücken des Abzugs einer Schußwaffe einen Schuß auslösen, (eine Schußwaffe) abfeuern, OB, °NB, OP vereinz.: „das Gewehr ist losgegangen, ehe er *abdruckt* hat" Haag WS; *Aaf oa:moi hood eas Gwaar au:druggd* CHRISTL Aichacher Wb. 220.– Phras.: *es ist gerade noch aufs A. zusammengegangen* u.ä. es hätte nicht viel gefehlt, °OB, °NB vereinz.: °*grod aufs Odrucka is zammganga* „es wäre fast gelungen" Schrobenhsn.– °*Oan obdrucka* furzen Passau.– **1cβ** den Auslöser des Fotoapparats betätigen: *„... So, ejtz passts, ejtz bleibts aso", sagt da Paul, dann druckta o* LAUERER Wos gibt's Neis? 29.– **1d** schmerzhaft zusammendrücken: *Schwarzbrot is so schwar, dåß oan n Mong ådrucka mecht* Iggensbach DEG; *Bruder, des möcht' ein's Herz abdrucka, in der Höll' drunt kann's net irger sein* Münchner Nordlicht-Kalender 2 (1861) 18.– **2** wie →*d.*7: °*ohdruckt* „in Grund und Boden verdammt" Eschenlohe GAP.– **3** sich davonmachen, sterben.– **3a** refl., wie →*d.*13bα: *sich abdrücken* Ingolstadt; *Dèr hàt si' à"truckt* „heimlich davon gemacht" SCHMELLER I, 647.– **3b** †wie →*d.*13bβ: *à'truckə˜* „sterben" SCHMELLER I,647; *Es war an dem, daß deß Hansen Kuchlers ... klaines Knäblein/ welches von zwayjähriger Kranckheit vbel hingericht/ abdrucken soll* 1642 GIERL Bauernleben 145.– **4** abbetteln, abhandeln, abzwingen, übervorteilen.– **4a** abbetteln: *abdrukka* Ingolstadt.– **4b** in unredlicher Weise abhandeln, abkaufen, °OB, °NB, °OP, °SCH vereinz.: °*des hod a eahm odruggd* „unter Wert abgekauft" Rechtmehring WS; °*dem hat er dö Kuah ådruckt* Gögging KEH; *Daß er dera Wittiberin 's Holz so billi o'druckt hätt* THOMA Werke VI,600 (Ruepp).– **4c** abzwingen, abnötigen, °SCH vielf., °OB, °NB, OP vereinz.: °*de Hywadeck druckt ma no s Haus ob* Regen; „durch Drohung billig erworben ... *Dea hood mia ân Houf au:druggd*" CHRISTL Aichacher Wb. 220; *viel Blut-Geld ... so man armen Tropffen lästerlich abgedruckt* SELHAMER Tuba Rustica II,279.– **4d** übervorteilen: °*den håst hibsch odruckt* „im Preis gedrückt" Sulzkchn BEI.– **5** abzweigen, stehlen.– **5a** (heimlich) abzweigen, beiseite bringen, °OB vereinz.: °*odruckn* „wenn die Hausfrau vom Wirtschaftsgeld etwas auf die Seite legt" Uffing WM.– **5b** wie →*d.*18, °OB, °OP, °SCH vereinz.: °*dem howe sei Zehnerl odruckt* „geklaut" Rgbg; *was man ihm gezwackt ... und abgetruckt* SELHAMER Tuba Rustica I,245.– **6** drucken.– **6a** abdrucken, gedruckt erscheinen lassen, OB, NB vereinz.: *odrucka* „z.B. ein Bild in einem Buch" Passau; *A paar hundert Gedichte host scho zamdicht ... und hast selba g'sagt dass koa Zeitung und koa Verlag abdrucka will* VALENTIN Sämtl.Werke IV,229.– **6b** erneut abdrucken, nachdrucken: *des hat da Buchdrucka aus einer Zeitung abdruckt* Haag WS.– **7** Part.Prät.– **7a** wie →*d.*21b, °OB, °NB, °OP vereinz.: °*des is a ganz a odruckter Mensch* „schlauer Mensch" Neusorg KEM.– **7b** verzwickt, schwierig: °*etwas ganz Ådruckts* Garmisch-Partenkchn.

SCHMELLER I,647.– WBÖ V,613f.

[abhin]d. 1 nach unten drücken, hinunterdrücken, °OB, °OP vereinz.: °*åwidruckt hådan unddas Wåssa, bis eam da Schnaufa ausgångar is* Ebersbg; °*mir druckts d Augndeckl oi, sua möid bin i* Weiden; *A hot en Esel obi druckt Mit G'wolt af oana Seit* PANGKOFER Ged. hd.u.altb.Mda. 108.– **2** (würgend) hinunterschlucken, verschlingen, °OB, °NB, °OP vereinz.: °*Vådda, nöd so groußö Schdiggl oidrugga, sunsd vaschlindsd dö!* Grafenau; *A Schüsserl Knöcherlsulz hat a bein Obern awidruckt* BREITENFELLNER Spinnstubengesch. 57.– Übertr. etwas Unangenehmes widerspruchslos hinnehmen: „eine Beleidigung *åwidrucka*" Passau.– **3** sich dicht gedrängt nach unten bewegen: *Unsa Dorf is direkt an da ... Einflugschneisn. Direkt übam Haus druckas owe. Olle zwoa Minutn a andare Maschin* Altb.Heimatp. 63 (2011) Nr.33,10.– **4** übertreffen, schädigen.– **4a** wie →*d.*5a, °OB, °NB, °OP, °SCH vereinz.: °*der druckt mi ned oi* „hat keine Chance gegen mich" Trausnitz NAB.– Auch eine Spielkarte stechen: *die werd i glei obidrucka* Flintsbach RO.– **4b** schädigen, schwächen.– **4bα** in wirtschaftlicher od. sozialer Hinsicht vernichten, °OB, °NB vereinz.: °*der wollt mi obidrucka* „ruinieren" Thanning WOR.– **4bβ** (in unredlicher Weise) aus einer Position, Stellung verdrängen, °OB, °NB vereinz.: °*den hams obidruckt* „durch Verleumdung" Pittenhart TS.– **4bγ** wie →*d.*5bα: °*s Oita drucktn hoit åwe* „er ist altersschwach" Siglfing ED.– **5** wie →*d.*6d, °OB, °NB, °OP vereinz.: °*da Hieslbaur druckt doch an jedn obi, der will koan aufkemma lossn* Endlhsn WOR; *Da brauch mer ... keine Demokratie nicht mehr, wenn De de wo de Wal verliren dernach wieder de ... wichtign Postn griang und De de wo gwonnen ham, wern obidruckt* Tuntenhsn AIB SZ München-Nord 64 (2008) Nr.135,R4.– **6** zurechtweisen, schmähen, ächten.– **6a** deutlich die Meinung sagen, scharf zurechtweisen, °OB, °NB, °OP vereinz.: °*den hob i aba obidruckt* „die Leviten gelesen" Reit i.W. TS.– **6b** wie →*d.*7, °OB vielf., °NB, °OP mehrf., °OF, °SCH vereinz.: °*den homs obidruckt* „kein gutes Haar an ihm gelassen" Wettstetten IN; °*a so brauchst na aa grod net oidrucka und vodeifln* Mintraching R; *Der ... Assessor Brückner Hat gegen 's Zentrum g'muckt, Da moant der ... Roeren, Der wär glei abidruckt, Und schimpft 'n drin im Reichstag An grün'n Assessor* Jugend 12 (1907) 157.– **6c** mißachten, ächten, °NB, °OP vereinz.: °*den habt ihr aber bös owidruckt* „links liegengelassen" Eslarn VOH.– **7** wie →*d.*11: °*dös muaß i åbidrucka, dös derf net außa* verheimlichen Limbach PA.– **8** abbetteln, abhandeln, abzwingen, übervorteilen.– **8a** wie →[*ab*]*d.*4a: °*obidrucka* „abbetteln" Arzbach TÖL.– **8b** wie →[*ab*]*d.*4b, °OB, °SCH vereinz.: °*den hams den Boda* (Grundstück) *billi abidruckt* O'ammergau GAP.– **8c** wie →[*ab*]*d.*4c, °OB vereinz.: °*da Metzger hot ma heut die Kuah direkt obidruckt* Endlhsn WOR.– **8d** jmdn in unredlicher Weise von seinem Grund u. Boden verdrängen, zu dessen Verkauf nötigen, °OB, °OP vereinz.: °*der drucktn obi von sein Zeigl* Neumarkt.– **8e** wie →[*ab*]*d.*4d: °*abhindrucka* „übervorteilen" Arnstorf EG.– **9** abzweigen, stehlen.– **9a** wie →[*ab*]*d.*5a, °NB, °OP vereinz.: °*der håut sa allahand oichedruckt va den Gschäft* „auf die Seite gebracht" Sulzbach-

Rosenbg.– **9b** wie →*d.*18, °OB, °NB, °SCH vielf., °OP mehrf.: °*a weng a Schmoiz hab i abidruckt* „mitgehen lassen" Rosenhm; °*dir deaf ma nit traua, du tätst mir glei oan oder zwoa Geldschein obidrucka* Straubing.
WBÖ V,617.

[**Alp**]**d.** N., Alptraum, Alpdruck, OB, NB vereinz.: *Albdrugga* Beuerbg WOR.
WBÖ V,614.

[**an**]**d. 1** wohl anpressen, durch Drücken befestigen: °*duas guad odrugga!* Neufraunhfn VIB.– **2** einen Druck gegen etwas ausüben, dagegen drücken, OB, NB, OP vereinz.: *druck bössa an, aft geht d'Tür scho auf!* Passau; *druck fester an, daß der Spalt größer wird!* Thoma Werke IV,57.– Phras.: °*es is gråd nu aufs Åndrucka zammganga* [es hätte fast eine Rauferei gegeben] Malching GRI.– **3** (Stempel, Stift u.ä.) aufdrücken: °*dads ja an Schbiz ådrugga bein Schreim!* Ebersbg.– **4** wohl refl., sich anschmiegen: *andrucka* Anschmiegen der Kinder an die Mutter Geltendf FFB.– **5** Part.Prät., rauflustig, kampfbereit: °*vui håd nimma gfejd, de san scho odruckt gwen* „waren zum Raufen bereit" Dachau.
WBÖ V,614.

[**um-ein-ander**]**d.,** [**üm-**]**- 1** an od. auf etwas herumdrücken: °*am Handy umananddrucka wia a Bläda* Reichenhall.– **2** wie →*d.*2, °OB, °OP, °SCH vereinz.: *dea drugts Mai umanand* Kchasch ED.– **3** herumdrucksen, um etwas herumreden, °OB, °NB, °OP, °OF, °SCH vereinz.: °*der hat umeinanderdruckt, bis er endli d Wahrheit gsagt hat* Walleshsn LL; °*dou niat sua imananadrickn!* „komm endlich raus mit der Sprache!" Schönwd REH; *Er druckt umanand, schuibt olle Schuld af de andan* Oberpfälzer Heimatspiegel 26 (2002) 127.– **4** langsam, zögerlich, ruhelos, unbeständig sein.– **4a** wie →*d.*14, °OB, °NB, °OP, °SCH vereinz.: °*der Loamosch druckt langsam umanand* Marktl AÖ.– **4b** zaudern, zögern, °OB, °NB, °OP vereinz.: °*der druckt a so umanand* „weiß nicht, was er will" O'viechtach; *Z'erst ist eahna dö best' Bauernstochta it* [nicht] *guat gnua … umanand drucka teanas und nacha sausen's mit aran ganz nixign Weibsbild eini* Graf Werke II,123 (Der harte Handel).– **4c** ruhelos, fahrig sein, °OB, °OP vereinz.: °*der druckt umanand wej a lechadi Henna* Laaber PAR; *umananddrucka* Kilgert Gloss.Ratisbonense 168.– **4d** wie →*d.*12a, °OB mehrf., °NB, °OP, °OF, °SCH vereinz.: °*seid ana Schdund druggds scho umanånd, jetz weads åwa båid gracha!* Ebersbg.– **5** auch refl., wie →*d.*13a, °OB, °NB vereinz.: °*der druckt si a oiwei a so umanan* „Drückeberger" Lenggries TÖL.– **6** sich herumtreiben, herumspionieren.– **6a** auch refl., herumschleichen, herumstreunen, sich herumtreiben, NB, °OP, °MF vereinz.: °*wås druckst du allweil umanand?* Laaber PAR; *Da Tod … druckt si a paar Täg in' Holz drin umanand* F.X. Breitenfellner, Wia da Tod auf d'Welt kemma is, Feldafing 1959, 15.– Auch ohne festen Wohnsitz herumziehen: °*umanandadrucka* Innernzell GRA.– **6b** refl., herumspionieren: *die druckt si umanander* „schnüffelt herum" Pollenfd EIH.– **7** vom Kranksein, Krankwerden.– **7a** auch refl. od. unpers., kränkeln, krank zu werden beginnen, °OB, °NB, °OP, °SCH vielf., °OF, °MF vereinz.: °*den druckts umananda, wos werd er denn hom?* Metten DEG; °*der druckt si umeinander* Weiden.– **7b** im Körper schwelen (von einer Krankheit): °*die Grippe will net raus, die druckt scho so lang umananda* Essenbach LA.– **8** sich mit etwas herumschlagen, mit etwas belastet sein: °*der druckt scho lang damit umanand* „mit diesem Problem" Garmisch-Partenkchn.

[**auf**]**d. 1** von oben auf eine best. Stelle drücken, daraufdrücken, OB, NB, OP vereinz.: *afdruggn* „daraufdrücken" Sulzbach; *Die Tüa(r gäiht scho(n aaf, moußt nea(r fest aafdruck'n!* „auf die Klinke" Braun Gr.Wb. 4.– **2** nach oben drücken: *aufdrucka* auflupfen Wald a.d.Alz AÖ.– **3** †(Siegel) aufdrücken: *Sölhes Enntschids ist … mit … zuruckh aufgedruckhtem Secrete* [Sekretsiegel] *Aus fürstlicher Canntzlej verfertigt* Mchn 1553 OA 25 (1864) 287.– **4** (einen Kuß) geben: *als der Jakob … ihr … ein Busserl aufdruckt* SZ 13 (1957) Nr.51,5.– **5** durch Druck, Drücken öffnen.– **5a** allg.: „das Türschloß *aufdrücken*" Weiden.– **5b** durch Zusammendrücken aufplatzen lassen, °OB, NB, OP vereinz.: *aufdrucka* Nüsse knacken Buchbach MÜ; *d Wimmal afdrugga* Haidmühle WOS; *du hast ja a mords Zahng'schwür – des muaß i dir aufdrucka!* B. Valentin, „Du bleibst da, und zwar sofort!", München 1971, 31.– **6** wie →*d.*1cγii: *Eadöpfl aufdrucka* Kartoffeln beim Kochen zerquetschen Peiting SOG.– **7**: °*i kon koa Milch dringa, des drickat me af* „würde mir Stuhlverstop-

fung verursachen“ Kötzting.– **8** aufzwingen, auferlegen: *Der Job is' mir aufdruckt worn* Ebersbg SZ Ebersberg 50 (1994) Nr.38,2.
WBÖ V,614f.

Mehrfachkomp.: **[dar-auf]d.** **1** drücken.– **1a** auf einen best. Gegenstand u.ä. einen Druck ausüben, OB, NB, OP vereinz.: *dö Sömö kracht, wenn ma draufdruckt* NB; *Z'erscht muaß ma draufdrucka … Kugelschreiber* Mchn SZ 11 (1955) Nr.182,4; *wen er besser drauf hat druckht* [auf die Orgeltasten] … *da hats erst pumperiert vnd gschriern* Landshut um 1650 Jb.Schmellerges. 2012,20,85-87.– **1b** etwas auf eine best. Stelle, einen best. Gegenstand, eine best. Unterlage drücken: °*dua di Briafmarkn gscheit draufdrucka!* O'schleißhm M; *druck an Dama drauf, i saus um an Schpangler* SZ 7 (1951) Nr.56,4; *taig … trŭck die mandl daraŭff* Pickl Kochb.Veitin 105.– **1c** †pressend darauftrāufeln: *schnizl fleisch … trŭck Lemoni safft daraŭff* Pickl Kochb.Veitin 84.– **1d** wie →[*auf*]*d*.4: *gib mir dai Goschal her, daß i dir a Bussl draufdruck* Passau.– **2** sich anstrengen, OB vereinz.: *drukch a weani bessa drauf!* „gib dir etwas mehr Mühe!“ Kochel TÖL.– **3** daraufdrucken: *die druckant a Ringl drauf* „auf den Stoff“ Hengersbg DEG.

[aus]d. **1** drücken.– **1a** ausdrücken, herausdrücken.– **1aα** wie →*d*.1cθi, °OP vielf., °OB, °NB mehrf., OF, °MF vereinz.: *n Fischloach ausdrucka* Mittich GRI; °*dem hob i as Batz ausdruckt* Schwandf; *de Küah d' Milch ausdrukn* Strobl Mittel und Bräuch 21; *ausTrucken* „exprimere“ Schönsleder Prompt. Kk6v.– **1aβ** wie →*d*.1cθii, SCH vielf., °OB, °NB, °OP, OF, °MF vereinz.: *iaz hamös ausdruckt, daß da Batz außa is* „das Geschwür vom Eiter befreit“ Hengersbg DEG; *d Wasch ausdrucka* „auswringen“ Haunzenstein R; *Man muß … von diesen Kraut 10 … Pflanzen nehmen und durch ein Tuch woll austruken und den Kranken zu trinken geben* Obermeier Abdeckersleut 65; „das Ausdrücken der Butter … *aosdrukxə*“ Pfaffenhfn FDB nach SBS XI,230-232; *er tet sein amptleuten gleichwie den badschwämmen, wans vol wasser würden, so truckt ers wider auß* Aventin I,224,28f. (Türkenkrieg); *Nimb … Morachen* [Morcheln], *las in waßer wohl| sieden, hernach drŭcke sie saŭber aŭß, ŭnd rests in schmalz* Pickl Kochb.Veitin 172.– **1aγ** aus dem eigenen Körper herausdrücken.– **1aγi** einen Gebärmutter- od. Scheidenvorfall erleiden (von der Kuh), °OB vielf., °NB mehrf., °OP, °SCH vereinz.: °*d Kuah hod ausdruggd* Rechtmehring WS; °*d Kuah druckt aus, holtn Tierarzt!* Eitting MAL; *de hǫt aosdrukxd* Türkenfd FFB nach SBS XI,99.– **1aγii** die Nachgeburt herausdrücken (von der Kuh), °OB, °NB, °OP vereinz.: °*öitz houts asdruggd* O'wildenau NEW.– **1aγiii** ein Kalb gebären, °OB, °NB, °OP, °SCH vereinz.: °*die håt ausdruckt* Geisling R.– **1aγiv** refl. †: *sich ausdrucken* „vom Vieh, auch wol von Menschen: den Mastdarm herausdrücken“ Schmeller I, 565.– **1b** †wie →*d*.1i, OB, NB, OP, °MF vereinz.: *Låö ausdruga* Teig in die Form drücken O'leinbach WOS; *den überigen taig| trŭck mit plegernen* [blechernen]. *Mödl blŭmen aŭß, bache sie* Pickl Kochb.Veitin 113.– **2** mit dem Wiederkäuen aufhören, °OB, °NB, °OP, °SCH vereinz.: °*die Kuh hat ausdruckt* Burggen SOG.– **3** herausquellen, überlaufen.– **3a** herausquellen: °*s Wasser druckt aus* Bruckbach R.– **3b** überlaufen, überquellen: °*da Bach hat ausdruckt* Ismaning M.– **4** äußern, zum Ausdruck bringen.– **4a** aussprechen, formulieren: *eire Schandtaten konn i ned mit oam Satz ausdrucka* Indersdf DAH SZ Dachau 50 (1994) Nr.51,4; *gerichts ordnung vnnd gesatz … so nit … genugsam … bedacht, oder nit lauter außgetrückt … waeren* Passau 1536 Wüst Policey 252.– Phras.: *war alles schön bestimpt, mit ausdruckten worten* [ausdrücklich, deutlich] *aufgeschriben* Aventin IV,629, 7f. (Chron.).– **4b** refl., sich äußern, erklären.– **4bα** sich äußern, (seine Gedanken in best. Weise) zum Ausdruck bringen, OB, NB, OP vereinz.: *drück di bösser aus, daß ma di a versteht!* Passau; *So a … i mag mi ja gar net ausdruck'n* Thoma Werke II,490 (Brautschau).– **4bβ** sich erklären, offenbaren: *i wart scho lang auf sein Antrag, aber er drückt si nie aus* Passau.– **5** das Drucken, Veröffentlichen einstellen: *des Schmierblattl hat ausdruckt, da werd nix mehr druckt* Mchn SZ 14 (1958) Nr.273,15.
Schmeller I,565.– WBÖ V,615.

Mehrfachkomp.: **[her-aus]d.** **1** drücken.– **1a** wie →*d*.1cθi, OB, °MF, SCH vereinz.: °*druck den Dreck raus!* „den Eiter“ Allersbg HIP; *heraußTr*[*ucken*] „exprimere“ Schönsleder Prompt. Kk7r.– **1b** wie →*d*.1cθii: *geh her, laß da d Mitesser rausdrucka!* Ingolstadt.– **1c** einen Körperteil nach außen drücken, vorwölben, OB vereinz.: *t Aung rausdrucka* *wia r a Krebs* Ingolstadt; *D'Brust hat er rausdruckt, als miassert er an Waggon Zement vor si herschiam* SZ Starnberg 33 (1977) Nr.230, IV.– **2** (stotternd, stockend) aussprechen, OB, °MF, SCH vereinz.: *braucht der lang, bis er epps rausdruckt* Endlhsn WOR; *rausdrukχn* nach SCHWEIZER Dießner Wb. 160.– **3** hinauszögern, aufschieben: „man muß die Pointe bis ins letzte Wort *rausdruckn* können" Dachau SZ Dachau 54 (1998) Nr.132,3.

–[**hin-aus**]**d. 1** hinausdrücken, durch Drücken hinausgelangen lassen: *nausdruka* Derching FDB; *Da hat er mit seine Ellabogn das Mauerwerk nausdruckt* Starnbg SZ Starnberg 41 (1985) Nr.1,II.– **2** (aus einer Gemeinschaft) ausschließen, hinausekeln: *Unsern Oberbuabn, 'n Schorschi, habn s' außischmeiss'n wolln ... Aber – er hat si net nausdruckn lassn!* Jugend 16 (1911) [445].– **3** †durchsetzen, verwirklichen: [sie] *wöllen ... ir fürnemen hinaus druken, den regirenden fürsten mit gelerten worten überreden und betriegen* AVENTIN IV,991, 24f. (Chron.).

[**ausher**]**d. 1** drücken.– **1a** wie →*d.*1cθi, °OB, NB, °OP vereinz.: °*s Oita assadrucka* Neustadt; *I hob iahm* [zur Wiederbelebung] *bloß 's Wassa außadruckt* GRAF Werke XI,2,128 (Kalendergesch.).– **1b** wie →[*aus*]*d.*1aγi: °*die Kuah hat aussadruckt* „Gebärmuttervorfall" Innernzell GRA.– **2** sich dicht gedrängt herausbewegen: °*grad aussadruckt hams* Mchn.– **3** wie →[*aus*]*d.*3a, OB, NB, OP vereinz.: *de Schwitz drukt aussa* Simbach PAN.– **4** wie →[*her-aus*]*d.*2: *„Heut' waar's bald a wen'g lang 'worden", hat der Tremelbauer mühselig außadruckt* Fliegende Bl. (Mchn) 150 (1919) 105.– **5** auf einem Musikinstrument spielen: *i hab grad 'La Paloma' trainiert, wo's ... a paar ganz derfaite* [verzwickte] *Tremolo-Stellen gibt, die wo ma net a so leicht außadruckt* SZ Starnberg 36 (1980) Nr.287,IV.– **6** herausrücken, abzwingen.– **6a** (Geld) herausgeben, herausrücken: °*bis der sei Geld außadruckt, der Geizhals!* Arnstorf EG.– **6b** wie →[*ab*]*d.*4c: °*der Hoisabschneida druckt da an jedn Pfennig aussa* Marktl AÖ; *Do könna de Fürsten oiwei mehra Steuern außadrucka* Mchn SZ 14 (1958) Nr.42, 10.

WBÖ V,616f.

[**aushin**]**d. 1** wie →[*hin-aus*]*d.*1, °OB, NB vereinz.: °*do hams me außedruggd* Rechtmehring WS; *jessas, die ganze Scheuterbeug hat 'r mer aussidruckt!* Bayernb. 133 (L. Ganghofer).– **2** refl., †sich drängend hinausbewegen: *Es is mir, wia i mi außidruckt hon, just scho' gwen, als wenn i an ebbs hänga bliebn waar* Deggendorfer Donaubote 24 (1895) Nr.46,1 (M. Schmidt).– **3** ausschließen, verdrängen.– **3a** wie →[*hin-aus*]*d.*2, °NB vereinz.: °*den habts ausm Verein aussödruckt* Arnstorf EG.– **3b** wie →[*abhin*]*d.*4bβ: *Wia gibt's den ... des ... dass de Meinelt Anita ... von der CäeSU ... pletzlich eine stellvertretende Landrätin wird und der Magerl Christian ... werd komplett aussidruckt* Tuntenhsn AIB SZ München-Nord 64 (2008) Nr.135,R4.– **4** (Wild) hinaustreiben: °„das Wild auf der anderen Seite *aussödrucka*" Ruhstorf GRI.– **5** wie →[*aus*]*d.*3b: °*der håt aussidruckt* „der Bach" Schaufling DEG.– **6** refl., wie →*d.*13bα: *dea hot se außidruckt* „sich heimlich verdrückt" Gollenshsn RO; *D' Ehhalt(e)n hab'n si' außidruckt* DRUCKSEIS G'sund 51.

WBÖ V,613.

[**be**]**d. 1** †erdrücken, zu Tode drücken: *Oppressum iri ... pidruohit werdin* Rgbg 2.H.12.Jh. StSG. I,504,22-25.– **2** wohl †wie →*d.*5bα: *durch welche Melber* [Müller] *auch die Fragner* [Krämer] *bedruckt werden* Bilanz 1782 32.– **3** wie →*d.*6b, °OB, °OP, °MF vereinz.: °*mia håm eahm koa Ruah nimma låssn, den håmma sauwa bedruckt, den Deppm* Dachau; *Obprimere ... pidruchin* Windbg BOG 12.Jh. StSG. I, 491,48-50.– **4** wie →*d.*8a, °OB, °NB, °OP, °MF vereinz.: °*des bedruckt mi* „macht mir Sorgen" Peiting SOG.– **5** belästigen, lästig sein, °OB, °NB, °MF, °SCH vereinz.: °*der red und red und merkts gar net, daß er oam bedruckt* N'viehbach DGF.

SCHMELLER I,565.

[**boden**]**ge-druckt** wie →*d.*21aβ: *a bondruckta Kerl* „untersetzter Kerl" Essenbach LA.

[**Brust**]**d.** N., Asthma: *s Brustdrucka håm* Aicha PA.

[**der**]**d.**, [**er**]**- 1** erdrücken, zerdrücken, zerbeißen.– **1a** wie →[*be*]*d.*1, °OB, °NB, °OP vereinz.: °*doads man grod ned dadrugga!* Neufraunhfn VIB; °*de Bedln* (Federbetten) *warn frejer vielleicht schwar gwen, de håm oin fast dadruggt* Walderbach ROD; *De rot Sau ... wie s' g'worfen hot ... hot s' de erst Nacht zwoa Fakein dadruckt* THOMA Werke III,106 (Hochzeit); *ob ez diu muoter ... iht* [nicht] *erdrücke*

... *sô sie ez söugen wil über naht* BERTHOLDvR I,32,8-10.– Auch erwürgen, OB, °NB vereinz.: *erdrucken* erdrosseln Wald b.Winhöring AÖ; *Nu hat sie ir kindlein im dem slaff erdruckt* HAYDEN Salomon u. Markolf 339f.,1176f.– Übertr. überhäufen, im Übermaß zukommen lassen: *dadrucka dan s' uns mit Aufträgen* Mchn SZ 19 (1963) Nr.60,15.– **1b** zerdrücken, zerquetschen, zerbeißen.– **1bα** wie →*d.*1cγii, °OB mehrf., NB, °OP, MF, SCH vereinz.: *Ädepfe dadruga* „beim Kochen“ Thalham MB; *Tua dein Jungfernkranz oba, Marie – net daß ma'n dadrucka* GRAF Dekameron 78.– Übertr. erschöpfen, ermatten: *Mei Kaminkehrer war ganz derwutzelt und dadruckt vor lauter Tanzn* J. KREIS, Mei Ruah möcht i ham, Hamburg 2011, 50.– **1bβ** beim Apportieren die Beute durch Beißen beschädigen, jägersprl., °OB, °NB, °OP, °MF vereinz.: °*an Förster sei Hund taugt nix, der derdruckt a jede Antn* N'viehbach DGF.– **2** auf dem eigenen Hof (illegal) schlachten, °OB, °NB, °OP vereinz.: °*gestern habn mir a Sau dadruckt, da Schandarm brauchts ja net erfahrn* Fahrenzhsn DAH.– **3** übertreffen, schädigen.– **3a** wie →*d.*5a, °OB vereinz.: °*iatz hon i di doch dadruckt* „besiegt“ Eschenlohe GAP.– **3b** schädigen.– **3bα** durch Ausbreitung schädigen, im Wachstum beeinträchtigen, °OB, °NB, °OP vereinz.: °*as Unkraut dadruckt s Droi* Trausnitz NAB.– **3bβ** wie →[*abhin*]*d.*4bα, °OB, °NB, °OP vereinz.: °*den dadruckan seine Hywadeckn sowieso noch!* Straubing.– **4** Part.Prät.– **4a** wie →*d.*21b: °*dadruckt* „hinterhältig“ Rosenhm.– **4b** langsam, langweilig: °*a so a Dadruckta* O'viechtach.

SCHMELLER I,531.– WBÖ V,615.

[**Drud**(**en**)]**d.** N. **1** Bedrängen, Drücken der Drude, OB, NB vereinz.: *Truddruka* Elbach MB; *wenn ìh nìt furt meassàt zon Druddruckà!* HALLER Frauenauer Sagen 64.– **2** wie →[*Alp*]-*d.*: *das Druddruggn* „Alpdrücken“ Tretting KÖZ; *die Salb'n schmirbst auf'n Brustkoust drauf, na hilft's für's Drud'ndruck'n* Ramsau BGD RASP Bgdn.Mda. 98; *Für den Alp, oder für das so genannte Trutten-Drucken* SCHREGER Haus-Apotheke 50.

WBÖ V,615f.

[**durch**]**d.** **1** durchdrücken.– **1a** durch ein Sieb o.ä. drücken, OB, OP vereinz.: *durchdrugga* Hessenrth KEM; *ein halbes Pfund ... durchgedrückte Kartoffeln* SCHANDRI Rgbg. Kochb. 49f.; *nimb ... ein geweichten ŭnd dŭrch getrŭckten/ tragandt* PICKL Kochb.Veitin 121.– **1b** ein stark durchgebogenes Fesselgelenk aufweisen: *durchdrugga* Nachgiebigkeit der Hinterfüße des Pferdes Echenzell IN.– **2** †durchlöchern, Löcher in etwas drücken: *durchTrucken* „pertundere pressu“ SCHÖNSLEDER Prompt. Kk7ʳ.– **3** durchkämmen, durchstreifen.– **3a** bei einer Treibjagd durchsuchend durchgehen, durchstreifen, °OB, °NB, °OP vereinz.: °*des Hölzl dama noch durchdrucka* Rottau TS.– **3b** durch ein Gebiet streifen: °*durch das Dickicht durchdruckn* Petzkfn R.– **4** †durchdrängeln: *jetzer geht's eini in Trubi, jetzer hoaßt's durchdrucka* Münchener Ratschkathl 7 (1895) Nr.78[,178].– **5** durchsetzen, durchbrechen.– **5a** gegen Widerstand durchsetzen, OB, NB vereinz.: *er möcht dös durchdrucka* Kchdf KEH; *Beim alten Burgermoaster ... hätts da Herr Pfarrer scho durchdruckt* Roider Jackl 370f.– **5b** †ein Hindernis u.ä. durchbrechen, durchdringen: *wann das er het der Troyer schar durch trucket* FÜETRER Trojanerkrieg 96,340.– **6** Part.Prät.– **6a** wie →*d.*21aβ, °OB, OP vereinz.: °*der schaut ganz durchdruckt aus* „kurzer Hals, hohe Schultern“ O'eichhfn EBE.– **6b** mit stark durchgebogenem Fesselgelenk: *a duachdruckta Sattlgaul* Chiemgau.– **6c** wie →*d.*21b, °OB vielf., °NB, °OP, °SCH mehrf., °MF vereinz.: °*draun deafscht dem nia ned, des wead so a duachdruckta Deife sei!* Dachau; °*des is a ganz Durchdrikta* „Durchtriebener“ Regelsbach SC.– Teilw. [*dúrch*]*d.* nicht von [*durch*]*drúcken* zu unterscheiden.

WBÖ V,613.

[**durchhin**]**d.** **1** (Wild) bei der Jagd hindurchtreiben: °*den hamma no durchs Dickat durchidruckt* Tacherting TS.– **2** durchgehen, sich hindurchbewegen.– **2a** dicht gedrängt durchgehen, sich hindurchbewegen: °*alle Leut habn durch die enge Gassn durchidruckt* Teisendf LF.– **2b** gegen Widerstand hindurchbewegen.– **2bα** refl., sich gegen Widerstand hindurchbewegen, °OB, °OP vereinz.: °*si im Dickicht durchidrucka* Inzell TS; *D'Anten ... druckt si durch'n Gartenzaun durchi* STEMPLINGER Obb. Märchen I,27.– **2bβ** etwas gegen Widerstand hindurchbewegen: *wenn ma beim Ackern duridrucka will, muaß ma si am Pflug fest hiloahna, daß er schwara werd* Cham.– **2c** bei einer Treibjagd durchsuchend durchgehen, durchstreifen.– **2cα** wie →[*durch*]*d.*3a, °OB mehrf., °NB, °OP, °SCH vereinz.: °*jetzt müaß-ma dö Schlucht nu durchidrucka* Limbach PA.– **2cβ** wie →[*durch*]*d.*3b: °*durch den Jungwald müß ma durchidrucka* Thanning WOR.– **3** wie →[*durch*]*d.*5a: °*des hab i durchidruckt* „durchgesetzt" Teisendf LF.– **4** Part.Prät., wie →*d.*21b, °OB vereinz.: °*so a duichidruckta Mensch* schlauer Mensch Berchtesgaden.

[**ein**]**d. 1** nach innen drücken, hineindrücken.– **1a** nach innen drücken u. dadurch verformen, beschädigen, OB, °NB, OP, SCH vereinz.: *der Wågn hot eam d Rippn eidruckt* Haag WS; *n Houd adrukng* Floß NEW; *der ander håt ... d' Tür ei'druckt* HALLER Frauenauer Sagen 142.– **1b** hineindrücken, festdrücken.– **1bα** (gegen Widerstand) hineindrücken, drückend hineingelangen lassen, OB, °NB, °OP vereinz.: °*den Gnobf van Schoida muaßd ganz fösd eidrugga, åfd gehds scha wieda* Grafenau; *Den goidran Schtab kriagt ea en d Hend eidruggt* WANDTNER Apfelbaum 8; *einTrucken ... inns' wasser* SCHÖNSLEDER Prompt. Kk7[r]; *schau/ daß du das Brust-Bein heraus bekommest/ oder daß es wenigst eingetruckt wird* HAGGER Kochb. III,2,10.– Part.Prät., überfüllt: *der Sitzungssaal war eindruckt vor lauta neugierige Leut* Altomünster AIC.– **1bβ** refl., mit Druck hineingelangen: *ejtz håt er über den frischn Loahm drüber meassn ... Ejtz hamd sih seinë Zehàn ei'druckt* HALLER Frauenauer Sagen 60.– **1bγ** wie →*d.*1cε: °*eindrukn* Heu eintreten, Heu zusammentreten Peißenbg WM.– **1c** †wie →*d.*1eα: *Inprimetur ... indruchtwerdin* Windbg BOG 12.Jh. StSG. I, 632,41-43; *dy begriffen gestalltnüss ... dy in der mitt ist geporen vnd darnach dem glyd eingedrukt* Tegernsee MB 1450/1460 Bonaventura. Itinerarium mentis in Deum, hg. von W. HÖVER, München 1970, I,61,352-354.– **1d**: *eidruga* tätowieren Kchasch ED.– **2** eindrücklich ins Bewußtsein bringen, beibringen: °*eidruckt* „eingebleut" Weiherhammer NEW; *eidrucka* „jmd. etw. mit Nachdruck od. bewusst erzählen" KILGERT Gloss.Ratisbonense 66.– **3** wie →*d.*5bα, °OB, °OP vereinz.: °*der hat den eidruckt* „bei Gericht nachteilige Aussagen gemacht" Thanning WOR.– **4** zurechtweisen, schmähen.– **4a** wie →[*abhin*]*d.*6a, °OB, °OP vereinz.: °*den howa da eidruckt!* die Leviten gelesen Kemnath.– Auch in Phras.: *es jmdm e.* °OB, °NB, °OP, °MF, °SCH vereinz.: °*mei Liaba, dem hab i s eidruckt, was built si denn der ei!* Mchn.– **4b** wie →*d.*7, °OB, °NB, °OP, °OF vereinz.: °*da Hans hot n scho a so eidruckt, ob des gans recht gwen is?* „schlechtgemacht" O'neukchn MÜ.– **5** wiederkäuen: °*die hat eidruckt* Peiting SOG; *ei˜druckng* M'nwd GAP SCHMELLER I,647.– Bed.5 volksetym. aus →[*it*]*rucken* 'dass.'.

SCHMELLER I,565, 647.– WBÖ V,616.

[**einhin**]**d. 1** nach innen drücken, hineindrücken.– **1a** (an einer Stelle) beschädigend nach innen drücken, hineindrücken.– **1aα** wie →[*ein*]*d.*1a: *druck eam d Hirnschaln eini!* Pfaffenbg MAL; *Hats bei Eahna vielleicht d' Fensterscheib'n einidruckt?* Mchn SZ 6 (1950) Nr.13,4.– **1aβ** (eine Vertiefung) hineindrücken: *aötza håst ö den schän nuia Håud scha widar a Döüln änidruckt!* Zandt KÖZ.– **1b** wie →[*ein*]*d.*1bα, °OB, NB, OP, SCH vereinz.: °*is Egg håd a mi einidruggd, daß i eam nimma auskemma bi* Ebersbg; *ön Toag on Mo[d]l einödrucka* Hengersbg DEG; *d' Drud ... håt d' Hâchl um'drâht und håt eahm dë ganzn Nögl einë'druckt* HALLER Frauenauer Sagen 64.– Phras.: °*der hon i'n einidruckt* [mit ihr Geschlechtsverkehr ausgeübt] WOR KANZ Heimat 61.– °*Owa der druckts eini!* „ist geizig" O'viechtach.– Übertr. beeinflussend übertragen: „Er hat alles, was ihn interessiert hat, in mich *einidruckt*" Berg STA SZ Wolfratshausen 54 (1998) Nr.134, 2.– **2** hineindrängen, dazwischendrängen.– **2a** auch refl., sich dicht gedrängt hineinbewegen: °*heut druckans einö in d Tanzmusi!* Arnstorf EG; *die ganz' G'sellschaft hat si' bei der Tür einidruckt* FRANZ Rucksackl 29; *d'Schaf ... Drucka eini in's Feua* PANGKOFER Ged.altb.Mda. 154.– **2b** refl., sich hineindrängen, dazwischendrängen: *irgendwo werd sich da Bernhard einedrucka* Dorfen ED SZ Erding 58 (2002) Nr.59,R5.– **3** wie →[*ein*]*d.*2: °*den hob es gscheit einedruckt* „eindringlich klargemacht, damit er es nicht vergißt" Bruckbach R.– **4** wie →*d.*5bα, °OB, °OP vereinz.: °*den habi einidruckt* „ins Schlamassel gebracht" N'bergkchn MÜ.– **5** zurechtweisen, schmähen.– **5a** wie →[*abhin*]*d.*6a, °OB, °NB, °OP vereinz.: °*den hob i schö eihidruckt* die Leviten gelesen Fischbachau MB.– Auch in Phras.: *es jmdm e.* °OB, °NB vereinz.: °*dem hab is einedruckt* Gögging KEH.– **5b** wie →*d.*7, °OB, °NB, °OP, °SCH vereinz.: °*einidruckn* schmähen Pemfling CHA.– **6** in ein Druckwerk hineindrucken: °*in d Zeitung* *hådas einidrugga låssn* Ebersbg; *laßt er in Zeitung einedrucka a mords „Danksagung"* Münchener Ratschkathl 8 (1896) Nr.24[,4].

WBÖ V,617.

[**ver**]**d. 1** durch Druck verformen, zerdrücken, erdrücken.– **1a** durch Druck, Drücken verformen, zerknittern, zerknautschen, OB vereinz.: *a vodruckta Roaf* Waidhfn SOB; *Christbäumerl ... a weng verdruckt* Mchn SZ 7 (1951) Nr. 296,9.– **1b** wie →*d.*1cγii, SCH vielf., °OB, NB vereinz.: *du bist auf die Bleameln gsessn, iaz hast se ganz verdrukt* Wasserburg; *Paß auf, verdruck deine Blümerln net* Bayernb. 32 (M. Bernstein); *man nimbt ... ein kleines scheŭffelein, ŭnd höbt den reŭs darmit in die höhe, dz| Er nit hart vertrŭcket wirt* PICKL Kochb. Veitin 188.– Phras.: *eine Träne v.* u.ä. ein wenig weinen, OB, °NB vereinz.: *a Zacherl vadrucka* Aubing M.– **1c** wie →[*be*]*d.*1, °OB, °SCH vereinz.: °*beim Nausgeah aus da Kircha hättns mi fast vadruckt* Ried FDB; *vɑtrukχn* „erdrücken" nach SCHWEIZER Dießner Wb. 40.– **2** (in großer Menge) essen, °OB, °NB, °OP vereinz.: °*håst du drei Schmoiznudln verdruckt?* Autenzell SOB; °*a Gsälchts vadrickn* Kchnthumbach ESB; *dee Weißwürscht verdrucka mir und net der Herr Feldwebelleitnant* PESTENHOFER Drahtverhau 33.– Auch (Nahrung) verdauen: *vadrugga* Prienbach PAN.– **3** wie →[*der*]*d.*2: °*heit dema d Sau vadrucka* „schlachten" Ried FDB.– **4** verdrängen, schädigen.– **4a** (aus einer Position, Stellung) verdrängen, OB, °NB vereinz.: *der hat mi vo meim Platz verdruckt* Haag WS; *all's vergeht, Oans s' andre tuat verdrucka* STEMPLINGER Horaz 48; *das die in Preussen vor zeiten auch besondere und eigne schrift und sprachen gehabt, aber durch die teutschen sprach verdrungen und vertruckt* AVENTIN I,352,38-40 (Dt.Chron.).– †Auch: zurückdrängen allg.: *Reprimere ... verdruken* 1.H.15.Jh. Voc.ex quo 2288.– Außer Kraft setzen: *dadurch sie Uns ... unsre fürstliche Obrigkeit und hergebrachte Hofgerichtszwänge ringern verdrücken und sich daraus ziehen wollten* 1492 BLH XI,34.– **4b** wie →[*der*]*d.*3bα, °OB, °NB, °OP vereinz.: *den ganzn Håwan vadruckans* „die Disteln" Hiesenau PA.– **5** verwinden, seelisch verarbeiten: °*der konns nit verdrucka, daß a den Prozeß nit gwonna hot* Endlhsn WOR.– **6** †wie →*d.*6d: *wande sie manigen menschen verdruckent mit unrehtem gewalte* BERTHOLDvR I,89,30.– **7** refl., wohl sich verstellen: *dea vadruckt si* Naabdemenrth NEW.– **8** verheimlichen, zurückhalten.– **8a** wie →*d.*11, °SCH mehrf., °OB, °NB, °OP vereinz.: *hoamli Vodruckts* Geheimnis Puch FFB; *vadruckn* „verheimlichen" BRAUN Gr. Wb. 742; *Es soll ... der Aduocat ... angeloben| daß er den gefangnen nit etwas wölle bößlich anweisen| dardurch die warheit vertruckt* Landr.1616 819.– **8b** zurückhalten.– **8bα** †nicht weitergeben, zulassen, daß etwas bekannt wird: *derselbe unsre Bruder habe solche unsre Schrifft und Antwort verdruckt und nicht geoffenbaret* Mchn 1471 BLH VIII,25.– **8bβ** (Gefühle, etwas, was hervortreten will) unterdrücken, zurückhalten, °OB, NB, °OP vereinz.: *a vadruggta Fuaz* „Furz, dessen Geräusch unterdrückt wird" Fürstenfeldbruck; °*der verdruckt mannisch sein Schmerz* Schwandf; *Schia 's Woan' war' eam kemma ... Hat's g'rad no vadruckt* HILDENBRAND Boarnld 196; *verTrucken* SCHÖNSLEDER Prompt. Kk7[r].– **9** refl., wie →*d.*13bα, °OB, °NB, °OP, °MF vereinz.: °*schau, daßd de vodruckst!* Weiden; *Danach hat er se vadruckt* Altb.Heimatp. 58 (2006) Nr.35,19.– **10** wie →*d.*18: *Daß aba a oiwei dös verdammte Moaktgfraß, dö nia was zahln und ... ins an Blaz verdrucka, aner lassn* R. KRISS, Die Weihnachtsschützen des Berchtesgadener Landes u. ihr Brauchtum, Berchtesgaden 1966, 86; *wiewol er sollich eisen ... den zol ausgericht hat, so ist doch sollich eysen verdruckt* vor 1516 Urk.Juden Rgbg 293.– **11** (Geschriebenes u.ä.) mit der Druckerpresse fehlerhaft drucken, OB, NB vereinz.: *vodruggd* „falsch gedruckt" Simbach PAN; *vâ:druggd* „Fehler in Zeitung" CHRISTL Aichacher Wb. 217.– **12** Part.Prät.– **12a** flach, gedrungen.– **12aα** wie →*d.*21aα: *a vadruckts Hian* Hengersbg DEG.– **12aβ** wie →*d.*21aβ, °OB, SCH vereinz.: °*a verdruckter Mensch* „untersetzter" Walleshsn LL.– **12b** wie →*d.*21b, °OB, °OP, °SCH vielf., °NB mehrf., °MF vereinz.: °*unsere Nachbarsleut san ganz vadruckte Leut, die grod s Gegntoi sagn, was denka* Wettstetten IN; °*dös is a ganz a Vodruckta* „hinterfotziger Mensch" Nabburg; *grad, wenn ma recht verdruckt und schlau is, kann ma si derhalten* STEMPLINGER Obb.Märchen I,78.– **12c** verschlossen, wortkarg, OB, °NB, °OP, SCH vereinz.: °*dös is a ganz a Vadruckte, aas dera bringst nix assa* Weiden; *Ein bißl verdruckt is er, ein ganz ein Stiller!* SZ 5 (1949) Nr.85, 7.– **12d** verlegen, verschämt: *sein Hausl ... wo*

ganz vodruckt auf d'Seitn schiaglt F.X. BREITENFELLNER, Wia da Tod auf d'Welt kemma is, Feldafing 1959, 9.– **12e** ohne eigene Meinung, °NB, °MF vereinz.: °*a verdruckter Mensch* Deggendf.– **12f** der Arbeit u./od. unangenehmen Verpflichtungen aus dem Weg gehend, °OB vereinz.: °*a Vadruckta* „Drückeberger" Schrobenhsn.– **12g** wie →[*der*]*d.*4b, °OB, °NB vereinz.: °*a ganz a Vodruckta* langweiliger Mensch Metten DEG.– **12h** wie →[*ab*]*d.*7b, °OB, °NB, °OP, °MF vereinz.: °*a ganz a vodruckte Sach* Bayersoien SOG; °*dös is äbs Vodruggds* „Verzwicktes" Lohbg KÖZ.– **12i** vom Wetter.– **12iα** wie →*d.*21c, °OB, °NB, °OP, °SCH vielf., °OF, °MF vereinz.: °*des is a vadruckts Wetta* „wechselhaft" Wildenroth FFB; °*heut is a verdruckts Wetta, as waoß net, sols renga oda schöi wern* Wiefelsdf BUL.– **12iβ** schwül, drückend, °OB, °NB, °OP vereinz.: °*so a verdruckts Weder!* Neusorg KEM.

SCHMELLER I,565f.– WBÖ V,616.

[**für**]**d.**, [**vor**]- **1** vordrücken, herausdrücken.– **1a** vordrücken, nach vorne drücken: *vordruga* Mchn.– Part.Prät.: *a vordruckts Kie* „vorgeschobenes Kinn" Kiefersfdn RO.– **1b** wie →[*aus*]*d.*1aγi, °NB vereinz.: °*fürdrucka* „beim Kalben die Gebärmutter" Kumrt WOS; *Für das Fürdrüken der Kühe ... Glasscherben steßen auf ein pulver ... 3 Tag nach einander aller Malzeit eingeben* Neukchn KÖZ 19.Jh. SCHLAPPINGER Wurzelholz 103.– **2** (Wild) bei der Jagd hervortreiben: °„ein oder zwei Treiber durchkämmen ein Waldstück und *drücken* das Wild *vor*" Deining NM.– **3** refl., sich vordrängen.– **3a** sich nach vorn, vor andere drängen, OB, OP vereinz.: *der hat se voadruggd* Rgbg; *Er druckt si vür ganz staad* A. WILCKE, An G'spaß muaßt d' aa hab'n, Eichstätt 1877, 106.– **3b** sich in den Mittelpunkt schieben, Aufmerksamkeit erregen wollen: °*der truckt si für, daß a zwos kummt* Winklarn OVI; *anderne, die lang nicht den Kopf haben wie er, drucken sich vor und kommen in die höchsten Stellen* THOMA Werke II,232 (Medaille).– **4** †wie →[*auf*]*d.*3: *Ohne Gefährde des zu wahren Urkunde habe ich mein Petschier* [Siegel] *fürgedruckt und mit eigener Hand unterschrieben* Hohenaschau RO 1601 BREIT Verbrechen u.Strafe 131.

[**Herz**]**d.** N., Herzschmerz, Herzbeschwerden, NB vereinz.: *s Heatzdrucka* Mittich GRI; *Liebe, Lust, Gspass und Herzdrucka* SZ Fürstenfeldbruck 52 (1996) Nr.281,7.

[**hin**]**d.** **1** drücken.– **1a** an, auf eine best. Stelle drücken, °OB, °NB, OP vereinz.: °*druck no fest hi, daß da Dreck aussageht* Essenbach LA; *er hat mi' an der Gurgel 'packt und richtig hidruckt* SZ Starnberg 72 (2016) Nr.42,R11.– **1b** wie →*d.*1dα: °*der hod mi an d Wand hidruckt* O'schleißhm M; *i hab'n ... an d' Wand hidruckt* Mchn SZ 40 (1984) Nr.73,14.– **1c** refl., sich hindrängen: *Na hotse-se* [Viehherde] *um an Rau' umiglagert und hidruckt* KÖZ, VIT BJV 1954,202.– **2** wohl refl., sich annähern, zu etwas hinbewegen: *hidruga* Pelchenhfn NM.– **3** nachdrücklich zu etwas auffordern, antreiben: °*zur Arbeit, zum Zahln hindrucka* Thanning WOR.– **4** vorhalten, zurechtweisen, beschuldigen.– **4a** hinreiben, deutlich vorhalten, °OB, °NB, °OP, °MF vereinz.: °*beim Essn bin i nebn ihr gsessn, da hab i ihr allerhand hindruckt* Cham; °*daß er ihm net gholfn hat, hat er ihm ganz schön hindruckt* Allersbg HIP.– **4b** wie →[*abhin*]*d.*6a, in Phras.: *es* / *eine* / *etwas jmdm h.* °OB, °NB, °OP, °MF, °SCH vereinz.: °*man hat ihm oane hindruckt* Ihrlerstein KEH; °*dem hob i s gscheit hindruckt* „gehörig die Meinung gesagt" Waidhs VOH.– **5** heimzahlen, Vergeltung üben, °OB, °NB, °OP, °MF, °SCH vereinz.: °*dem druck i s scho wieda hi!* N'viehbach DGF.– **6** zu einem überhöhten Preis verkaufen: °*dem Nachbarn hob i mei Kuah doch schö hiedruckt* Endlhsn WOR.– **7** kauen, wiederkäuen.– **7a** kauen, NB, OP vereinz.: *hidrucka* Wallkfn MAL.– **7b** wie →[*ein*]*d.*5, °OB, NB, °OP vereinz.: °*öiz druckts hie* Haselmühl AM; *hidrugga* „wiederkäuen" Spr. Rupertiwinkel 44.– Spruch: *eitz is Zeit zon Hidrucka* „sagt man spaßeshalber in den Eßpausen zwischen den Gängen des Hochzeitsmahls" Adlersbg R.– Bed.7b volksetym. aus →[*it*]*rucken* 'dass.'.

[**hinter**]**d.** **1** nach hinten drücken: °*die Vordern håm uns hinterdruckt* O'schleißhm M.– **2** wohl wie →*d.*11: *hinterdruckn* Goldach ED.– **3** Part. Prät.– **3a** wie →*d.*21b, °OB, °NB mehrf., °OP vereinz.: °*so was Hintadruckts, wia du bist, muaß ma sucha!* Tacherting TS; °*der is a ganz hinterdruckts Mannsbuild, der tuat da grad ins Gsicht schö* heuchlerisch N'viehbach DGF; *Da grinst da Deifi wieder hinterdruckt* F.X. BREITENFELLNER, Wia da Tod auf d'Welt kemma is, Feldafing 1959, 14.– **3b** wie →[*ver*]*d.*12c, °NB, °OP vereinz.: °*a hinterdruckter Mensch* „schweigsamer" Attenhsn LA.– **3c** wie →[*ab*]-

d.7b, °OB, °NB, °SCH mehrf., °MF vereinz.: °*de Sach is ganz ebbs Hintadruckts, da isch ois a so vadraht, daß de iwahaups nimma auskennscht!* Dachau; °*a hintadruckte Sach* Gangkfn EG.

[hint(er)hin]d. 1 wie →[*hinter*]*d.*1, °OB, °NB vereinz.: °*der hod mi hintridruckt* O'schleißhm M.– **2** wie →[*ver*]*d.*2: °*der druckt viel hinti* „ißt viel" Döfering WÜM.– **3** wie →*d.*18: °*hinteredrucka* „stehlen" Wiesenfdn BOG.– **4** Part. Prät., wie →*d.*21b, °NB vereinz.: °*hinteredruckt* „schlau" Wiesenfdn BOG.

[i(n)]d., [ir]-, wiederkäuen, →[*it*]*rucken*.

[los]d. wie →[*ab*]*d.*1cα, OB, NB, SCH vereinz.: *loasdruka* „abdrücken" Derching FDB; *er sollt … erscht losdrucka, wann a s'Blatt af da Muck'n hat* Enzian. Ein Gaudeamus für Bergsteiger in Poesie u. Satyre, Bd 2, Leipzig 1876, 106.

[Magen]d. N., Magenschmerzen, OB, NB, OP vereinz.: *s Måungdrucka håbm* Mittich GRI; *Magendrucka und Mundgeruch* N'ding ED SZ Erding 56 (2000) Nr.56,7; *Für das Magen-Drucken … röste Hirse, Kleyen und Salz, und leg es in einem Säcklein warm aufs Herz* SCHREGER Haus-Apotheke 7.

[nieder]d. 1 wie →[*abhin*]*d.*1, °OB, °NB, °OP, MF vereinz.: *an Pflua nidadruka* Erding; °*n Wiesbam niedadrucka* Haselbach BUL; *Bald hats ihrane Halskrausn en d'Höh zogn, nacha wieda niedadruckt* Neues Münchener Tagbl. 1 (1877) Nr.101[,4]; *die wilden piren … trůchent … daz ezzen … nider in dem magen, wenn man si nach izzet* KONRADvM BdN 370,22-25; *niderTrucken* „deprimere" SCHÖNSLEDER Prompt. Kk7r.– **2** †wie →*d.*6d: *wann alle … tugent wirt verlorn vnd nyder gedruckt von der geitigkait* 1440 A. KARNEIN, De Amore dt. … in der Übers. J. HARTLIEBS, München 1970, 193,38f.– **3** wie →*d.*12c: *d Sun druckt nieda* scheint brennend heiß Geiersthal VIT.– **4** wie →[*ein*]*d.*5: °*niederdrucka* „wiederkäuen" O'neukchn MÜ.– Bed.4 volksetym. aus →[*it*]*rucken* 'dass.'.

WBÖ V,617.

[zu-sammen]d. 1 zusammendrücken.– **1a** durch Drücken (flach u.) kleiner an Volumen machen (u. dadurch beschädigen od. verletzen), °OB, NB, °OP, °MF vereinz.: °*unser Labn* (Laube) *hot da Schnee zammdruckt* Kreuth MB; *d Kehl zamdrucka* Hengersbg DEG; *Der håut mein Hout, wöi a se draafgsetzt håut, totåål zåmmdruckt!* BRAUN Gr.Wb. 891; *Configitur … zisamana gidruchituuirdit* Tegernsee MB 10./11.Jh. StSG. I,515,43-45; *Conpactus zu samen gedrucht* 1.H.15.Jh. Voc.ex quo 615; *Nimb ein Wenig Strohe in die handt, vnd drukh es Zue samen* Ambg 17.Jh. ERNST Opf.Heilzauber 316.– Phras.: *dön hats zamdruckt* „er ist klein und häßlich geworden" Dietersburg PAN.– **1b** †drückend vermischen: *Nimb … zŭcker … riehr 4 äÿr daran, ŭnd trŭcks mit den händen starck*/ *zŭ samen* PICKL Kochb.Veitin 146.– **1c** aneinanderdrücken.– **1cα** eines an das andere drücken, OB, MF vereinz.: *di Lippm zammdruckng* Nürnbg; „der hat die brüchigen Stellen an den Ravioli … mit seinen Fingern *zsammdruckt*" Mchn SZ 58 (2002) Nr.55,49.– Phras.: *die Knie z.* (*können*) u.ä. X-Beine haben, °OB, °NB, °OP, °MF vereinz.: °*da Hansei druckts zamma* Rosenhm; °*die kons owa zamdrucka* O'viechtach.– **1cβ** refl., sich aneinanderdrücken: *Da hocken s' zammadruckt an de Tisch wia d' Haring* Mchn SZ 8 (1952) Nr.63, 4; *palmbaum … ie der sien zwen este druckent sich ze samen vnd vmbvahent des ers ainen ast* KONRADvM BdN 367,5-14.– **1d** wie →[*ver*]*d.*1a: °*des is ganz zammdruckt* „das Kleid" Hirnsbg RO.– **2** niederdrücken, entmutigen, °OB vereinz.: °*des håtn zsammtruckt* Gmund MB.– **3** wie →[*abhin*]*d.*4bα: °*den druckan seine Hypodeggn bald zsamm* Pfaffenbg MAL.– **4** Part.Prät., wie →*d.*21aα, OB, NB, OP vereinz.: *a zsamdruckts Kin* Wasserburg; *a zamdrucktö Nosn, wia wen a Kua drafdrödn wa* Zwiesel REG.

WBÖ V,617.

[über]drúcken: °*überdruckt* „die Hand verrenkt" Rettenbach BOG.

[um]d. durch Drücken umlegen, umknicken, zu Boden bringen: °„wenn die Zwiebeln fest ins Kraut wachsen, werden sie mit den Händen *umdruckt*, so werden sie größer" Wettstetten IN; *umdrukχn* „durch Drücken niederwerfen" nach SCHWEIZER Dießner Wb. 221.

WBÖ V,617f.

Mehrfachkomp.: **[her-um]d. 1** wie →*d.*2, °OB, °OP vereinz.: °*des håt so rumdruckt* „das Gesicht zum Weinen verzogen" Senkenschlag DAH.– **2** wie →*d.*8a, °NB, MF vereinz.: °*die*

Grippe will net raus, die druckt mi scho so lang rum Essenbach LA.– **3** wie →*d.*11: °*lang rumdruckt* [verheimlicht], *bis es doch aufkemma is* Schrobenhsn.– **4** auch refl., wie →[*um-ein-ander*]*d.*3, °SCH vielf., °OB, °NB, °OP, °MF vereinz.: °*druck nöt gar so rum, frisch außa, wås drinn is!* Inzell TS; °*er drikt si blouß rum* „sagt nicht ja und nicht nein" Regelsbach SC; *da werd it* [nicht] *rumdruckt und it gfragt: „Der sell hat gmoant ... der sell hat gsagt"* DINGLER bair.Herz 40.– **5** †sich lange u. umständlich mit etwas beschäftigen: *wenn man ... 4 Stund an einem Laustegel* [Tarockspiel] *rumdruckt* Münchener Ratschkathl 7 (1895) Nr.51[,1].– **6** zögerlich, unbeständig sein.– **6a** auch refl., wie →[*um-ein-ander*]*d.*4b, °OB, °NB, °OP, °MF, °SCH vereinz.: °*dea drickt si rum* „zögert" Regelsbach SC; °*der druckt zwanzig Minutn rum, bis er a Zehnerl für Caritas gibt* Ried FDB; *wie ich ihm recht zugeredt hab, da hat er noch eine Weil rumdruckt* QUERI Kraftbayr. 98.– **6b** auch refl., wie →*d.*12a, °OB vereinz.: *heut druckts rum, woaß wida gor net, was doa muaß* „das Wetter" Maisach FFB.– **7** refl., wie →*d.*13a, °OB, °NB, °OP vereinz.: °*der druckt si rum* Drückeberger Brunnen SOB; °*ma kummt net draf af die Sach, Bäuere druckt si allwei um d Antwort rum* Dietfurt RID; *ich will mich um den guten alten Brauch nit 'rumdrucka* GRAF Dorfgesch. 136.– **8** refl., sich herumtreiben, herumspionieren.– **8a** wie →[*um-ein-ander*]*d.*6a, °OB, OP, SCH vereinz.: *wo druckst di denn alleweil rum?* Mchn.– Auch herumlungern: *mei Oider, der wo si bei dera wamperten Büxlmadam rumdruckt hat* SZ Dachau 37 (1981) Nr.55,VIII.– **8b** wie →[*um-ein-ander*]*d.*6b: °*die druckt si so lang rum, bis wos aufgschnappt hot* [spioniert herum] Schrobenhsn.– **9** auch refl., vom Kranksein, Krankwerden.– **9a** wie →[*um-ein-ander*]*d.*7a, °OB, °NB mehrf., °OP, °MF vereinz.: °*mei Bua druckt scho a paar Tag a so rum, i glaub, der kriagt d Gripp* Deggendf; °*dea drückt si rum* Lauf.– **9b** wie →[*um-ein-ander*]*d.*7b, °OB, °SCH vereinz.: °*die Krankheit druckt si jetzt schon lang herum* Edelshsn SOB; °*des druckt scho so lang rum, bis draus ist* Monhm DON.

[**umher**]**d.**, [**üm-**]**- 1** †grob anpacken, anfassen: *a weni hob is scho umadruckt, aba so, daß g'fleckat g'wen is, do net* Münchener Ratschkathl 9 (1897) Nr.73[,3].– **2** wie →*d.*1cθiii: *gråd a so umadrugga* „Tränen erzwingen wollen" Zandt KÖZ.– **3** wie →*d.*11: °*ummadruckn* verheimlichen Weiherhammer NEW.– **4** wie →[*um-ein-ander*]*d.*3, °OB, °NB, °OP, °OF vereinz.: °*håst wieda was ausgfressn, weilst so ummadruckst?* Pittenhart TS; °*drück niat imma, riad!* Brand WUN; *umadrucka* „nicht mit der Sprache herausrücken" KILGERT Gloss. Ratisbonense 168.– **5** zögerlich, unbeständig, ruhelos sein.– **5a** wie →[*um-ein-ander*]*d.*4b, °OB vereinz.: °*umherdrücken* „für eine Entscheidung lange brauchen" O'neukchn MÜ; *ümadrückn* „zögern" SINGER Arzbg.Wb. 243.– **5b** wie →*d.*12a, °OB, NB, °OP vereinz.: °*schou a boa Dooch druggd dös Weeda umma* „weder Regen noch Sonne" O'wildenau NEW.– **5c** wie →[*um-ein-ander*]*d.*4c: *umadrucka* „ruhelos sein" KILGERT Gloss.Ratisbonense 168.– **6** wie →*d.*13a, °NB, °OP vereinz.: °*umadruckn* „der Arbeit oder einer unangenehmen Sache aus dem Weg gehen" Windischeschenbach NEW.– **7** refl., wie →[*um-ein-ander*]*d.*6a, °OB, NB vereinz.: °*die Katz druckt si um an Brei ummma* Teisendf LF; *ümmadruck'n* „sich herumtreiben" BRAUN Gr.Wb. 703.– **8** auch refl. od. unpers., wie →[*um-ein-ander*]*d.*7a, °OB, °NB, °OP, °OF, °MF vereinz.: °*dea druckt scho lang umma, wås wead dea ausbruaddn?* Mettenham TS; °*der Bua druckt si mit den Masern uma* Wdkchn WOS; °*es hatn schon lang umherdruckt* Maushm PAR.

[**umhin**]**d. 1** refl., sich hinüberdrücken: *schnell hat er si umidruckt* Haag WS.– **2** wie →*d.*11, °NB mehrf., °OB, °OP vereinz.: °*i hos nimma länga umidrucka kinna, daß bo mir wos lous is* „daß ich schwanger bin" Nabburg.– **3** auch refl., wie →[*um-ein-ander*]*d.*3, °OB, °NB, °OP, °SCH vereinz.: °*tua net so lang umidrucka, sags liaber glei frei raus!* Starnbg; °*der dout se um Woahrat ummidruckn* Schwandf.– **4** refl., sich herausreden, geschickt aus einer unangenehmen Lage befreien, °OB, °OP vereinz.: °*da Schönhuba kimmt si oiwei wieda ummizdrucka* Endlhsn WOR; °*der hat se sche ummidruckt* „schlau herausgewunden" Rgbg.– **5** refl., sich drücken, entfernen.– **5a** wie →*d.*13a, °OB, °NB, °OP vereinz.: °*der will si um jede Arbeit umidruckn* Falkenbg TIR.– **5b** wie →*d.*13bα, °OB, °NB vereinz.: °*er hat si ummidruckt ums Eck* „ist weggeschlichen" Feichten AÖ.– **6** wie →*d.*18: °*der hats umidruckt* „geklaut" Windischeschenbach NEW.– **7** wie →[*um-ein-*

ander]d.7a: °ummidruckn eine Krankheit ausbrüten Weiden.

†[únter]d. 1 wie →[abhin]d.1: *ain halptail des tyrkraizzes swimt ůber den augenender* [Horizont], *und daz ander halbtail wirt undergedrůkt* KONRADvM Sphaera 48,29-49,1.– 2 wie →d.6d: *die kriechischen kaiser … hetten sorg, si würden von inen undergedruckt und vertriben* AVENTIN IV,385,6-8 (Chron.).

WBÖ V,618.

Mehrfachkomp.: [**hin-únter**]**d. 1** wie →[*abhin*]-*d*.2: *nuntadruggn* schlucken O'eichstätt EIH; *Früher hab i fünf Kartoffelknödel nunterdruckt, wia gar nix, und jetzt hab i mit Miah und Not drei derpackt* Mchn SZ 32 (1976) Nr.104, 4.– **2** wie →[*ver*]*d*.8bβ: *damois hab i mein Zorn nimma 'nunterdrucka kenna* Mchn SZ 14 (1958) Nr.158,5.– **3** wie →*d*.7, °MF vereinz.: °*nunterdruckt* „verdammt" Allersbg HIP.

[**unter**]**drúcken,** [**ünter**]**- 1** wie →*d*.6d, OB, NB, °OP, SCH vereinz.: *s Volk undadruga* „versklaven" Mchn; *intadrugga* „unterdrücken" Mengkfn DGF; *hat's mi … ogfahrn, daß sa se von mir net in ihra Persönlichkeit unterdrucka laßt* Mchn SZ 36 (1980) Nr.12,10; *vnderTrucken* SCHÖNSLEDER Prompt. Kk7r.– **2** zurückhalten.– **2a** wie →[*ver*]*d*.8bα: *und jetzt behaupt da Herr Staatsanwoit aa no, i … häd a Urkundn untadruckt* SZ Freising 34 (1978) Nr.298,IV.– **2b** wie →[*ver*]*d*.8bβ, °OB, NB vereinz.: °*du muaßt den Schmerz unterdrückn* O'schleißhm M; *i hab's aba untadruckt, was da hat aussa woll'n und hab mi vorbeischleicha woll'n* Neue Volks-Ztg 1 (1874) Nr.24[,4].– **3** wie →[*der*]-*d*.3bα, OB, NB vereinz.: *undadrugga* schädliche Einwirkung des Distelwuchses auf Hafer, Korn usw. Passau.

WBÖ V,618.

[**unthin**]**d. 1** wie →*d*.7, °OP vereinz.: °*dean ho i untedruckt* „in Grund und Boden verdammen" Rgbg.– **2** wie →*d*.11: *unddedruggng* verheimlichen M'rteich TIR.

[**weg**]**d. 1** durch Drücken wegbewegen, °OB, NB, OP, SCH vereinz.: °*der hod mi wegdruckt* O'schleißhm M; *Wia i'n wegdrucka woit … hat er … zuagstocha* Mchn SZ 40 (1984) Nr. 73,14.– **2** wie →[*abhin*]*d*.4bβ, °OB, °OP vereinz.: °*der hot oan Plotz* (Arbeitsstelle), *do drucktn koana weg* Euernbach PAF; *Den Bauan aufhetzn … Und mi wegdrucka – dös kunnt dir taugn, du Ziefa!* M. ZIERER-STEINMÜLLER, Bauernschritt, Stuttgart 1940, 78.– **3** refl., sich drücken, entfernen.– **3a** wie →*d*.13a, OB, °NB, OP vereinz.: °*der tut si alwei von da Arbeit wegdrucka* Arnstorf EG.– **3b** wie →*d*.13bα: °*er hot si wegdruckt* „aus dem Staub gemacht" Ried FDB.– **4** abzweigen, stehlen.– **4a** wie →[*ab*]*d*.5a, °OB, °NB, °OP, °MF, °SCH vereinz.: °*då druck a ma oi Tåg a Markl weg, nåcha habi a Schmugeld* Marktl AÖ.– **4b** wie →*d*.18, °OB vereinz.: °*dem koscht leicht a weng a Gejd wegdrucka, dea gschbannts ja do ned, so vui håd a* Dachau.

[**Wetter**]**d.** N., wechselhaftes Wetter: *Wetterdruckn* O'lind VOH.

[**zer**]**d. 1** wie →[*be*]*d*.1: *zdruckst mi ja ganz* Mchn; *also dass … von so schwerem Last er nothwendig hätte müssen zertruckt … werden* 1663 GIERL Bauernleben 62.– **2** wie →*d*.1cγii, °OB, °NB, °OP, MF vielf., OF, SCH vereinz.: *do wernd Eedepföl gsodn, änana Winddl zdruggd und hoaß üwabundn* Mittel gegen Zahngeschwulst O'ndf KEH; °*dös Vöich hob i zdruckt, daß eahm s Gatz asglofa is* Frauenbg PAR; *Nehmt die Wurzl von Fette Henne genant … und zehrtrukt es auf den Finger* OBERMEIER Abdeckersleut 66; *zerTrucken* SCHÖNSLEDER Prompt. Kk7r; *Nimb … zeithige hollber, zertrücks in einer … schissl wohl, las über Nacht stehen* PICKL Kochb.Veitin 131.– Phras.: *a Tränal zadrucka* „ein wenig weinen" Ingolstadt.– **3** wie →[*ver*]*d*.1a: *zadruck'n* „zerknittern (Stoff; Kleid)" BRAUN Gr.Wb. 887.– **4** Part.Prät.– **4a** wie →*d*.21aα, NB vereinz.: *a zdruckdö Nåsn* Simbach EG.– **4b** wie →*d*.21aβ: °*a Zdrugda* „Untersetzter" N'nkchn EG.

SCHMELLER II,1069.– WBÖ V,618.

[**zu**]**d. 1** durch Drücken schließen (u. geschlossen halten), °OB, NB, OP, SCH vereinz.: °*s Mai håda ma zuadruggd, daß i ned schrein ko* Ebersbg; *Guagl zuadrucka* Aicha PA; *d' Muata beim Beten – druckt zua ihre Aug'n* PANGKOFER Ged.hd.u.altb.Mda. 60; *I … hob me an dem Schwenkfensta obgstützt. Und dabei muaß i's zuadruckt und sei Hand eizwickt hom* TOCHTERMANN Oiß wos Recht is 37.– **2** (umschließend) kräftig drücken, °OB, OP vereinz.: °*dua ned so fest zuadrucka!* O'schleißhm M; „In der Prügelei … habe R. ihn zu Boden gerissen, gewürgt und *zuadruckt wia a Stier*" Gilching STA SZ Starnberg 39 (1983) Nr.187,II.– Reim:

druck nur zua, wirds a Madl oder a Bua Passau.– **3** (durch Händedruck) zustimmen, sein Einverständnis erklären, °OB, °NB, °OP vereinz.: °*wia ea mia des botn hot, ho i glei zuadruckt* Halfing RO.

SCHMELLER II,1069.– WBÖ V,618.

[zuhin]d. 1 zu sich her, an sich drücken: *zurödruka* Aicha PA; „Tanzen ... *weilst selber mit de junga Madln umanandag'hupft bist, und grad zuawidruckt host as*" Altb.Heimatp. 47 (1995) Nr.8,3.– **2** refl., sich hinzudrängen, dazudrängen, °OB vereinz.: °*magst dö du a no zuawedrucka!* „wenn der Stammtisch schon voll besetzt ist und noch jemand dazukommt" Stephanskchn RO.– **3** refl., wie →*[hin]d.*2, OB, NB vereinz.: *si zuridrucka* Zwiesel REG; *Da siehgst an ganzn Rudl Gams beianandasteh, Da muaßt Dih zuawidrucka, znaachst als s sei ko* Velhagen & Klasings Monatshefte 23 (1908/1909) Bd 2,567 (G. Queri). M.S.

trucken →*trocken*[1].

Drucker(er), -ü-

M. **1** Klinke, Griff an Tür od. Fenster, OB, NB, °OP vereinz.: *Drucka* „am Fenster" G'klenau TIR; „Türklinke ... *druga*" Ebenrd HIP nach SMF VIII,127.– Phras.: *aufm lezdn Drugga* [im letzten Moment] Spr.Rupertiwinkel 24.
2 Hebel, Griff an Geräten, °OB, °NB, °OP, °MF vereinz.: *Drugga* Griff zum Ein- und Ausschalten von Maschinen Weidach AIB; °*Drücker* „Hebel an der Nähmaschine, mit dem man beim Einspannen des Stoffes das *Fußerl* herunterdrückt" Bayerbach GRI.
3: *Drugga* „Sperrklinke" Zandt KÖZ.
4 Abzug einer Handfeuerwaffe: *Drucka* Aicha PA.
5 Klingelknopf, OB, NB vereinz.: *Drukcha* Kochel TÖL.
6 Dim., Druckknopf zum Verschließen von Kleidung u.ä., °OB vereinz.: °*bitte, naah ma do bei dera Blusn a Druckal hi!* Stammham AÖ; *Drug:gål* CHRISTL Aichacher Wb. 100.
7: °*Drücker* „Pedal der Nähmaschine" Windischeschenbach NEW.
8 Nähfuß der Nähmaschine, °OB, °NB, °OP vereinz.: °*Drukerer* „Presserfuß" Winklarn OVI; °*låu n Dricka nieda, sinst kast ned näiha* Kchnthumbach ESB.
9 Kartoffelpresse, °OP, °OF vereinz.: *s Druckerl* Brand WUN.
10 Gerät zum Einkerben von Brot od. Semmeln, °OB, NB vereinz.: *zo dö Loabön hamts an Drucker, daß an scheen Schnitt kriangt* Hengersbg DEG.
11: *Drucker* Küchenmörser O'haching M.
12 Kartoffelbrei: „Kartoffelpüree ... *drukxr*" Schwabhsn LL nach SBS X,292.
13 von Menschen.– **13a** Mensch mit best. (negativen) Eigenschaften.– **13aα** durchtriebener, hinterhältiger Mensch, °OB, °NB, °OP vereinz.: °*a Drucker* Wollomoos AIC.– **13aβ** jmd, der Zwang ausübt, Antreiber, °OB vereinz.: °*Drücker* „verlangt hohe Arbeitsleistung bei niedrigem Lohn" Teisendf LF; *Dise unrehten twinger unde drücker die minrent dir dîn vegefiwer* BERTHOLDvR I,331,34f.– **13aγ** verschlossener, wortkarger Mensch: °*a Drucker* Ismaning M.– **13aδ** Drückeberger, °OB, °NB, °OP, MF vereinz.: °*Drücker* „arbeitsunwilliger Mensch" Ambg.– **13aε** langsamer, langweiliger, zögerlicher Mensch, °SCH vielf., °OB, °NB, °OP, MF vereinz.: *a so a Druckara!* Dörfling ROD; *Er is a Drucka* „Mensch, der ... langsam, mühesam und ängstlich zu Werke gehet" DELLING I,137; „Ein langsamer, aber fleißiger Kopf ... *Drucka*" ZAUPSER 87.– **13aζ** †jmd, der zögerlich, stockend spricht: *Der Trucker* „Mensch, der sich nicht recht auszusprechen im Stande ist" SCHMELLER I,647.– **13aη** geiziger Mensch, °OB, °NB, °OP, °MF, SCH vereinz.: *a rechta Drucka* Hengersbg DEG; *von dem Drucka wirst nichts rausbringa* „von diesem kargen Menschen darfst du nicht hoffen, Geld zu bekommen" DELLING I,137.– **13b** Drucker: *da Drucka* „Buchdrucker" Mittich GRI; „Von der *Druckschneiderin* ... aus großen Blättern zurechtgeschnitten, schiebt der *Drucker* ... die *Buntdrucke* wie Abziehbilder auf das Porzellan" nördl.OP, OF Jb. Schmellerges. 2018, 28; *Der Drucker* „Person, die auf dem Lande herumreiset und den Bäuerinnen nach allerley Mustern die Leinwand druckt" SCHMELLER I,565.
14 Drücken, Stoß.– **14a** einmaliges Drücken, Druckbewegung: *a Drugga, a Druggal* Sulzbach; *sie ... mocht min Dam an Drucka draf* [auf den Floh], *Daß 's schnolz'n thaout ganz frisch* SCHUEGRAF Wäldler 16.– **14b** Stoß, Rempler, °OB, °NB, °OP vereinz.: °*da hat mir der Hans an Drücker gebn* „mich weggeschubst" Innernzell GRA.
15 Anstoß, Impuls, °OB, °NB, °OP vereinz.: °*weil i Zimmermeister gwordn bin, des hat*

meim Schwiegervater an Drücker gebn, daß er mir d Liesl als Frau lassn hat Endlhsn WOR; °*ötz hauts an Drucker gebm* „die Arbeit geht plötzlich gut voran" Poppenrth TIR.
16 einmaliges Schlucken, Hinunterschlingen, OB, °NB vereinz.: *an Drucka und an Zahna, nacha is drunt* Hengersbg DEG; *der Wolf ... verschluckt dös Rotkapperl mit oam Drucka* Stemplinger Obb.Märchen I,39.
17 best. Birnensorte: „würgende Birnen ... *trukxr*" Prittriching LL nach SBS VIII,260.
18 Enttäuschung, Schaden, Vernichtung.– **18a** enttäuschende, ernüchternde Erfahrung, Dämpfer, Denkzettel, °OB, °NB, °OP, °MF vereinz.: °*der hod dem Angeber d Meinung gsagt, dös hod eahm an Drucka gebn* Ismaning M.– **18b** körperlicher, seelischer od. materieller Schaden, Schicksalsschlag, °OP, OF, °MF mehrf., °OB, °NB vereinz.: °*den hots an Drucker gebn* „wirtschaftlicher Fehlschlag" Eschenlohe GAP; °*daß etz sei Frau gstorm is, dees hotn an gscheitn Dricka gem* Lauf.– **18c** endgültige körperliche, seelische od. materielle Vernichtung, meist in der Fügung: *letzter D.* °OB, °NB, °OP, °OF, °MF vereinz.: °*wias na an Buam eigsperrt habn, des hot eahm no an Drucker gebn* Kchseeon EBE; °*des håut ihn den letztn Drücker gebn* „daß zu der einen Krankheit noch eine andere hinzukam" Nagel WUN.

Etym.: Mhd. *drückære, drücker* stm., Abl. von →*drucken*; Pfeifer Et.Wb. 247.

Delling I,137; Schmeller I,565, 647; Zaupser 87.– WBÖ V,623-625.

Komp.: [**Ab**]**d. 1** wie →*D.*4: *da Åtrucka* „Abzug einer Schußwaffe" Kochel TÖL.– **2** wie →*D.*10, OB, NB vereinz.: *Abdrucker* „zum Einkerben von Semmeln" Rdnburg.– **3** Löschhütchen: *unsa Meesna ... haud mid den Odruggara Kiazn asgleschd* Die Arnika 36 (2004) 199.
WBÖ V,625.

Mehrfachkomp.: [**Hals-ab**]**d.** skrupelloser Geschäftsmann, Halsabschneider: °*Hoisodrugga* Rgbg.

– [**Haus-ab**]**d.**: °*Hausodrugga* „Erbe, oft auch im Sinne von Erbschleicher" Neufraunhfn VIB.

[**Erd-äpfel**]**d. 1** wie →*D.*9, °OB, °OP vielf., °NB, °SCH mehrf., °OF, °MF vereinz.: °*da Erdäpfedrucka braucht no Ospüin* Fahrenzhsn DAH; °*doa amol n Erdepfeldrucka assa!* Winklarn OVI.– **2** Kartoffelstampfer, °OB, OP vereinz.: °*Eadäpfedrucka* Dachau.
WBÖ V,624.

[**Bank**]**d.**[1], [**Benk**]- **1** (fauler) Mensch, der die meiste Zeit herumsitzt, °OB, °NB, °OP, °MF vereinz.: °*a Bankdrucka* „ewiger Wirtshaussitzer" Marktl AÖ; *Bankdrucka* „Stubenhocker" Aidenbach VOF.– **2** Schüler, bes. Sitzenbleiber, od. jmd, der lange studiert, °OB, °NB, °OP, °MF, °SCH vereinz.: °*a ewiga Bankdrucka* Rechtmehring WS.– **3** Mädchen, das nicht zum Tanzen aufgefordert wird, °OB, OP vereinz.: *Benkdrucker* Katzdf BUL.– **4** Mensch, der einen sitzenden Beruf ausübt, °OB vereinz.: °*des is a Bankdrucka* „Beamter" Wildenroth FFB.

[**Bank**]**d.**[2] jmd, der (bei niedrigem Zinssatz) sein Konto überzieht, °OB vereinz.: °*Bankdrucker* „überzieht sein Konto, und zwar so, daß nur geringe Zinsen anfallen" Dachau.

[**Erd-birn**]**d.** wie →*D.*9, °OP, °MF vereinz.: °*Erdbirndricka* Regelsbach SC.

[**Blättlein**]**d.** meist scherzh. **1** Buchdrucker, jmd, der Bücher u.ä. druckt, °OB, °NB, °OP, °MF vereinz.: °„*Blattldrucker* spöttisch, sonst *Bouchdrucka*" Pertolzhfn OVI.– **2** Herausgeber einer (kleinen unbedeutenden) Zeitung u.ä., °OB, °NB, °OP, °SCH vereinz.: °*Blattldrucker* „gibt eine kleine Provinzzeitung heraus" Reichenhall; °*döi Blattldrucker, döi Zeitungsschmierer, döi lüang uns a weng wos o!* Wiefelsdf BUL.

Mehrfachkomp.: [**Käse-blättlein**]**d.** scherzh. wie →[*Blättlein*]*d.*2: °*Kasblattldrucker* Petzkfn R.

– [**Schmier-blättlein**]**d.** scherzh. wie →[*Blättlein*]*d.*2: °*a Schmierblattldrucker* Haselmühl AM.

[**Buch**]**d. 1** wie →[*Blättlein*]*d.*1, °OB, NB, °OP, °MF, SCH vereinz.: *da Bouchdruka* Naabdemenrth NEW; *Buach:druggâ* Christl Aichacher Wb. 17; *Jtem ... hat Maister Hanns Puechdrucker ain Hundert gedruck papirein Missal* [Meßbücher] *dem Stifft geben* 1491 Frsg.Dom-Custos-Rechnungen I,636.– **2** Buchdrucker, Borkenkäfer: *Buachdrugga* Ingolstadt.
WBÖ V,625.

[**Bühel**]**d.** junger Hirt: °*Bichädrucka* „sitzt beim Kühehüten die meiste Zeit auf dem Erdbuckel" Lenggries TÖL.

[**Sau-der**]**d.** Metzger od. Bauer, der Hausschlachtungen durchführt, °OB, °NB, °OP, °MF vereinz.: °*da Saudadrucker kimmt heit um neunö* Arnstorf EG.

[**Droßtel**]**d.** wie →*D.*17: °*Drosteldricka* „herb schmeckend, nur in teigigem Zustand genießbar" Kchnthumbach ESB.– Zu einer Nebenf. von →*Drossel*[2] 'Kehle, Gurgel'.

†[**Tuch**]**d.** jmd, der das Handwerk des Stoffdrucks ausübt: *Eliaß Dimini Tuechtruckher hat Underschidliche Englclaider gemacht* N'aschau RO 1688 JAHN Handwerkskunst 463.

[**Tür**]**d.** Türklinke, °OB, NB, °OP, OF, MF vereinz.: *Tirdruka* Aicha PA; *Düadriggara* Nabburg; *Türdrucka* BRAUN Gr.Wb. 692.– Phras.: *einer gibt dem anderen den T. in die Hand* u.ä. kaum ist einer gegangen, kommt der nächste: °*heint git åina n anan n Diadricka i d Hend* „wenn z.B. am Bahnhof, im Wirtshaus viel Betrieb ist oder ein Hausierer nach dem anderen an der Haustür klingelt" Kchnthumbach ESB; *dåu gi(b)tt åina an ånna(r)n an Türdrucka in d'Händ* „viele sprechen nacheinander vor" BRAUN Gr.Wb. 692.

WBÖ V,624.

[**Felsen**]**d.**, [**Filsen**]- **1** scherzh. Handwerksbursche auf der Walz, °OP vereinz.: °*Filsendrucker* „Walzbruder" Winklarn OVI.– **2** Landstreicher, Bettler, °OP vereinz.: °*du wirst amal a Fölsndrucker* „im Spaß zu Kindern" Pertolzhfn OVI.– Zu →*Felse* 'Türklinke'.

[**Fenster**]**d.** Fenstergriff: *Fenzadrucka* M'rteich TIR.

[**Ver-gelt-es-Gott**]**d.**, [**Gelt-es-**]- **1** schmarotzerischer, geiziger Mensch, °OB, °NB, °MF vereinz.: °*Vergeltsgottdrücker* „Mensch, der nur von anderen nimmt, aber nie selbst etwas gibt" Marktl AÖ.– **2**: *Göidsgoddrugga* Neidhammel Kammerbg FS.

[**Herz**]**d.** wie →*D.*17: *Herzdrücka* „eine feste Birnensorte mit zusammenziehendem Geschmack" SINGER Arzbg.Wb. 100.

WBÖ V,626.

[**Hinter**]**d.** wie →*D.*13aα: °*dem Hinterdrucker is ned zu traun* Ruderting PA.

[**Knödel**]**d.** wie →*D.*13aε, °OB, °NB, °OP vereinz.: °*der is ja a langweiliga Knödldrucker, der si a halbe Ewigkeit zu nix recht entschließn kann* Gäuboden.– Ortsneckerei für die Einwohner von Poikam KEH: *Gnē(d)ldruká* ANGRÜNER Abbach 39.

[**Laiblein**]**d.** scherzh. Bäcker: °*Loabidrucka* Endlhsn WOR.

[**Magen**]**d.**: °*Mångdrucka* Dampfnudel Schwandf.

[**Nasen**]**d.** einfacher Sarg mit einem Brett als Abdeckung, °OB, °NB vereinz.: *Nåsndrucka* „Armeleutesarg" Fürstenfeldbruck; „prunklose Beerdigungen ... *Nasendrucker*" Münchener Punsch 23 (1870) 12; *Nasendrüker* „Leuthe, die ihre bürgerliche Abgab nicht geben, und sterben, dörfen keine andern, als solche Särge habe[n]" HÄSSLEIN Nürnbg.Id. 99.

HÄSSLEIN Nürnbg.Id. 99; SCHMELLER I,1758.

[**Nudel**]**d.**, [**Ludel**]- **1** scherzh. wie →[*Laiblein*]*d.*: *Nualdrucka* „Bäcker" Mittich GRI.– **2** wie →*D.*13aγ: °*der Nudldrucka bringt koa Mai auf* Schaufling DEG.– **3**: °*Ludldrucker* „Faulpelz" Döfering WÜM.– **4** wie →*D.*13aε, °OB, °NB vereinz.: °*dös is a Nudldrucker* „weiß nicht, was er will" Arnstorf EG; *Schnodahüpfl ... D Lixenriederer Bouma San Nudeldrucka; Wenn Gleißenberger kema, Màissns hintre rucka!* BRUNNER Heimatb.CHA 224; *Ludeltrucker* „langweiliger, ängstlicher Arbeiter" SCHMELLER I,647.– Phras.: °*Pensionist Nudldrucker* „scherzhaft Phlegmatiker" Rosenhm.– **5** wie →*D.*13aη: „*Der Anni ihrer is a rechter Nudeldrucker* ... Knauser" MM 26./27.8.2000, J2; *Lu'ldrucker* Bay.Wald SCHMELLER I,1445.

SCHMELLER I,647, 1445, 1729.– WBÖ V,626f.

[**Nuß**]**d.** Gerät zum Knacken von Nüssen, OB, OP vereinz.: *Nußdrucka* Sauerlach WOR.

[**Sau**]**d.** wie →[*Sau-der*]*d.*, °OB, °OP vereinz.: °*Saudrucker* „Hausmetzger" Burghsn AÖ.

[**Schnallen**]**d.** **1** scherzh. wie →[*Felsen*]*d.*1, °OB, °NB, °MF vereinz.: *a Schnoindrucka* Außernzell DEG; *Der Schnallendrucker* „im Scherz: Handwerksbursche, der nach dem Zehrpfennig umhergeht" SCHMELLER II, 574.– **2** scherzh. wie →[*Felsen*]*d.*2, °OB, °NB, °MF vereinz.: *Schnojndrucka* Dfbach PA; „Bettelleute, die von Türe zu Türe gingen,

hießen beim Volk *alte Schnallndrucka*“ Oberpfalz 68 (1980) 214.– **3** scherzh. Hausierer, Handelsvertreter, °OB, °NB, °MF vereinz.: °*a Schnoindrucka* „Vertreter“ Wildenroth FFB.– **4** †: *Schnallendrucker* „im Scherz ... das letzte frequentierende Magistratsglied, das zunächst an der Thür sitzt und den Pochenden Bescheid gibt“ Schmeller II,574.– **5** †: „Schmeichler ... *Schnallendrücker*“ Mchn 19.Jh. Altb. Heimatp. 6 (1954) Nr.40,6.– **6** Schürzenjäger, Zuhälter.– **6a** lüsterner Mann, Schürzenjäger: °*Schnallendrucker* Schönbrunn LA.– **6b** Zuhälter: °*a Schnoindrucker* Pipinsrd DAH.
Delling II,142; Schmeller II,574.– WBÖ V,627.

Mehrfachkomp.: **[Tür-schnallen]d. 1** wie →*[Felsen]d.*1, °OB, °NB, °OP vereinz.: °*Türschnallndrucker* „Handwerksburschen auf der Walz“ Kreuth MB.– **2** wie →*[Felsen]d.*2, °OB, °NB, °OP vereinz.: °*a Düaschnoindrukka* „Bettler“ (Ef.) Dachau.– **3** wie →*[Schnallen]d.*3, °OB, °NB, °OP vereinz.: °*Türschnallndrucka* „Handelsreisender“ Rosenhm.

[Sessel]d. König im Kartenspiel, °OB vereinz.: °*Sesseldrucker* Thanning WOR.

[Stoff]d. wie →*D.*8, NB, °OP vereinz.: °*Stoffdrücker* „Fuß an der Nähmaschiene“ Burglengenfd.
WBÖ V,627.

[Her-um]d. 1 Mensch, der um des eigenen Vorteils willen keine klare Meinung vertritt, °SCH mehrf., °OB, °NB, °OP, °MF vereinz.: °*a Rumdrucker* „sein Motto: *i sog net so und i sog net so – net daß d Leut sogn, i hätt so oder so gsagt*“ Hohenpeißenbg SOG.– **2** wie →*D.*13aα: °*Herumdrücker* „falscher Hund“ Kemnath.– **3** wie →*D.*13aγ, °OB, °OP vereinz.: °*Herumdrücker* „verschlossener Mensch“ Reichenhall.– **4** wie →*D.*13aδ, °OB, °NB vereinz.: °*Herumdrucker* „Mensch, der Verpflichtungen aus dem Weg geht“ Lam KÖZ.– **5** wie →*D.*13aε, °OB, °NB, °OP, °MF vereinz.: °*a Rumdrucka* „langweiliger, unentschlossener Mensch“ Gartelsrd AIC.– **6** Streuner, Herumtreiber: °*Rumdrucker* „wird bald da, bald dort gesehen“ Eslarn VOH.

[Umher]d., [Üm-]- 1 wie →*[Her-um]d.*1, °OB, °NB, °OP vereinz.: °*dös is a Umadrugga, dea sågt nöt gick und nöt gack* „hat keine eigene Meinung“ Eging VOF.– **2** wie →*D.*13aδ, °OB, °OP, °OF vereinz.: °*da Immadrücker* „Faulenzer, Drückeberger“ Brand WUN.– Auch lustloser, antriebsloser Mensch: °*Umadruckara* „weiß mit der Zeit nichts anzufangen“ Winklarn OVI.– **3** wie →*D.*13aε: °*Umadrucker* „langweiliger, unschlüssiger Mensch“ Arnstorf EG.

[Umhin]d. wie →*D.*13aδ, °OB, °NB, °OP vereinz.: °*a Ummidrucker* „drückt sich vor der Arbeit und Verantwortung“ Hohenpeißenbg SOG.

†**[Lein-wand]d.** jmd, der Leinwand bedruckt: *1 Leinwanddrucker* Viechtach Hazzi Aufschl. IV,1,195; *Lorenz Kellner Leinwathtruckher* 1705 Straubing JberHVS 59 (1956) 70.
WBÖ V,627.

[Zu]d. 1 Heiratsvermittler: °*a Zuadrugga* „Kuppler“ Ruhstorf GRI.– **2** wie →*[Schnallen]d.*6b: „Zuhälter ... *Zuadrucka*“ Aman Schimpfwb. 148.

Mehrfachkomp.: **[Gurgel-zu]d.** wie →*D.*13aη: °*Gurglzuadrucker* „Geizkragen“ Lenggries TÖL. M.S.

Drucke(r)berger, Drück-

M., Drückeberger, SCH vielf., °OB, °MF mehrf., °NB, °OP, °OF vereinz.: °*Druckeberger* „Feigling, arbeitsscheuer Mensch“ Perach AÖ; °*Drickaberger* Regelsbach SC.

Etym.: Scherzh. Bildung eines Einwohner- od. Familiennamens in Anlehnung an →*drucken*,Bed.13a; Kluge-Seebold 219.

Abl.: *Druckerbergerei.* M.S.

Druckerbergerei

F.: °*Druckabergerei* Geheimnistuerei Fischbachau MB. M.S.

Druckerei, †-ü-

F. **1** Drücken.– **1a** Gedränge, Drängelei, °OB mehrf., °NB, °OP vereinz.: °*a Druckarei und a Schiabn is gwen* O'neukchn MÜ.– **1b** liebkosendes Drücken, Umarmen: *laß mi' aus, i' kann die Druckerei net leid'n* Meier Werke I,335.
2 Druckerwerkstatt: *Druckarei* Ascholding WOR; „Anschließend kommt das Geschirr ins Lager ... und von hier aus ... zu weiterer Verarbeitung in *Druckerei, Malerei, Spritzerei*“ nördl.OP, OF Jb.Schmellerges. 2018, 27; *trückerey* Schönsleder Prompt. Kk6v; *Die Druckerey, und die Walke verschönern den Ort* Meidinger Landshut u. Straubing 158.
WBÖ V,628.

Komp.: [**Buch**]**d.** **1** Handwerk, Gewerbe des Buchdrucks, OB, OP, SCH vereinz.: *Buachdruggarei* Staudach (Achental) TS.– **2** Buchdruckerwerkstatt, OB, OP vereinz.: *Bouchdruckarai* Floß NEW.

WBÖ V,628. M.S.

Drucket(s)

N., Gedränge, Drängelei, °NB mehrf., °OB, °OP vereinz.: °*mit dem Druckats konni gor nimma schnaufa* Fahrenzhsn DAH; °*im Zug hats wieda a Drukat gebn* Neukchn a.Inn PA.

WBÖ V,608f. (Druckach). M.S.

druckicht, -druckig

Adj. **1** faul, arbeitsscheu, °OB, °OP vereinz.: °*des is a druckada Bruada* Wildenroth FFB; °*a so a Druckata!* „Faulpelz" Döfering WÜM.
2 durchtrieben, hinterhältig, °OP vereinz.: °*a druckata Hundling* Mintraching R.

Komp.: [**hinter**]**d.** wie →*d.*2, °OB, °NB, °OP, °MF, °SCH vereinz.: °*dea is hintadrucke* heuchlerisch Wildenroth FFB; °*a so a Hintadruckata!* Parsbg. M.S.

-drücklich, †-druck-, -drucken(t)lich

Adj., nur in Komp.: [**aus**]**d.** **1** deutlich, nachdrücklich, unmißverständlich, OB, NB, OP, SCH vereinz.: *i hab di ausdrückli gwarnt davor* Passau; *Er hot 's ... ausdrückli g'sagt, d' Zenzi soll ... aushelfa im Stall* THOMA Werke VI,456 (Wittiber); *gleich ... spitzet der Knab seine Ohren/ vnd verstehet außtruckentlich die Stimm der Ruffenten* HUEBER Granat-apfel 339f.– **2** †förmlich vereinbart: *der Grundtherr ... gehet ... den ältern Glaubigern/ die ein außtruckenlich oder stillschweigend Pfandt haben/ nicht vor* Landr.1616 68.

WBÖ V,628.

[**nach**]**d.** wie →[*aus*]*d.*1: *schärfs eahm fei recht nachdrückli ei!* Passau; *Der muß ... sehen/ wie er diese H. Wunden nachdrücklich verehren mög* SELHAMER Tuba Rustica I,174. M.S.

trücknen →*trocknen.*

-drucks

Adv., nur im Komp.: [**hinter**]**d.** **1**: °*hintadruggs* „von hinten" Spr.Rupertiwinkel 45.– **2**: °*hintadruggs* „hinterlistig" Spr.Rupertiwinkel 45.– **3** ohne Wissen, hinter dem Rücken des Betroffenen: °*der hat hinterdrucks an Saustall angrichtet* Benediktbeuern TÖL.– Wohl Spielform von →[*hinter*]*rucks.* M.S.

†-drucksam

Adj., nur im Komp.: [**nach**]**d.** deutlich, nachdrücklich, unmißverständlich: *daß Wir nachdrucksam verfügt haben, nicht nur die auf dergleichen ... Schleichhändel lautende Patenten ... denen Innhabern ... abzunehmen* Mauth- u. Accis-Ordnung D1^{r}. M.S.

drucksen

Vb., drucksen, um etwas herumreden: *druggsn* „Stottern, verlegen sein" CHRISTL Aichacher Wb. 226.

SCHMELLER I,647f.– WBÖ V,628 (drucketzen).

Komp.: [**um-ein-ander**]**d.** **1** wie →*d.*, °OP vereinz.: °*wos druckst denn so lang umanana, sogs doch wöis is!* Sulzbach-Rosenbg; *umananddrucksn* „nicht mit der Sprache herausrücken" KILGERT Gloss.Ratisbonense 168.– **2** refl., wohl langsam, schwerfällig sein, herumtrödeln: °*wås druckst se denn der allweil umernand* Laaber PAR.

[**hinter**]**d.** Part.Prät., verzwickt, schwierig: °*Hinterdruxtes* Malching GRI.

[**ümher**]**d.**: „zögern ... *ümadrucksn*" SINGER Arzbg.Wb. 243.

WBÖ V,628. M.S.

Druckser

M. **1**: °*a Druckser* „langweiliger Mensch" Trautmannshfn NM.
2 †Zauderer, Zögerer: *Der Truckser* SCHMELLER I,648.
3 geiziger Mensch: °*dös is a Druckser, dem konnscht nix rauszarrn, wennscht no so bittscht und bettlscht* Wettstetten IN.

SCHMELLER I,648.– WBÖ V,628 (Drucketzer).

Komp.: [**Her-um**]**d.** jmd, der herumdruckst, um etwas herumredet: °*Herumdruckser* „rückt mit dem Anliegen nicht heraus" Mchn. M.S.

-drucksig

Adj., nur im Komp.: [**hinter**]**d.**: °*hinterdruxig* „heuchlerisch, heimtückisch" Malching GRI. M.S.

Drude, Druchte

F. **1** meist weiblicher Alp, nächtlicher Plagegeist, Hexe, °Gesamtgeb. vielf.: *Drucht* Rechtmehring WS; *hai^{n}t Nåcht håd mö Drud scha^{n}*

wira druckt, i hå^{n}s Heazgspiar kriagt Mittich GRI; *Drudn ausbatschn* Peitschenknallen in der Walpurgisnacht Pommelsbrunn HEB; *Drud'n san Leitt, dai möün d'Leitt druck'n, wai wenns dazou vazabert warn, Moan und Weib* Bärnau TIR SCHÖNWERTH Leseb. 196; „Wenn einem Roß in der Frühe der Schaum vor dem Maul stand: *Schaug wias fuambb, dejs isch di ganz Nachd vo dr Druud kridda woara*" WÖLZMÜLLER Lechrainer 111; *mara. truta* wohl Rgbg 1.H.9.Jh. StSG. IV,27,1; *wie dann die ammen und muter den bösen zannenden kindern noch drôen und sprechen, es werd die drut über si kommen* AVENTIN I,366,23f. (Dt.Chron.); *Grad hab ich meinen Rosenkranz gebeth ... Auch ein G'setzl wider d'Druden, Die einem oft so drucken thun* BUCHER Charfreytagsprocession 139.– Phras.: *schiach wia a Drud, daß einem bei der Nocht fürkemma möcht* „häßliche Frau" Grafenau;– *a Gsicht wia a oide Drud* bösartiges Gesicht Haimhsn DAH.– *der Rucksack hockt wie eine Trud mit Reitschluß* [drückt schwer] *auf meinem Rücken* DIESS Stall 110.– °*Dem is d'Drud einigfahrn* „er hat einen Hexenschuß bekommen" Moosach EBE.– *Trud is einikema* verwirrte Knoten in den Haaren U'rohrbach EG;– „*dǫ is de druit drẽikhema* (wenn etwa das Heu vom Wind durcheinander gewirbelt wird)" nach BRÜNNER Samerbg 169.– *Die D. kommt!* Warnung für ungezogene Kinder, OB, °OP vereinz.: °*de Trud kimmt!* „zu neugierigen Kindern, die in das Weihnachtszimmer schauen" Rgbg;– *da soi di heut Nacht de Drud rei^{i}n!* „Drohung, Zurechtweisung" Kchhm LF.– Sprüche zu ihrer Abwehr u. Enttarnung: *Trud, du ålti, kimm aus Gottes Gwålti, kimm niat zu mia, denn såch* [außer du sagst], *du host den hailigen Sankt Johannes den Täufer bai dia* „betet man im Bett vor dem Schlafen" Bruck ROD, ähnlich SOB Mei' Hoamatl 6 (1928) 96.– *Drudl, Drudl, du böses Tier, geh nit zu meiner Bettstatt für! Bisch du ... af oi Baam reidsch und oi Eschd schdeigsch und duichs Wassa kladsch, dawei kimp da hölliachd Dog!* Gerolsbach SOB BÖCK Sagen Neuburg-Schrobenhsn 64;– *Trud, Trud trag, alle Wasser wat, alle Haare zähl, alle Stoandl klaub, dann erst kannst komma und mir wås toa!* OB, ähnlich HÖFLER Volksmed. 21.– *Drud, Drud, Drud, gehst hin, wo kimmst her? Wennst morgn früah kimmst, kriagst alles dein Gscheer* „diejenige Person, die am nächsten Morgen kommt, entlarvt sich dadurch" Finsing ED;– „Bannvers ... *trut trut kxim marŋ fria um an šub* [Löffel voll] *sup*" SCHWEIZER Dießner Wb. 192;– *Drud komm morgen, dann will ich borgen!* DAH, FFB OA 41 (1882) 121.– *Simon und Jud* [28.10.] ... *backt Bäuerin keine Nudl, so ist's eine Trud* Wambach ED Bayerld 4 (1893) 176.

Vkde: Die *D.* setzt sich nachts auf die Brust von Schlafenden, reitet auf Menschen od. Tieren u. verursacht dadurch Alpträume, Atemnot, Herz- u. Verdauungsbeschwerden u.ä. Leiden. Ihr Anblasen od. Biß verursacht Ausschlag (DAH, LF, MB; AM, BUL), Halsschmerzen (SOB), ihr Würgen führt zum plötzlichen Tod bes. von Kleinkindern u. Vieh, ihr Saugen am Euter dazu, daß Kühe keine od. blutige Milch geben. Pferden verdreht sie Mähne u. Schwanzhaare, flicht Zöpfe hinein (WS; PAN; R). Sie erscheint als dämonisches Wesen, bes. als Hexe od. auch in anderer Gestalt, z.B. als lange Schnur (RO). Zur Abwehr dienen Sprüche (s.o., →*druden*), Pentagrammzeichen (→[*Drud*(*en*)]-*fuß*, →-*kreuz*, →-*haxe*, →-*stern*) od. spitze Messer, die an der Tür, am Bettgestell angebracht od. ins Bett gelegt werden (RO, TS; MAI, PAN), Amulette (GRA), Besen, die man mit dem Stiel nach unten vor die Stalltür stellt (MAI), Pantoffeln, die verkehrt herum mit der Spitze nach außen vors Bett gestellt werden (WUN), Ringe aus rotem Wachs, die man zum Schutz des Neugeborenem ihm u. der Wöchnerin ums Handgelenk legt (TS). Das Vieh soll man mit einem abgenutzten Besen austreiben, dem Handpferd ein rotes Tuch (→[*Blut*]-, →[*Hexen*]*tuch*) od. eine Dachshaut ans Kummet hängen (MAI). Begeht der Geistliche bei der →*Taufe* eines Kindes, bes. Mädchens, einen Fehler, wird später aus ihm eine *D.* (REG HALLER Druden 13). „Besonders ... plattfüßige Menschen" gelten als *D.n* (DELLING I,137). Zur Enttarnung fordert man die *D.* mit Sprüchen (s.o.) auf, am nächsten Morgen wieder zu kommen u. sich einen Besen o.a. zu leihen (ED; DGF). Wer dann als erstes das Haus betritt, offenbart sich als solche. Weiteres vgl. Altb.Heimatp. 66 (2014) Nr.3,13, HAGER-HEYN Drudenhax 64f., 110, 176-178, 226f., HALLER Druden 11-35, HÖSCHL Himmel 18-20, LEOPRECHTING Lechrain 8-17, 24-26, DAH, FFB OA 41 (1882) 119-123, SCHÖNWERTH Opf. I,208-232.

2 meist von weiblichen Personen.– **2a**: *Trud* „Wahrsagerin" Willing AIB.– **2b** bösartige, zänkische Frau, OB, NB, OP vereinz.: *oide Drud* scheltende Ehefrau Haimhsn DAH; *Drud* „Schimpfname für böses Weib" FEDERHOLZNER Wb.ndb.Mda. 59; „Schimpfwörter ... *hex, truth*" Auerbach ESB 18.Jh. HELM Konflikt 130.– **2c** häßliche, dicke u./od. alte Frau, °OB, °NB, °OP vereinz.: *schiache Truhn* Hohenpolding ED; °*de wamperte Trud braucht endslang* Rgbg; *die G... diese alte Trud* 1798 MEIDINGER Verfall 57.– **2d** Mensch mit zusammengewachsenen Augenbrauen: *d' Trud* Ruhmannsfdn VIT.– **2e** M., †Druide, heidnischer Priester, Gelehrter: *die 'druiden' kurz 'drudden' genant* AVENTIN IV,105,1 (Chron.).

Etym.: Ahd. *truta* swf., *trut* stm., mhd. *trute, trut* sw/stf., wohl germ. Bildung zur Wz. von →*treten*; Kluge-Seebold 219. Anders ²DWB VI,1450. Bed.2e unter Einfluß von schriftsprl. *Druide*.

Delling I,137; Hässlein Nürnbg.Id. 133f.; Schmeller I,648f.; Zaupser 78.– WBÖ V,692-696.

Abl.: *druden, Druderer, -drudern, Drudin.*

Komp.: †[**Teufels**]**d.** mit dem Teufel verbündete Drude: „*Teufelsdruden*, die gar keinen Leib haben und daher nicht gesehen werden können" DAH, FFB OA 41 (1882) 120.

[**Topfen**]**d.** bösartige, häßliche Frau, Schimpfw.: *D' Rosl ... dö eig'schrumpfte Topfatrud ... dös hob is g'hoaß'n* Münchener Ratsch-Kathl 8 (1896) Nr.52[,3]; *Topfatrud* Schneider Schimpf-Kal. 1969 (6. Juni).

[**Sichel**]**d.** wohl Dämonin, Hexe, die ihr Unwesen in Getreidefeldern treibt: *D'Sicheltrudn ... Wern ma scho vertreibn* Dingler Arntwagen 22.

[**Span**]**d.**, [**Späne**]- wie →[*Topfen*]*d.*, NB vereinz.: *a oitö Spadrut* „unausstehliche, grobe Frau" Piegendf ROL; *šbā̦drūd* „scherzhafte oder abfällige Bezeichnung einer weiblichen Person" nach Kollmer II,265.

[**Stall**]**d.** Dämonin, Hexe, die ihr Unwesen im Stall treibt: „so blieben Stall und Vieh vor der Hexe, vor der *Stalldrud* verschont" Siebzehnriebl Grenzwaldheimat 195f.

†[**Wetters**]**d.** Dämonin, Hexe, die das Wetter macht, als Schimpfw.: *Ha Wetterstrud ... dei ganz Heiratgut Gäng in an Fingerhut* Sturm Lieder 71. A.S.H.

Trudel[1]

M., auch in Wiederholung, Kinderkreisel, °OP, °MF vereinz.: °*der Drulldrull* „in der Kindersprache" Gleißenthal NEW; „der *Drulldrull*, ein hölzerner Brummkreisel, welcher nach einmaligem Schnurrabzug minutenlang läuft" Bauernfeind Nordopf. 70.

Komp.: [**Nacht**]**t.**: *nāchtrūl* „nächtlicher Wirbelwind" nach Schweizer Dießner Wb. 127. A.S.H.

Trudel[2]

F. **1** dicke, schwerfällige, ungeschickte weibliche Person, °NB, °OP mehrf., °OB, °MF, °SCH vereinz.: °*a Truadl* umständliche, langsame Frau Garching AÖ; °*oh mei, is dös a wampade Drul!* Frauenau REG; *aber beim Essn ... do kimm i mi meiner Trudl ollerwei z' kurz* Miller Lkr.WEG II,53.– Auch: °*daou ho i a schejne Drul gmacht* „dicke selbstgebastelte Puppe" Sulzkchn BEI.

2 ungepflegte weibliche Person, °OB vereinz.: °*is des a gschlamperte Trudl!* Benediktbeuern TÖL.

Etym.: Wohl Abl. von →*trudeln*; Pfälz.Wb. II,567. Anders WBÖ V,633.

WBÖ V,633. A.S.H.

trudeln

Vb. **1** um sich selbst drehend fallen: „das Flugzeug *trudlt*" Mchn.

2 umständlich arbeiten, lange zu etwas brauchen: °*truadln* Schönbg MÜ; *trudeln* „sich viel zu schaffen machen, nicht vorwärts kommen" M'nwd GAP Schmeller I,650.

3 Flüssigkeit verschütten, weinen.– **3a** Flüssigkeit verschütten, kleckern, °OB vereinz.: °*tu net so druadln!* N'bergkchn MÜ.– **3b** weinen, NB vereinz.: *trulln* Leithen DEG.

4: *drūᵈln* „einen unangenehmen, zwischen hoher und tiefer Lage wechselnden Ton von sich geben" nach Denz Windisch-Eschenbach 271.

5 †viel reden, schwätzen: *trudeln* „viel schwätzen" M'nwd GAP Schmeller I,650.

Etym.: Aus nd., md. *trudeln*, wohl gleicher Herkunft wie →*trenneln*; Pfeifer Et.Wb. 1468.

Schmeller I,650.

Abl.: *Trudel*[1], *Trudel*[2], *Trudler(er)*.

Komp.: [**durch-ein-ander**]**t.** sich ungeordnet bewegen, °OB, °SCH vereinz.: °*wenn a Wetter kimmt, trudelt ois durchanand* Ried FDB.

[**voll**]**t.** bekleckern, °OB, °OP vereinz.: °*weisd åiwei åis voidruadln muasd, du Faggl du!* Ebersbg; °*moußt du di imma beim Essn dulldrudln* nördl.OP. A.S.H.

druden, drudnen

Vb. **1** bei Nacht bedrängen u. dadurch Alpdruck erzeugen (von Druden): *se mou no drudna* KÖZ BJV 1953,34; „das Schwein ... können sie so wenig *truden*, als demselben auch die Schlange nicht ankann" Leoprechting Lechrain 11; „Das *Druden* ist ... die angeborene Macht, Menschen und Vieh im Schlafe zu reiten, zu drücken, zu ängstigen" SOB Mei' Hoamatl 6 (1928) 96.– Spruch zur Abwehr der →*Drude*: „in der Kammer oder an der Bettstatt ... Spruch ... *trude in ein ander Haus, bis du alle Bichel grattelst, alle Wasser wattelst, bis*

du alle Zaunstecken melkst … und alle Läublein an Bäumen zählst, bis kommt der liebe Tag, da die Mutter Gottes einen zweiten Sohn gebären mag“ Leoprechting Lechrain 26.
2 refl., †sich aufsetzen, um Alpdruck zu erzeugen: „einen … Hahnen … band er an den *Schindelbaum* … das Mädel … *trudete … sich* schnell ob dem Baum, und … druckte … den Hahn zu Tod“ Leoprechting Lechrain 24.
3 †durch Alpdruck in einen best. Zustand versetzen: „auch kann der *Trud* selbst geholfen werden, wenn man es so zu machen weiß, daß sie ein lebendes Wesen *todt truden* kann“ OB Bavaria I,320.
4: °*drudn* „verhexen“ G'köchlham ED.
5 †: *truden* „Spiel … bey dem sich die Streiter zweyer … Parteyen gegenseitig zu Gefangenen zu machen suchen, indem … sich jeder, welcher … von einem Gegner berührt wird … sich diesem ergeben muß“ EIH Schmeller I, 650.

Schmeller I,650. A.S.H.

Truder
F. **1** langsame, langweilige Frau: °*du langweilige Trudern* Frsg.
2: °*Trudan* Glasschusser Pfeffenhsn ROL.
A.S.H.

Druderer, †Drud(n)er, Drüdner
M., männlicher Alp, nächtlicher Plagegeist, Hexer, °OP, MF vereinz.: *Hex, Drudara* Geister, die den Menschen im Schlaf drücken Euerwang HIP; *Da Pfarra houdn ned beerdigt, waia a Drudara woar* Forchhm BEI Böck Sitzweil 47; „In den Ställen halten die Bauern gewöhnlich einen Bock. Dadurch soll verhütet werden, daß die *Trud* oder der *Truderer* nicht über das Vieh komme“ STA 1861 OA 121 (1997) 153; *Trütner* „Zauberer“ Hässlein Nürnbg.Id. 133.

Hässlein Nürnbg.Id. 133; Schmeller I,650. A.S.H.

Truderer
M. **1** langsamer, langweiliger, umständlicher Mensch, °OB, °NB, °OP vereinz.: °*da Sepp is in alln a richtiga Trudera* O'högl BGD; °*alder Druderer, schloufst wieder!* „Mahnung an einen Spieler, der nicht auskartet“ Rottendf NAB.
2: °*Truterer* „alte Leute, denen beim Essen die Suppe herunterrinnt“ Ramsau WS. A.S.H.

trudern
Vb., umständlich arbeiten, lange zu etwas brauchen: *drūdan* „herumtrödeln, mit etwas nicht von der Stelle kommen“ nach Denz Windisch-Eschenbach 271.
Etym.: Abl. zur Wz. von →*trudeln*.

Abl.: *Truder, Truderer*.

Komp.: [**um-ein-ander**]**t.** wie →*t.*, °OP vereinz.: °*wos truderta denn so lang umananda?* Neusorg KEM.

[**ver**]**t.** (Flüssigkeit) verschütten, °OB, °OP vereinz.: °*geh vatrudert dead* [doch] *net de ganz Milli, schau, wias ausschaut an Disch dol* [dort] O'neukchn MÜ. A.S.H.

-drudern
Vb., nur im Komp.: [**ver**]**d.**: „*O Bou, der houd de vadrudat* … verhext“ Forchhm BEI Böck Sitzweil 46. A.S.H.

†Drudin
F., weiblicher Alp, nächtlicher Plagegeist, Hexe, im Spruch zur Abwehr: *An einem helligen Montag Morgen drud undt drudin … Da sey Dir verbotten mein Gutt, mein stall* Etzenricht NEW 1743 Oberpfalz 3 (1909) 157.
WBÖ V,696. A.S.H.

Trudler(er)
M. **1** von Menschen.– **1a** jmd, der kleckert, Flüssigkeit verschüttet: °*åida Druadla* Ebersbg.– **1b** langsamer, langweiliger Mensch, °OB vereinz.: °*Druadler* N'bergkchn MÜ.
2 Kinderkreisel: °*Trulla* Rosenhm.
3: *drūdlara* „scherzh. … Radio“ nach Denz Windisch-Eschenbach 271.
4 Verrücktheit, Eigenheit: °*der hat an Drulla* Feichten AÖ.

Komp.: [**Weiber**]**t.** Bub, der lieber mit Mädchen spielt: °*da Bebbal is a Weiwadrulla* Wildenroth FFB. A.S.H.

trüfteln, -trüsteln
Vb. **1** schütteln, durch Schütteln vermengen: „Die Kartoffeln werden gekocht … geschält und … zwischen zwei tiefen Tellern so lange … *getriftelt* … bis sie ganz zerfallen sind“ Horn-Eichenseer Opf.Kost 109; *Wer warm wazzer vast chlopfet vnd trůftelt mit ǒl, daz ist den můden glidern gar gůt* KonradvM BdN 366,17f.

2 †beträufeln, einreiben: *Die viol ... Wenn man si seudet mit wazzer vnd trůftelt di fůzz da mit vnd daz haubt an der stirn, daz bringt den siechen slaf in hitzigen siechtum* KONRADvM BdN 460,25-461,2.

Etym.: Mhd. *trüfteln*, Abl. zur selben Wz. wie →*trüftern*; DWB XI,1,2,501 (trifteln).

SCHMELLER I,676.

Komp.: [**aus**]**t.** genau untersuchen, überlegen: °*wos driftlst denn wieda aas?* Weiden.

[**zu-sammen**]**t.** wie →*t.*1: °„Roggen- und Weizenkörner müssen *zusammengetristelt* werden" Fronau ROD. A.S.H.

trüften

Vb., (Butter) durch Hochschleudern formen: °*an Buttan driftn* Dachau.

Etym.: Abl. zur selben Wz. wie →*trüftern*; DWB XI, 1,2,502 (triftern).

WBÖ V,633f. A.S.H.

Trüfter(er)

M. **1** jmd, der Flüssigkeit verschüttet: °*lou da Zeit, alter Trifterer!* Eslarn VOH.

2: *Trifta* „Holzteller" Spr.Rupertiwinkel 90.

WBÖ V,634.

Komp.: [**Butter**]**t.** Holzteller, mit dem man Butter hochwirft u. formt: *Budatrifta* „Holzteller zum Buttern" Spr.Rupertiwinkel 16. A.S.H.

trüftern, trüstern

Vb. **1** schütteln, rütteln, schwenken, werfen.– **1a** allg., °NB, °OP vereinz.: *triftern* „Erdäpfel im Korb durcheinanderschütteln" Nabburg; *triftern* „hin und her werfen" BAUERNFEIND Nordopf. 148.– **1b** (Getreide) mit Schaufel od. Sieb hochwerfen u. dadurch reinigen, °OB, °NB, °OP vereinz.: „in einem Sieb *triftert* man die Körner, damit die unteren nach oben kommen" Rieding CHA; *driftə'n* „mit der Schaufel das Getreide von der Spreu säubern" Dinzling CHA BM I,80; *Excuteret ... trufterit* Rgbg 2.H. 12.Jh. StSG. I,385,8f.– Auch: *triftern* „Erbsen durch Schütteln auf einem Holzteller reinigen" Arnschwang CHA.– **1c** (Butter) durch Hochwerfen formen, °OB (v.a. SO) mehrf., °OP vereinz.: °*den Butter triftan* „den frischen Butterballen auf einem Teller in die Höhe schutzen, sodaß das Wasser und die Buttermilch herauskommen" Burghsn AÖ; *trüftern* „hin und her werfen, z. B. Butter in der Hand oder in einer Mulde, um sie zu ründen und zu formen" SCHMELLER I,653.– **1d** (Speisen) durch Schütteln, Schwenken vermengen, °OB, °NB, °OP vereinz.: °*a triftada Radi is a nöt schlecht* „mit einem zweiten Teller bedeckt, auf- und abgeschüttelt" Garching AÖ; *triftan* „Gurkensalat mischen" Dfbach PA; *tristern* „Rüben oder Rettige ... in dünne Schnittchen schneiden, mit Salz bestreut, zwischen zwey Schüsselchen hin und her werfen, und so zum Essen bereiten" NB SCHMELLER I,676.– **1e** (Kartoffeln) in Butter, Speck, Zwiebeln u.ä. schwenken, °OP vereinz.: °*trüftert Erdäpfel* O'wappenöst KEM; *driffdad Erdepfl* „ganze, gekochte und geschälte Kartoffeln in etwas Schmalz erhitzt" KONRAD nördl.Opf. 11.– Subst. Part.Prät., in Butter, Speck, Zwiebeln u.ä. geschwenkte Kartoffeln: °*Drejftata* „Kartoffeln mit Speck und Zwiebeln" Selb; *Trifte*ʳ*t* „pl. m. ... Speckkartoffel" VOGT Sechsämter 62.– **1f** (Früchte) durch Schütteln weich machen: *triftern* „von Elsbeeren" Chiemgau; „*Trüftern* ... zwischen zwei Schüsseln oder Tellern schütteln, wie man mit einzelnen Beerenfrüchten, z. B. denen des Traubenkirschbaums ... verfährt, um sie besser geniessbar zu machen" Passau SbMchn 1887,2.Tl 413.

2 abseihen: „*Speckla* durch einen Seiher *triftern*" Böhmischbruck VOH.

3 (Flüssigkeit) verschütten, °OP vereinz.: °*gebts acht und touts mir net d'Suppn aufs Tischtouch trifftern* Eslarn VOH.

4 auspressen, durch Drücken, Pressen von Flüssigkeit befreien, °NB, °OP vereinz.: °„Rüben, Rettiche, Möhren *tristern*" Weiherhammer NEW.

5 wohl sich unruhig bewegen vor dem Kalben: *triftern* „von einer Kuh" Wiesau TIR.

6 reden.– **6a** schwer verständlich reden, °OP vereinz.: *triftern* „kauderwelschen" Rieding CHA.– Auch: *triftern* „schneller reden" Mauth WOS.– **6b** Unsinn reden: *triftern* Kreuzbg WOS.

7 zur Eile antreiben, anspornen, °OP vereinz.: *triftern* Stein TIR.

Etym.: Ahd. *truftaren, -arôn*, wohl germ. Bildung unklarer Herkunft; DWB XI,1,2,502. Formen mit *-st-* wohl hierher; SCHMELLER I,676. In Bed.4 unter Einfluß von →*trestern*.

SCHMELLER I,653, 676.– WBÖ V,634f.

Abl.: *Trüfter(er)*.

Komp.: [**auf**]**t. 1** aufschütteln, durch Schütteln auflockern, °OB, °NB, °OP vereinz.: °*Erdäpfel aftriftern* „im Korb nach der Ernte, damit der Sand durchfällt" Muckenbach ROD; „*Die Nudeln in der Rei˜n auftriftern* ... daß sie locker werden" Bay.Wald SCHMELLER I, 653.– **2** durch Sieden weich machen: °*aufdriftan* „harte Früchte, besonders Birnen" Dachau.– **3** (Geheimes) bloßlegen, offenbaren: *der triftert alles auf* Chiemgau.

SCHMELLER I,653.– WBÖ V,634.

[**aus**]**t.** **1** durch Hochwerfen von der Spreu u.ä. befreien, °OP vereinz.: *Leinsamen austriftern* Guteneck NAB.– **2** (Butter) durch Werfen, Schlagen, Pressen von Flüssigkeit befreien u. formen, °OB vereinz.: °„die Butter wird aus dem Butterfaß herausgenommen und dann *austriftert*, durch Schlagen von der Buttermilch befreit" Teisendf LF.

WBÖ V,635.

[**ver**]**t.** wie →*t.*3: °*vertrifftern* „die Suppe aufs Tischtuch verschütten" Eslarn VOH. A.S.H.

Trug, -trüg

M., Betrug, Hintergehung, bewußte Täuschung, in heutiger Mda. nur in Phras.: →*Lug und T.*

Etym.: Ahd. *-trog*, mhd. *truc* stm., Abl. zur Wz. von →*trügen*; WBÖ V,635f. Formen mit Diphth. im Komp. mit unmittelbarem Anschluß an →*trügen*.

WBÖ V,635f.

Komp.: †[**Be**]**t.** **1** wie →*T.*: *So aber untreu oder betrieg darinne befunden wird, das söll an Leib und Gut gestrafft werden* 1521 LORI Bergr. 172; *betrug im kauff* SCHÖNSLEDER Prompt. F3[v].– **2** Trugbild: *Fantasma pitroch* Windbg BOG 2.H.12.Jh. StSG. I,720,39.

SCHMELLER I,658.– WBÖ V,636. A.S.H.

Trügel

M. **1** Futtertrog für Schweine, OB vereinz.: *Trigl* Randelsrd AIC; *Triigl* „längliches Gefäß zum Schweinefüttern" Thaining LL Lech-Isar-Ld 12 (1936) 56.– Auch: *trīgl* „Napf" SCHWEIZER Dießner Wb. 206.

2 Holzrinne für Lecksalz der Schafe, OB vereinz.: *Trügl* Eberfing WM.

Etym.: Ahd. *trugil* stn., *-trugila* swf., mhd. *-trügel* stm., germ. Abl. zur Wz. von →*Trog*; KLUGE-SEEBOLD 397.

WBÖ V,636.

Komp.: [**Facken**]**t.** wie →*T.*1: *Facktriegl* M'nwd GAP; „*Fa[c]kentriegel* ... Schweinetrog" Wb.Krün 50.

[**Hart**]**t., -riegel** **1** Hartriegelart.– **1a** Kornelkirsche (Cornus mas): *Hartriegl* Rechtmehring WS.– Auch in Phras.: °*Gelber Hartriegel* Abbach KEH.– **1b** Roter Hartriegel (Cornus sanguinea), OB vereinz.: *Haschtrügl* O'audf RO; *hartrugel* Tegernsee MB 12.Jh. StSG. III,45, 4f.– **2** †Rainweide (Ligustrum vulgare): „*Gemeiner Hartriegel* ... das Holz gibt viel Wärme und viel Asche, die sehr reich an Laugensalz ist" F. W. WALTHER, Bayern's Ld u. Natur, Bd I, München 1833, 320.

SCHMELLER I,1168.– WBÖ V,636f.

[**Sau**]**t.** **1** Gefäß.– **1a** wie →*T.*1, °westl.OB vielf., SCH vereinz.: *Saudrigl* Graßlfing FFB; *saudrīgl* nach FREUDENBERG Böbing 38.– Phras.: °*schaut aus wia a Sautriegl* krumme Furche Ried FDB.– Als Fln., LL.– **1b** Trog, in dem das geschlachtete Schwein abgebrüht wird: *Sautriegl* O'alting STA.– **2** durch unordentliches Ackern unbearbeitet gebliebener Streifen, krumme, zu tiefe Furche im Acker, °westl.OB mehrf., °SCH vereinz.: °*dea hod Saudrigl neigmachd* Dettenschwang LL; *An Saudriegl hosch gäckerd* WÖLZMÜLLER Lechrainer 76.

WBÖ V,636. A.S.H.

†trüg(e)lich, treug-

Adj., trügerisch, hinterhältig, verlogen: *Apocrifa* ... *truchilicha* Windbg BOG 12.Jh. StSG. I,461,40-42; *diu leckerîe und ir falsches grüeze, die sie truglîch lieblîch kunnen sprechen* HADAMARVL 111f.,447; *Dem stelt er treuglich nach leib und leben* AVENTIN IV,159,14f. (Chron.).

Etym.: Ahd. *trugilih*, mhd. *trügelich*, *triege-*, Abl. zur Wz. von →*trügen*. Formen mit Diphth. mit unmittelbarem Anschluß an →*trügen*; vgl. Frühnhd.Wb. V, 1422.

WBÖ V,496.

Komp.: †[**be**]**t.** wie →*t.*: *Was soll das Versprechen eines betrieglichen Menschens/ gegen dem Versprechen deß Göttlichen Munds seyn?* GEMINIANUS MONACENSIS, Der Weeg-Weiser gen Himmel, Bd I[,1], München 1667, 792. A.S.H.

trügen

Vb., ä.Spr., in heutiger Mda. nur im Komp. **1** täuschen, irreführen, hintergehen: *Cauillatio* ... *triugan* wohl Rgbg 1.H.9.Jh. StSG. I,68,12; *wan got ist selber diu warheit, unde dar umbe sult ir got niht triegen* BERTHOLDVR I,534,14f.; *der teufl* ... *die menschen raizt* ... *si under dem schein des gueten mit geistlichen und weltlichen*

sachen treugt AVENTIN IV,48,9-15 (Chron.).– Phras.: *sich selbst t.* sich Illusionen hingeben, sich etwas vormachen: *Es ist not, das wir eben drauf sehen, damit wir uns selbs nit triegen mit unsern … aufgeplasnen unnützen titl* AVENTIN IV,59,9-11 (Chron.).
2 refl., sich um etwas bringen: *den vogel lasset schnelles fliegen, er höret meiner frawen, annders ir werdt euch preises selber triegen* FÜETRER Persibein 47,177.

Etym.: Ahd. *triogan*, mhd. *triegen* stv., germ. Wort idg. Herkunft; KLUGE-SEEBOLD 933.

SCHMELLER I,658.– WBÖ V,494f.

Abl.: *Trüger, Trügerei.*

Komp.: [**be**]**t. 1** wie →*t.*1, OB, °NB, MF mehrf., OP, SCH vereinz.: *du bedruikst mi nima* Törwang RO; *dör hod mi bedrougn* Derching FDB; *Z'letzt tean s' oan no betrüag'n, Tean eahm an Lohn o'ziahg'n* THOMA Werke VI,411 (Wittiber); *Imposuisti pitrugi* Tegernsee MB 2.H. 11.Jh. StSG. I,405,12; *han ich iemen betrogen, daz gilte ich uierstunt* [vierfach] Spec. Eccl. 132,14; *betriegen, bescheissen ist nur ain lang hergeprachter brauch* AVENTIN V,45, 25f. (Chron.).– Phras.: *Wer einmahl betrogen, betrüget öffters* SCHREGER Speiß-Meister 31.– Part.Prät., †betrügerisch, hinterhältig: *Dés is ǝ˜ bétrogngs Leut* „eine betrügerische Person" SCHMELLER I,658; *O du ungetrewer, betrogner pfaltzgraf und arger verräter* FÜETRER Chron. 149,22f.– **2** sexuell betrügen, OB, NB, OP, OF vereinz.: *da bedrongö Mo* Beilngries; *a Mann, der seine Frau betrüagt* Münchener Ratsch-Kathl 5 (1893) Nr.96[,4].– **3** einen falschen Eindruck entstehen lassen, vermitteln: *des bedriag oan* „täuscht einen" Kochel TÖL; *so betruigt 'n Hüat da Schei* SCHUEGRAF Wäldler 48; *Wan hebt man ez ê an, so betriugt ez oft* KONRADVM BdN 221,28f.; *das gemein alt sprichwort ist 'kain gelt macht den schalk frum' … betreugt wol under dem schein der fürsichtigkait den menschen und verfüert in* AVENTIN V,39,16-18 (Chron.).– Part.Prät., trügerisch, zu einer Fehleinschätzung verleitend: *„Auf des Eis geh i net, des is betrogn …* diese Eisfläche … erscheint mir nicht zuverlässig" RASP Bgdn. Mda. 27f.– **4** refl., †sich irren, täuschen: *Ho mi huit betrong, S' Diänd'l rühat se ned* SCHUEGRAF Wäldler 57.– Ltg, Formen: *bedriaŋ* OB (dazu DEG, KEH, ROL, VIB, VOF; R; FDB), *-dreiŋ* OP (dazu EIH, FÜ, SC), *-druiŋ* (RO; BOG, KÖZ, VIT; CHA, R, ROD), *-droiŋ* NB, *-dreoŋ* (WEG).— Part.Prät. *bedrōŋ* u.ä., ferner *-druaŋ* (KEM; REH).

DELLING I,67; SCHMELLER I,658.– WBÖ V,495f.

†[**wider**]**t.** widerlegen, als irrig zurückweisen: *Refellere … widertriegen* Seeon TS um 1500 Voc.ex quo 2267. A.S.H.

†Trüg(e)ner, Trug-

M., Täuscher, Heuchler: *Parafrasten truganari* Tegernsee MB 2.H.11.Jh. StSG. I,395,52; *ir trugenær, war umb versuchet ir mich?* O'altaicher Pred. 170,12f.; *Jhesus wër gar ein rechter trügnër* HAVICH St.Stephan 15,1021f.

Etym.: Ahd. *truginâri, truga-*, mhd. *trügenære, truge-, trügner, trug-* stm., Abl. zur Wz. von →*trügen*; vgl. DWB XI,1,2,1307. A.S.H.

†trugenhaft

Adj., betrügerisch, hinterhältig, verlogen: *der ritter … gelaubt des trugenhafften priester worten* HARTLIEB Dial. 169,24.

Etym.: Mhd. *trüge(n)haft, trugen-* stm., Abl. zur Wz. von →*trügen*.

Abl.: *trugenhaftig.* A.S.H.

†trugenhaftig

Adj., betrügerisch, hinterhältig, verlogen: *Zu dem jüngsten sprach der trugenhaftig fürst* FÜETRER Chron. 149,9.

Etym.: Mhd. *trüge(n)haftic, trugen-* stm., Abl. von →*trugenhaft*. A.S.H.

Trüger

M., ä.Spr., in heutiger Mda. nur in Komp., Täuscher, Heuchler: *Sie zeigent sich aber daz sie gar mit triuwen gotes diener sîn unde sint des tiuvels diener … sô heizent sie gotes trieger* BERTHOLDVR I,533,19-21.

Etym.: Ahd. *triogâri*, mhd. *triegære, trieger* stm., Abl. von →*trügen*; DWB XI,1,2,1278.

WBÖ V,496.

Komp.: [**Be**]**t.** Betrüger, Gauner, °NB vereinz.: °*Bedriaga* Neufraunhfn VIB; *I bin a Betrüaga* SCHMIDT Werke XXVIII,92 (Der Bubenrichter von Mittenwald); *welher mensch tieff augen hat … der ist … hinderlistig vnd ain betrieger* KONRADVM BdN 67,2-4; *Betrieger* SCHÖNSLEDER Prompt. F3v.

WBÖ V,496.

Mehrfachkomp.: [**Leute-be**]**t.** wie →[*Be*]*t.*: *der Leutbetroiga* Hengersbg DEG; *Leitbedrüacha* „Gauner" JUDENMANN Opf.Wb. 103.

WBÖ V,496. A.S.H.

†Trügerei
F., Irreführung, Täuschung, Blendwerk: *hat sich mit gewalt auf die schwarzen kunst, so ein lauter triegerei und bescheisserei ist, geben* AVENTIN IV,783,18-20 (Chron.).

Etym.: Mhd. *triegerîe* stf., Abl. von →*trügen*; DWB XI,1,2,1280.

WBÖ V,496. A.S.H.

†Trügnis, Treug-
F., Betrug, Täuschung, Blendwerk: *Fantasias ... trochnussi* Rgbg 2.H.12.Jh. StSG. I,579,53-55; *wan her Wernher alz ein weiser und beschaidner man vorcht ... tägleich merung der trügnüzz* Rgbg 1380 VHO 62 (1910) 160; *Vil ander wunderzaichen und treugnus list man von in, so si bei den haiden geton haben* AVENTIN IV,72,23f. (Chron.).

Etym.: Ahd. *truginissa* stf., *trognussi* stn./(f.), mhd. *trügenisse, truge-* stf./n., Abl. zur Wz. von →*trügen*. Formen mit Diphth. mit unmittelbarem Anschluß an →*trügen*; DWB XI,1,2,1310.

SCHMELLER I,658.

Komp.: †[**Be**]**t.** wie →*T.*: *Der appt ... besorgt sich das derselb gestanck von würckung und betrügnüsz des pősen geistes geschach* HARTLIEB Dial. 188,1-3. A.S.H.

†Trugsal
F., Betrug, Täuschung: *alle weib fleyssent sich, wie sy yr lug vnd trugsall mit lissten ... verpergen mügen* 1440 A. KARNEIN, De Amore dt. ... in der Übers. J. HARTLIEBS, München 1970, 251,207f.

Etym.: Abl. zur Wz. von →*trügen*; vgl. Frühnhd.Wb. V,1608. A.S.H.

Truhe, Truche, Truge
F. **1** Truhe, kastenförmiges Möbelstück, Behältnis mit aufklappbarem Deckel, °OB, °NB, °OP, °MF, °SCH vielf.: *der hat a Truga voll Geld dahoam* Außerrötzing DEG; °*göih afn Bodn affi und hol a Schüssl Hutzl vo da Trucha oara* Haselmühl AM; *Aba den Rechtn hat nia koane 'kriagt, bal* [wenn] *si vom Leinazeig d' Truchn it* [nicht] *biagt* DINGLER bair.Herz 89; *1 Trügerl mit 8 alten Notenbücheln* Ambg 1804 VHO 64 (1912) 221 (Inv.); *Capsellam truhun* Tegernsee MB 2.H.11.Jh. StSG. I,398,40; *zwei lidereineu trůhel ... in dem einem reb mit perlein ... in dem anderm ein lintwurm mit perlein* 1327 Rgbg.Urkb. I,295; *yberschikhe ich verwarth in zween drichen die begerte zwelf stukh Niderlendische tapeczerei* Lichtenbg LL 1603 SbMchn 1910, 5.Abhandlung, 22 (Inv.).– Phras.: *„er mächt e da Truah a no äbbs gleichsehng ...* er geht mit der Mode und zieht sich immer gut an" JUDENMANN Opf.Wb. 158.– †*In die T. schreiben* buchhalterisch aufzeichnen, festschreiben: *Do ward in di truhen geschriben, waz man der stat schuldig ist* 1359 Rgbg.Urkb. II,158.– †*In / auf die lange T. legen* unbearbeitet lassen, aufschieben, hinauszögern: *„Ein Geschäft auf* oder *in die lange Truhen legen*, es verschieben" SCHMELLER I,660; *in d' lang Truhen legen* SCHÖNSLEDER Prompt. Kk6r; *kommen die Alte mit der Klag herfür/ so glaubt man ihnen nichts/ oder man legt den Bescheid in die lange Truhen* SELHAMER Tuba Rustica II,11.– Schnaderhüpfel: °*i bi ja vo Schöllnach a lustiga Bua, han a Truha voll Madln, geht d'Luck nimma zua* Lalling DEG.– Auch Kasten unter dem Bodenbrett des Wagens, °OB, °OP vereinz.: °*Truhe* Rosenhm.

2 Sarg, °OB, °NB, °OP, °MF, °SCH vielf.: °*da Voda liegt in da Trucha* Kreuth MB; *s Trücherl* „Kindersarg" Neustadt KEH; °*Drucha mou iwa da Dirschwölln dreimol ogsetzt wern* Pertolzhfn OVI; *Da sand hinter die großen Fenster drei Truchern aufbahrt gwen* HALLER Dismas 53; *Von diesen zwei Theilen soll man geben dem Mesner in der Dompfarre, was er verdient mit dem Tragen der Truhe und dem toden Körper* 1436 GEMEINER Chron. III,78; *Einsegnen eines Kindts mit trüchl 32 kr. ... ohne trüchl 16 kr. ... eines erwachsenen mit einer truche 1 fl. 30 kr. ... ohne truchen 30 kr.* Ruhpolding TS 1780 Bayerld 27 (1915/1916) 241.– Phras.: *in die T. kommen / steigen / fallen* u.ä. sterben, °OB vereinz.: °*itz hat er a in Trucha steign müassn* Pfaffenhfn;– °„die Falschspieler haben den Gutgläubigen *in Truchan ghetzt*, in den Tod getrieben" Rgbg.– *Jmdn in die T. legen* u.ä. täuschen, betrügen, beschwindeln, °OB, °NB, °OP vereinz.: *den habn wir richtig in d'Trucha neiglegt* Ingolstadt;– °*däa is as Drüchä eichiglögt worn* „dem wurde ein Denkzettel verpasst" Fischbachau MB.– *ein Dienstbot in den angesehenen Staudenschneiderhof, – die Mutter wenns wüßt, die tät sich noch in der Truch umkehren* [wäre entsetzt] CHRIST Werke 553 (Rumplhanni).

3 Fach, Schublade.– **3a** Fach, Abteilung einer Truhe, OB vereinz.: *Triachalö* Fach in der Getreidetruhe Wolnzach PAF.– **3b** †Schublade: *zwen tisch, darunter ainer mit einer Druhen oder Laden* 1550 SINGER Vkde Fichtelgeb. 24.

4 Kastenaufsatz eines Fahrzeugs, auch Fahrzeug mit einem solchen.– **4a** aus Seiten- u. Einschubbrettern zusammengesetzter Wagenaufsatz zum Transport von Kartoffeln, Rüben, Sand u.ä., auch Wagen mit einem solchen, °OB, °NB, °OP, °SCH vereinz.: °*Trucha* „für Kleingut, im Gegensatz zum Leiterwagen für Heu, Stroh" Gartelsrd AIC; °„in der Mitte wird *die Truah gråitlt*, damit die Seitenbretter nicht brechen" Kchnthumbach ESB; *drūxα* „geschlossener Aufbau eines Transportwagens" LECHNER Rehling 299; „die *Truhen*, in welchen z. B. die Passauerbauern ihre Porcellanerde oder ihren *Eisentahen* [Mischung aus Graphit u. Ton] nach Obernzell zu führen pflegen" SCHMELLER I,660.– S. Abb. 10.–

Abb. 10: Wagen mit *Truhe* (St.Englmar BOG).

Auch: bemalter Aufsatz eines Festwagens zu Ehren des hl. Leonhard: *Die Truha san ringsum bemalt mit Bilda vo de Heiliga ... ganz vorn dro da Leonhard. An der Seitn stellt ma ... dar was d' Bauern z'toa habn unterm Jahr* südl.OB BJV 1951,166.– Kastenaufsatz des Gäuwagens: „das *Gäuwagl* ... bot nicht nur für Personen, sondern auch rückwärts mit seiner kleinen offenen *Truhe* für kleinere Güter Platz" HÄRING Gäuboden 108.– **4b** Kastenaufsatz des Schubkarrens, auch Schubkarren mit einem solchen, °OB, NB, OP vereinz.: *Trua* Bischofsmais REG; „Wenn er die schwersten *Truchen* voll Mist weit zum Misthaufen hinaufschob" SILBERNAGL Almsommer 33f.– **4c** †Kastenaufsatz des Schlittens: *1 Rennschlitten mit der Truhen* 1662 Schneckenhammer WUN SINGER Vkde Fichtelgeb. 115.– **4d** längliche geschlossene Kiste für Jauche (mit Rädern), °OB, °OP, °SCH vereinz.: °*Truhan* „Holzbehälter zum Ausfahren der Jauche" Taching LF.– S. Abb. 11.

Abb. 11: *Adeltruhe* (Weiherhammer NEW).

5 Teil der Wiege, Bett.– **5a** kastenförmiger Teil der Wiege, OB, OP vereinz.: *Trüchal* O'viechtach.– **5b** Bett, Bettstatt: °*iats ge i in d Dru-a* Germannsdf WEG.

6 Dim., Blumenkasten, OB vereinz.: *Drihei* Willing AIB.

7 Fischkasten, °OB, °NB, °OP, °SCH vereinz.: °*die Trucha* „Kiste mit Löchern, verschließbarem Deckel und einer Anhängkette" Nittenau ROD; *nacha homs a Sitte ghabt, daß oana dem andern wos odoa hod und eahm auf d'Truha ... gschissn hod* Neuburg BÖCK Sagen Neuburg-Schrobenhsn 125; *innerhalb der Müllen sollen die Vischer ... khain Reissensach einschlagen, noch Truchen einhenckhen* Erding um 1600 ZILS Handwerk 107.– S. Abb. 12.

8 (trogartiger Kasten der) Häckselmaschine, Vorrichtung zum Futterschneiden, OB, °NB, OP vereinz.: *Gsodmaschin mit Drucha* Taufkchn M; °*mit der Truhe Gsott schneidn* Griesbach DGF.

9 Backtrog, OB vereinz.: *Trucha* Dorfen WOR; *Truha* Gräfelfing M DWA XII,9.

10: *trīxlα* „Napf" nach SCHWEIZER Dießner Wb. 206.

11 Maßeinheit.– **11a** best. Hohlmaß: „Graphit ... kam als sandiges Gestein mit dem Fuhrwerk ... die *Truhe* zu 180,– M." O'nzell WEG SHmt 42 (1953) 60; *hab ich .40. truchen Erdt Jn den weingarten füren lassen* Rgbg 1552

MHStA Hochstift Salzburg Lit. 1076; „Fein Arler Schweffel *die Truche* 18 [Gulden]" Rosenhm 1780 Stadtarch. Rosenhm PRO 1216, 160 (Beil.).– **11b** †best. Zählmaß für Tafelglas: *Den 10. Okt. aus der Hitten hieher gefierth 9 Truchen Mittl und 5 Truchen Khlain Scheiben, iede Truchen zu 5 fl.* 1679 POSCHINGER Glashüttengut Frauenau 71.
12 Ski: *Trücherln* Grafing EBE.

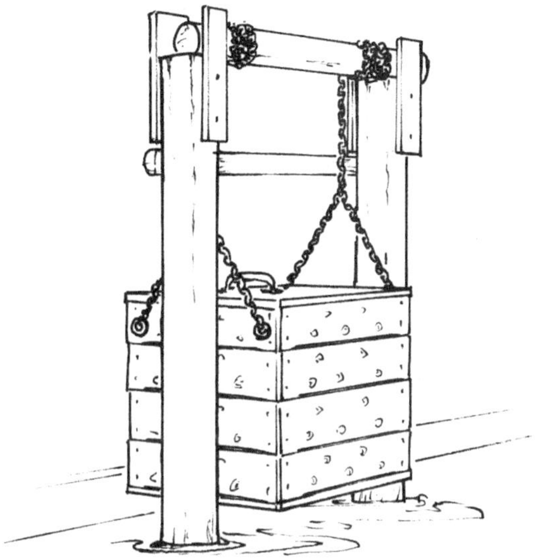

Abb. 12: *Fischtruhe* (Klingen AIC).

Etym.: Ahd. *truha* swf., mhd. *truhe* sw/stf., germ. Bildung zur selben idg. Wz. wie →*Trog*; PFEIFER Et.Wb. 1469. Anders KLUGE-SEEBOLD 933.

Ltg, Formen: Mit Übergang *h* zu *x* / *g* od. Schwund, vgl. Lg. § 33b, *drūxα*, *-h-* u.ä., auch *drūx* OB (v.a. S), *drūxn*, *-ŋ* OB (dazu ROD), *drūxαn*, *-h-* OB (dazu GRA, LA, MAI, PA; R), *drūgα* OB, NB (dazu NM, OVI, PAR, RID, TIR; WUG; DON), *drūgŋ* (SR; WUG), *drūgαn* (BGD, MÜ), *drū* (BGD, EBE, RO; BOG, KEH, SR; AM, BUL, ROD, SUL), *drūn* (BGD, LF; NM), *drūα* OB, NB, OP, MF (dazu WUN; A, ND), mit Nasalierung od. Nasal *drū̃xα*, *-h-*, *drūŋ(g)χα* (AIC, DAH, FFB, LL, STA; FDB), *drū̃xn*, *drūŋχŋ* (GAP, WM), mit sek. Diphth. vor *h*, vgl. Lg. § 8b3, 17a9, *druαxα*, *-h-* OB (dazu DGF, LA, KÖZ, MAL, PA; BUL, SAD; LAU, WUG), *druαx* OB (dazu KÖZ), *druαxn* (RO), *druαgα* (KEH, REG, VIB), *druαŋ* (GRA), *druαg* (VIT; AM, ROD), *druα* OB, NB, OP, OF, MF (dazu ND), *drouxα*, *-h-* (FFB; KEH, LAN, VOF; AM, OVI, R, TIR; WUN; EIH, WUG), *drouα* OP, OF (dazu DEG, LAN, PA, VIB, VOF; LAU, N, SC), *drou* OP (dazu MAL), mit Anlehnung an →*Trog* *drougα* (ED; VIB).— Pl. *drūxαn*, *-h-* OB, OP (dazu KÖZ, REG, WEG, WOS; ND), *-αnα* (KEH, LA; R), *drūgαn* (AÖ; DGF, GRA, LA, LAN, REG), *drūgα* (KÖZ), *druαn* NB (dazu AÖ; AM, R), mit Uml. *drīxαn*, *-h-* (WOS), *drīxα* (KÖZ), *drīgα* (AÖ), *driαn* (GRA, PAN, VIT, WOS; NEN), *driα* (BOG; ROD).— Dim. *drūxαl(α)* (RO; PA, WOS; R, WÜM), *druαlα* (NM), *drūgl* (AM), *druαxai* (AIB), mit Uml. *drīx(α)l(α)*, *-h-* OB, NB, OP, SCH, *-αdl* (NAB, NEN), *-ai*, *-ę*, *-e* OB (dazu MAI), *drīg(α)l* OB, NB (dazu BUL, PAR, VOH), *-ai*, *-e* (TS), *drīαl* (GRI; WUN), *drīai* (BGD, LF; KÖZ, REG), *drīl* (NEW), *driαx(α)l(α)*, *-h-* OB (dazu DEG; R; FDB), *-ai* (VIT), *driαg(α)l* (AIC, LF, WS; DGF, PA; AM, R), ferner *driαl* (WS; DEG, GRI, PA), *driαdl* (NAB, OVI, SAD).

DELLING I,137; SCHMELLER I,659f.; ZAUPSER 78.– WBÖ V, 638-643.

Komp.: [**Adel**]**t.** **1** wie →*T.*4d, °OB, °NB vielf., °OP vereinz.: *deaz d Odltrucha an Wong aufe zon Odlfahrn* Erding; °*Odltruchana san derlekst* [undicht] Landshut; *à'ltruhhə͂* „ein langer Kasten von Brettern" Chiemgau SCHMELLER I,35; „Die Jauche wurde in ganz früherer Zeit in der *Ooldruucha*, erst später im *Oolfaas* auf die Felder und Wiesen gefahren" WÖLZMÜLLER Lechrainer 77.– Auch faßartiger Behälter für Jauche, °OB, °NB vereinz.: °*d'Odltrua* „auch für Blechfaß" O'alteich BOG.– **2** Schubkarren mit Jauchebehälter, °NB, °OP vereinz.: °*ums Haus umö nöhma d' Odltruga her* Wimm PAN.

SCHMELLER I,35, 660.– WBÖ V,642.

[**Erd-apfel**]**t.**, [**-äpfel**]- wie →*T.*4a, OB, °NB, °OP vereinz.: °*die Eadepfltrucha* „2 Seitenteile und 2 Schuber hinten und vorne, in der Mitte eines Seitenteils ein kleiner Schuber zum Herauslassen der Kartoffeln" Nittenau ROD; „versteigere ... eine ganz gute *Erdäpfeltruhe*" Stadtamhf R Neues Bayer. Volksbl. 15 (1877) 224.

WBÖ V,643.

[**Arkel**]**t.** wohl kastenartige Ummantelung eines einzelnen Wasserleitungsrohrs: *Oagltrüchei* Berchtesgaden Bergheimat 8 (1928) 42.– Wohl Abl. zu einer Nebenf. von →*Arche*[1] 'Holzkasten, Verbauung im Wasser'.

[**Aschen**]**t.** meist Dim., Aschenkasten, °OB, °NB, °OP vereinz.: *s Oschntrühä* Ascholding WOR.

WBÖ V,643.

†[**Hunde-aß**]**t.** Truhe, Gefäß für Hundefutter (→[*Hunde*]*aß*): *Fur i Eisenhalt an die Huntastruhen xii Pfennig* 1485 DORNER Herzogin Hedwig 131 (Rechnung).

[**Back**]**t.**, [**Bach**]- **1** Truhe für gebackenes Brot: °*Bachtrua* „zur Aufbewahrung des selbstgebackenen Schwarzbrots" Windischeschenbach NEW.– **2** wie →*T.*9, OB, NB, OP, SCH vereinz.: *Bachtruch* „aus vier verzinkten Brettern, zum Anmachen und Kneten des Teigs" Valley MB; *a Backtrucha* „gehört zum

Kammerwagen" Nabburg; *Batruha* Ruhmannsfdn VIT DWA XII,7; *sie ... eylet zum Bach-Trog/ oder Bach-Truhen/ aber sihe! sie findet das Brod schon fertig für den Ofen* Paar FDB C. ERHARD, Grosse Hauß-Legend der Heiligen, Tl 1, Augsburg 1755, 436.
WBÖ V,643.

[**Bank**]**t.**, †[**Bänk**]- Truhe, die als Sitzbank dient: °*friaras hama oiwei Schohmkugeln* (Mottenkugeln) *zu de Socka a de Banktruch einedo* G'holzhsn RO; *2 Sidel- oder Bänktruhen, darin etliche Gläser* Plankstetten BEI 1601 Oberpfalz 20 (1926) 109 (Inv.).

[**Ursch-barn**]**t.** Brunnentrog: *Uisperntrüchai* „Truhe am Ursprung eines Baches" Berchtesgaden Bergheimat 8 (1928) 42.– Zu einer Nebenf. von →*Nusch* 'dass.' u. →*Barn*[2] 'dass.'.

[**Bett**]**t.** **1** truhenförmiges Bett, °OB, °NB vereinz.: °*da Knecht schlaft in da Bettruga im Roßstall* Kchbg PAN; *1 lahre Pött Truchen* Wasserburg 1690 Heimat am Inn 9 (1989) 114.– **2** †wie →*T.*2: *Auch Pettruchen und den Wagen, dorin und darauf man unnser genedige Frauen loblicher Gedächtnus gein Raitenhaslach gefürt hat* Burghsn AÖ 1502 DORNER Herzogin Hedwig 164.
WBÖ V,644.

[**Birn**]**t.** Truhe zur Aufbewahrung von Hutzeln, °OB, °OP vereinz.: °*Birntruch für die Kletzn* Arzbach TÖL.– Klöpfelspruch: *klopf a, klopf a an Birntruha na* Haunswies AIC.

Mehrfachkomp.: [**Klo-birn**]**t.** wie →[*Birn*]*t.*, °OB vereinz.: *Klouwantruch* „auf dem Dachboden" O'audf RO.– Zu *Klobirne*, Nebenf. von →[*Kletzen*]*birne*.

[**Blumen**]**t.**, [**Blümlein**]- Dim., wie →*T.*6, OB, NB vereinz.: *Bleamitrügerl mit Nagerln, Hängefeu, Rosmarin, Hauswurz* „vorm Fenster" Passau.

[**Braut**]**t.** Truhe für die Aussteuer, °OB, NB, OP, SCH vereinz.: *Bratdruan füan* „auf dem Brautgüterwagen, meist vor der Hochzeit" Meßnerschlag WEG; *Da holt die Meirin ihre Feiertagshauben aus der Brauttruhen* HOFMILLER Helmbrecht 9f.
WBÖ V,644.

[**Brot**]**t.** **1** wie →[*Back*]*t.*1: *bröddrūhn* Huglfing WM nach SBS VIII,108; *Vmb 1½ lb leim zun Prot drüchln* 1599 Stadtarch. Rosenhm GRE 34, 159.– **2** wie →*T.*9, OB vereinz.: *Brottruch* Backmulde Arget WOR; *Brouttruha* Piding BGD DWA XII,9.
WBÖ V,643.

[**Brühel**]**t.** wie →*T.*4d: *Brülltruha* Hengersbg DEG.– Zu →*Brühel* 'Jauche'.
WBÖ V,642 (Brüh-).

[**Brunn**]**t.** kastenartige Ummantelung von Wasserleitungsrohren im Flußbett: *Brunntruh* „im Flußgrund verpflockter Holzkastenmantel, der die hölzernen Wasserleitungsrohre zum Schutz umgab" RASP Bgdn.Mda. 36; „Die *Brunntruchen* zum Marktbrunn liefen unter dem *Hochwasser* [Ache] durch" Berchtesgaden 1643 Bergheimat 5 (1937) 20.
WBÖ V,644.

Mehrfachkomp.: [**Weih-brunnen**]**t.**: *Weihbrunnatrigerl* Weihbrunnkessel im Zimmer Graßlfing FFB.

†[**Pulver**]**t.** Truhe für Schießpulver: *ist ein lanzknecht an der wacht auf dem pulfertrichl gelegen* Rgbg 1552 Chron.dt.St. XV,225f.

[**Büschel**]**t.** Dim., wie →*T.*6, OB vereinz.: *Bischltrüchei* Blumenkasten vorm Fenster Kreuth MB.

[**Tisch**]**t.** Tischschublade, °OB, °NB, °OP vereinz.: °*dö Tischtruch is z'kloa für den Haufa Bsteck* Rosenhm; *Tischtruha* „Tischschublade des Bauerntisches" MILLER Lkr.WEG II,19; *Die ... Tischtruhh* „die Tischlade" SCHMELLER I,659.– Phras.: *s Mail i da Tischtruha dahuit* (daheim) *loßn* „mundfaul sein" Krinning WEG.
SCHMELLER I,659.– WBÖ V,644f.

[**Tod**]**t.** wie →*T.*2, OB, OP vereinz.: *Tåuttroucha* Sarg Hirschau AM.
WBÖ V,645.

[**Toten**]**t.** **1** Sarg, °OB, °NB, °OP, °MF, °SCH vielf.: *dö Tåutntruga as Gråb åbösenka* Altötting; °*Toutntrüal* „Kindersarg" Deggendf; *I hobs an Schreiner scho gsagt, er soll mir macha a Toutntrucha* Hagenhill RID Wirtshauslieder Opf. 22; *Zum Wettermachen brauchen soll ... ain Holz von ainer martterseul, auch todtnoder leichdruhen* Frsg 1590 MHStA Hexenakten 9a,fol.327[r].– **2** übertr. blaues Äderchen an Nasenwurzel, Schläfe od. Stirn eines Neugeborenen, das nach dem Volksglauben dessen bal-

digen Tod ankündigen soll: °*der hot Toutntricherl scho im Gsicht drin* Winklarn OVI.
DELLING I,137; SCHMELLER I,659.– WBÖ V,645.

[**Trag**]**t.**: °*Tragtrucha* „kleine tragbare Mörtelpfanne" Halfing RO.

[**Treber(ach)**]**t.** Truhe, Behälter für Malzrückstände beim Bierbrauen, °OB, °OP vereinz.: °*Treberetrucha* Pöttmes AIC; „die *Trebertruhen* der Bräuer" SCHMELLER I,660.
SCHMELLER I,660.– WBÖ V,643.

[**Ge-treide**]**t.** Getreidetruhe, °OB, SCH mehrf., °NB, °OP vereinz.: °*Troitrucha* Laaber PAR; *groassi Droaddrucha an Bon domm* Friedbg; *Troadtruhen* Teisendf LF P. WERNER, Bäuerliche Baukultur im Berchtesgadener Ld, Berchtesgaden 1984, 138.
SCHMELLER I,659.– WBÖ V,640.

[**Dri**]**t.** kastenartige Ummantelung eines sich verzweigenden Wasserleitungsrohrs: *Triträchei* „Teiltruhe, von der mehrere Wasserleitungsröhren abzweigen" Berchtesgaden Bergheimat 8 (1928) 42.

[**Tuch**]**t.** Truhe für Stoffe, v.a. Leintuch, °OB, °NB, °OP vereinz.: *Tåuchtrucha* Diendf NAB.

[**Fall**]**t.** Kastenfalle für Vögel, °OB, °NB, °OP vereinz.: *Folltricharl* Höll WÜM.

[**Farb**]**t.** stark geschminkte Person: *is schåd, daß a so a Foarbtrügal is, war sunst a so a zeams* [hübsches] *Dingal* Altötting.
WBÖ V,645.

†[**Färber**]**t.** Geldtruhe, Kasse der Färberzunft: *wir haben eingenomen aws der värbertruheln 13 s. d. und 10 d.* 1439 HEIMPEL Gewerbe Rgbg 246.

[**Fäu**]**t.**: °*Fahtruga* „Holztruhe für das gereinigte Getreide" Fürstenstein PA.– Zu →*fäuen* 'sieben'.
WBÖ V,646.

[**Fickel**]**t.** wie →*T.*8: °*Figgltruch* Teil der Häckselmaschine Reichersbeuern TÖL.– Zu →*fickeln* 'unsachgemäß hacken, schneiden'.

[**Fisch**]**t.** wie →*T.*7, °OP mehrf., °OB, °NB, °MF vereinz.: °*Fischdrua* „an Pfählen im Uferbereich befestigt" O'wildenau NEW; „eine *Fischtruhe* ... mit Löchern an den Seiten" Oberpfalz 42 (1954) 96; *zullen ... versorgen, daß sy nit hinrinnen oder unpillich erfaulen* ... *desgleichen die vischtruhen* Indersdf DAH 1493 BJV 1993,14; *Der stroach* [Blitz] ... *hat znegst nebn meina in a FischTruha eingschlagn* 1701 BM I,338.
SCHMELLER I,659.– WBÖ V,646.

[**Fleck**]**t.,** [**Fleck(e)lein**]- Truhe für Stoffreste, °OB, °NB vielf., °OP mehrf., °MF, °SCH vereinz.: °*d'Resi hat a Trumm gfunna in der seinign Fleckltrucha* Rosenhm; °*Fleggtrua* Grafenau.

[**Fleisch**]**t.** Truhe für geräuchertes Fleisch, °NB, °OP vereinz.: *in der Fleischtrucha auf dem Hausboden* Adertshsn AM.
WBÖ V,643.

[**Flick**]**t.** wie →[*Fleck*]*t.*, °OB, °NB, °OP vereinz.: °*Flicktruach, wo ma Fleck und Flickwasch einitoa hod* Reisach RO.

[**Ge-frier**]**t.** **1** Gefriertruhe: *gfreadru:cha* KILGERT Gloss.Ratisbonense 166.– **2**: °*Gfriertrucha* „Gemeinschaftsgefrierhaus, wo jeder seine Lebensmittel kühl aufbewahren kann" Moosach EBE.
WBÖ V,646.

†[**Führ**]**t.** Truhe, die auf einem Gefährt mitgeführt wird: *ein fůrtruhen awf einen sliten* PIENDL Hab und Gut 207.

[**Fuß**]**t.** **1** als Fußschemel genutzte Truhe, °OB, °OP vereinz.: °*de Fuaßtruacha war so lang wie's Himmibett, da hod ma Wäsch und Schuach neito* Reisach RO; „eine *fuasstrūxa* ... tagsüber unter dem Ehebett ... abends hervorgeschoben ... um die niedere Wiege daraufstellen zu können" BRÜNNER Samerbg 113; *Die Fueßtruh* „kleine Truhe, die den Landleuten des Oberlandes als Schemel dient, um in ihre sehr hohen Betten hinaufzusteigen" SCHMELLER I,769; *Ain fuess truhen* 1495 Stadtarch. Rgbg Inv.Aman, fol.19ᵛ; *i Fußtruchen, darin der Wittib Wasch* 1798 StA Landshut Pfleger. Neumarkt P 231, fol.2ʳ (Inv.).– **2** Schublade im Podium, in der erhöhten Plattform vor dem Fenster: °„der *Fensterantritt* hatte meist 2 *Fußtrücherl*" Frsg.– **3** (Untergestell der) Wiege, °OB, °NB, °OP vereinz.: °*Fußtruhe* „Wiege, die mit dem Fuß in Schaukelbewegung gehalten wird" Weiherhammer NEW.– **4**: °*Fußtrücherl* „kleine, mit Sägemehl gefüllte Holztruhe, deren Deckel mit dem Fuß aufgeklappt werden kann" Kreuth MB.
SCHMELLER I,769.– WBÖ V,646.

[Futter]t. 1 Futterkiste, °OB, °NB, °OP, MF vereinz.: *°Maxl, hast d Fuaddatruha aafgfüllt?* U'griesbach WEG; *°Fouttertruah im Stall* „darin Häcksel aufbewahrt, die dem Vieh körbchenweise zum Fressen gebracht werden" Trautmannshfn NM; „Der Teufel ... legte sich wieder nieder in der *Futtertruhe* ... es war der Kaminkehrer, der im Winter im Stall übernachtete ... zwischen Weiden und Schwandorf" Oberpfalz 44 (1956) 320; *åuz aim schaf haber werdent 240 gestrichener fůtermazzel, daz ich in meiner fůtertruchen han* 1392 Runtingerb. II,249 Anm.; *Kloh-Viehstall* [Stall für Rinder, Schafe, Schweine] *auf 20 Stuck nebs 1 Fuder Truhen und von Ziegel gebrannten Barmen* [Barn] 1781 HIERL-DERONCO Lust zu bauen 97.– **2** Futtertrog: „Der *Sied* in der *Foudatruha* ist *oabräiht worn* mit heißem Wasser, – ehe sich die Kühe drauf stürzten" FÄHNRICH M'rteich 109.– **3** wie →*T.*8, OB, NB, OP vereinz.: *Foudatrucha* Schneidtruhe Dietldf BUL.

WBÖ V,646.

[Geld]t. Geldtruhe, Kasse, °OB vereinz.: *°Goitruach* Reichling SOG; *Geld-truchen* DELLING I,137; *loculi 'klaine gelt trichel'* AVENTIN I,393,30 (Gramm.); *gehen ihr Gnadn à wenig hinweck, damit i in d'Geld Truhn eini kohn* W. RINSWERGER, E Funere Phœnix, Bd III, Stadtamhof 1730, 158.

DELLING I,137; SCHMELLER I,659.– WBÖ V,643.

[Haar]t. Truhe für Flachs (→*Haar*), °OB, °NB vereinz.: *°Haartrucha* „darin wird der zum Spinnen hergerichtete Flachs aufgehoben" Burghsn AÖ.

WBÖ V,643.

[Haber(n)]t. Truhe für Hafer, °OB mehrf., °NB, °OP, SCH vereinz.: *°auf d'Nåcht sidzns auf da Håwandrucha im Roosschdåi und schmadzn* [reden] *middnanda* Ebersbg; *hōwandrua* „lange, flache Truhe zur Lagerung von Hafer" nach KOLLMER II,158; „Es soll ... ein jeder Knecht einen eignen Schlüssel zu seiner *Habertruche* haben" Ingolstadt 1582 Sammelbl.HV.Ingolstadt 12 (1887) 15.

WBÖ V,640.

[Halm]t. 1 Truhe für kleingeschnittenes Viehfutter, °OB, °OP vereinz.: *°Holmtrucha* „zum Lagern der Häcksel im Stall" Lindenloh BUL; *Halmtruhe aus Fichtenholz* Stemmasgrün WUN wohl 16.Jh. SINGER Kloaida-Schrank 23.– **2** wie →*T.*8: *°Holmtrucher* Teil der Häckselmaschine Laaber PAR.

†**[Hans]t.** Truhe, Kasse des Regensburger Hansgrafenamts: *von dem tzaichen tzu dem leynynn tuch gibt man von jedem tuch einen phenning, dez gehort ir unser hannstrühel 1 helbling* Anfang 15.Jh. HEIMPEL Gewerbe Rgbg 208.

[Kälber]t. Truhe für die Habseligkeiten eines Dienstboten (→*Kalb*): „folgt die ausgetretene Magd ihrer in der *Kälbertruhen* vorausgetragenen Habe" OB ZVVkde 15 (1905) 318.

SCHMELLER I,1238.

[Kalk]t. Kasten zum Löschen von Kalk: *Koichtruha* Hengersbg DEG; „daß jeder Floßer ... eine *Kalktruhe* bauen und einen Floß bis München steuern könne" Wolfratshsn 1828 LENTNER Bavaria Almen 119f.; *vmb einen Schlussel zu der Kalchtruchen den. 8* 1459 Frsg.Dom-Custos-Rechnungen I,127.

WBÖ V,643.

[Katzen]t.: *Katzntrichal* „kleiner Trog für den Katzenkot" Fürstenfeldbruck.

[Kinder]t. Dim., Kindersarg: *das Kindertrüherl* Mintraching R; *a Kinderdricherl* ILMBERGER Fibel 50.

[Kleid(er)]t. Truhe für Kleidung, °OB, °NB, °OP, °MF vereinz.: *°Kloadtruha* Illschwang SUL; *meine Kleidertruchen hab ich voll wie eintreten* HOFMILLER Helmbrecht 48; „aus ... Klöstern wie Polling ... werden Fuhrwerke ausgeliehen für den Transport ... der *Kleidertruchen*" 1587 H. DOTTERWEICH, Der junge Maximilian, München 1980, 102.

WBÖ V,640.

[Kleie(n)]t. Truhe für Kleie, °OB, °NB, °OP vereinz.: *°Klaibtrucha* Reichling SOG; *°Klaibmtrucha* Regenstauf R; *glę̄mdriɑl* nach KOLLMER II,95.

WBÖ V,643.

[Kletz(en)]t., [Klotzen]- wie →[*Birn*]*t.*, °OB, °NB, °OP vereinz.: *°Klouzntruha* Weildf LF; *da is Kletzntruah gstantn* Mittich GRI; *kxlētzntrūxn* „Kiste für Dörrobst" nach SCHWEIZER Dießner Wb. 207; *i Klezen Truchen, i Mezen Klezen* 1798 StA Landshut Pflegger. Neumarkt P 231, fol.2^{v} (Inv.).

WBÖ V,643.

[**Köchet**]**t.** **1** Truhe für übriggebliebene Speisen, Lebensmittelvorräte, °OP vereinz.: °*Köchettruhe* „mit Luftschlitzen in den Seitenwänden“ Fronau ROD.– **2** Truhe für Mehl, °OP, MF vereinz.: °*Köchettruhe* „in der Bauernküche“ Stöckelsbg NM; *1 alte Köchet Truhen* Wunsiedel 1775 SINGER Schacht 134.

[**Korn**]**t.** **1** wie →[*Ge-treide*]*t.*, °sw.OB vielf.: *die Khoarntrunchn is atoalt* Ohlstadt GAP; *kxǫandrūxn* Dießen LL nach SBS XII,446.– **2** Truhe für Roggen, OB, °NB, OP, SCH vereinz.: *Koarn-, Howan-, Woiztrua* Außernzell DEG; „hölzerne[r] Behälter zum Aufbewahren von Getreide ... *Korntruha, Haberntruha*“ Aicha PA Cox Sarg 97f.

WBÖ V,640.

[**Kost**]**t.** Truhe für Lebensmittel: „im Kobel ... Bänke ... Unterhalb derselben stehen die *Kosttrühei* (Kistchen, welche die für die ganze Woche reichenden Lebensmittel bergen)“ Elbach MB HuV 13 (1935) 58.

WBÖ V,647f.

[**Kot**]**t.** Schubkarren mit Kastenaufsatz für Erde: °*Kåttrucha* Stephanskchn RO; *kheotrūha* Thalbg WEG nach SNiB VI,174.

[**Kripp**]**t.** wie →[*Halm*]*t.*1: °*Kribtrucha* Reichling SOG.

[**Lach**]**t.** wie →*T.*4d, °OB vereinz.: °*Lachtruch* Behälter zum Ausfahren der Jauche Farchant GAP.– Zu →*Lache* ‘Jauche’.

Mehrfachkomp.: [**Mist-lacken**]**t.** wie →*T.*4d, °NB vereinz.: °*Mistloggatrua* Wildenranna WEG.

[**Leib**]**t.** wie →[*Kleid(er)*]*t.*, OB, NB, OP vereinz.: *Leibtrucha* „Truhe zur Aufbewahrung der Kleider“ Cham.

WBÖ V,648.

[**Leich(en)**]**t.** wie →[*Toten*]*t.*1, °OB, NB, OP, MF, SCH vereinz.: *dö Leichntruhö as Gråb einölåssn* „mit Seilen, die links und rechts von je zwei Männern gehalten werden“ OB; *Leichtruhn* Hormersdf LAU; *Zum Wettermachen brauchen soll ... ain Holz von ainer martterseul, auch ... leichdruhen* Frsg 1590 MHStA Hexenakten 9a,fol.327[r].

WBÖ V,648.

[**Lein(en)**]**t.** **1** Truhe für Leinsamen, OB, NB, OP vereinz.: *Läi*[n]*drua* „zur Aufbewahrung des Samens“ Fürnrd SUL.– **2** wie →[*Haar*]*t.*, °OB, °OP vereinz.: °*s Leinen hat ma im Kastn, s Leinwerg in da Leintruach aufghebt* Reisach RO.– **3** Truhe für Leinentuch u. Leinenwäsche, °OB, °NB, °OP, °MF, °SCH vereinz.: °*die Leintrua* Wiesenfdn BOG; °*d Mayerbäuerin hot die ganz Leinatrucha voll leinas Tuach* Wiefelsdf BUL.

Mehrfachkomp.: [**Haar-lein**]**t.** wie →[*Lein*]*t.*1, °OB vereinz.: °„wir hatten *im Troadkammerl a Troadtruch, a Halleitruch und a Mehltruch*“ Greiling TÖL.

[**Leonhards**]**t.**, [**-hardi**]**-**, †[**Lienharts**]- bemalter (Aufsatz auf einem) Festwagen zu Ehren des hl. Leonhard, °OB vereinz.: °*Tölzer Leonharditruchan* Hohenpeißenbg SOG; „Die Kirchen oder Kapellen dieses Heiligen werden ... mit vier- und sechsspännig gefahrenen besonderen Wagen, den sogenannten *Leonharditruhen* umfahren“ Isartal, Loisachtal HuV 6 (1928) 275; „die zierlichen und buntbemalten *Leə˜hardstruhhən*, in welchen auf den sogenannten *Lienhardsfahrten* des Oberlandes die ländlichen Schönen einherprangen“ SCHMELLER I,659; *Dise Lienhartsdruch hat machen Lassen der Ehrbare Joseph Kistler, paur von Puech perg so geschenhen Anno 1760* MB BJV 1951,166.

SCHMELLER I,659, 1481.

†[**Spiel-leute**]**t.**: *Die Spilleut-Truhen* „umgestürzte Getraid-Truhen, welche auf ländlichen Tanzsälen die Bühne ... für das Orchester bildet“ SCHMELLER I,659.

SCHMELLER I,659.

[**Libera**]**t.** Katafalk: *d Liberatruch* O'audf RO.– Zu lat. *libera* (*me, Domine, de morte aeterna*) ‘befreie (mich, Herr, vom ewigen Tod)’ (aus dem Responsorium der Totenmesse).

[**Mehl**]**t.** **1** Truhe für Mehl, °Gesamtgeb. vielf.: *kleanere Leut habens Bachmeahl in der Meahltruche, Bauren im Sack* Hfhegnenbg FFB; °*Moitruga* Wörth LA; °*Möhltruha* „mit Abteilungen für Roggen-, Weizen- und Nachmehl“ Schnaittenbach AM; *Im Soiagang is d' Möihtrucha ... gschtandn* HÖSCHL Himmel 9; *Ain mell truhen* 1495 Stadtarch. Rgbg Inv. Schirlinger, fol.3[r]; *i. Melbtruchen mit Schloss unnd Pandt* 1672 Stadtarch. Wolfratshsn Altes Marktarch. 319, fol.4[r] (Inv.).– Phras.: *is ja net wia a Mehltruch, daß weniga weat* „sagt ein

Ehemann, dem die Untreue seiner Frau gleichgültig ist“ Hundham MB.– *In die M. hineingefallen sein* stark gepudert sein, OB vereinz.: *di is in d'Möidruacha neigfoin* Mchn.– Auch best. Truhe in der Mühle: „*moidruα* ... viereckige Holzkiste, in der das Mehl aus versch. Mahlgängen zur Zuordnung zu einer bestimmten Mehlsorte gemischt wird“ nach Höchstetter Müllerhandwerk 63.– **2** übertr. †Schimpfw. für Frau: *D' Rosl ... dö wurmstichige Mehldruha* Münchener Ratsch-Kathl 8 (1896) Nr. 52[,3].

Delling I,137; Schmeller I,659.– WBÖ V,648f.

[**Milch**]**t.** Truhe zur Aufbewahrung von mit Milch gefüllten Gefäßen: *1 Milchtruehen, darin etlich weitling mit milch* Frsg 1613 Frigisinga 7 (1930) 227.

[**Misch**]**t.** Behälter zum Anmischen von Viehfutter, Backzutaten u.a., °OB, °NB vereinz.: °*Mischtruga* „für gebrochene Futtergerste“ Arnstorf EG; „im Hause des Bäckermeisters Herrn Joseph Ambros ... *1 Mischtruhe, 3 Schäffeln ... 3 Mehltruhen*“ Landshut Landshuter Ztg 20 (1868) 624.

[**Mist**]**t. 1** Schubkarren mit Kastenaufsatz für Mist, °OB vereinz.: *Misttruch* Altenmarkt RO.– **2** Truhe, Behälter für Kehricht u.a. Abfälle: *die Misttrucher* Passau.

WBÖ V,649.

[**Mörtel**]**t. 1** Mörtelkasten, OB, °NB, OP, MF vereinz.: °*Meatltruga* Spiegelau GRA; *meαrtltruxn* nach Schweizer Dießner Wb. 119.– **2** Schubkarren mit Kastenaufsatz für Mörtel: °*Mörteltruhe* Thanning WOR; *mẹαtldru*[g]*α* Lindbg REG nach SNiB VI,172.

[**Nasen**]**t.** einfacher Sarg mit einem Brett als Abdeckung, °OB, °NB, OP, MF vereinz.: *dahui homs frias, wüi no khoa Leichnhaus gwen is, de Oarmaleichn mit da Nosndrucha ohne Bfara forddrong* Beilngries; *ə˜ Nàs·ntruhhə˜* Mchn Schmeller I,1758.

Schmeller I,1758.

[**Rädlein**]**t.** Schubkarren mit Kastenaufsatz, °OB (v.a. SO) vielf., °NB, °OP, °SCH vereinz.: °*d'Raadldruhan haan ganz hizzaran* (aus Holz gefertigt) *und wassadichd gwen* Reichenhall; °*Radltruha* „Kastenschubkarren des Sortierers im Steinbruch“ Hauzenbg WEG; *ein paar Radltruchan voll Odl* Höschl Himmel 77; *Rádltruhhə˜* „Behältniß für Mörtel, Schlamm, Mistwasser, Koth und drgl. mit einem kleinen Rade, auf welchem es fortgeschoben werden kann“ Schmeller II,51; *Ain Radl truhen* 1495 Stadtarch. Rgbg Inv.Aman, fol.22[v]; *Martin Mayer Wagner Unb radltruchen, radel ... 38x* N'aschau RO 1676 Jahn Handwerkskunst 389.

Schmeller I,659, II,51.– WBÖ V,649.

[**Reise**]**t.** Reisetruhe, NB, OP vereinz.: *s Roasdrial* Mittich GRI; *ain Raÿßtruhen darJnn pfeyl sind* Ingolstadt 1469 MHStA Fürstensachen 180½, fol.14[v]; „ein *ungespörtes Tricherl* ... und drei *Rais Trücherln*“ Wasserburg 1770 Heimat am Inn 16/17 (1996/1997) 91 (Inv.).

WBÖ V,649f.

[**Rühr**]**t.** Rührbutterfaß: °*Rührtrüchei* Lenggries TÖL.

[**Ruß**]**t.** Truhe, Behälter für Ruß, nur übertr.: *öz schau dean o, hot da dea a Råusdrigal* „dunkle, braune Gesichtsfarbe“ Beratzhsn PAR.

WBÖ V,650.

[**Salz**]**t. 1** Truhe, Behälter für Salz, °OB, °NB vereinz.: °*die Soiztrucha* „aus Holz gefertigte Truhe zum Aufbewahren von Salz“ Parsbg MB; „Zu verkaufen: *2 Stück Krautbrennten ... und 1 Salztruhe*“ Schwabinger Wochenanzeiger 7 (1884) Nr.38,4; „Besitz eines Kramerhauses ... *1 salz truchen, darinen 1 Köpfl- und 1 seidl Mässl*“ M'rfels BOG 1722 BJV 1962, 215f.– **2** †Geldtruhe, Kasse für Erträge aus dem Salzhandel: *sol er in 14 tagen ... 40 gld par gelt in die Salztruhen laut der salzordnung erlegen* 1560 Stadtarch. Rosenhm PRO 136, 7.

[**Sam**]**t.** Truhe für Saatgetreide, OB, NB vereinz.: *d'Samtruga* Hengersbg DEG.

WBÖ V,640.

†[**Samm**]**t.** Dim., wohl Truhe für Geldspenden: „*fur 3 samtrŭchl* 60 Pfennige“ Passau 1490 BJV 1952,104; *Samb Trüchel* Laufen 1656 BJV 1952,104.

[**Sammel**]**t.** Dim., Holzkästchen mit langem Stiel zum Einsammeln der Kollekte, °OB, °NB, °OP vereinz.: °*iaz kimmt da Mesner scho wieder mit sein Sammetrüchei* „nach jedem Geldeinwurf hebt er das Kästchen an der Stange in die Höhe, sodaß das Geld in den verdeckten Teil rutscht“ Bruckmühl AIB.

[**Sarg**]**t. 1** wie →[*Toten*]*t.*1: °*a Sargtruchn* Eschenlohe GAP; „von ihren Vorfahren, die ...

in ihren *Sargtruhen* gelegen waren“ ROHRER Alt-Mchn 98.– **2** übertr.: *Sargtrüherl* Mensch mit übergroßen Füßen Perlach M.

[**Sau**]**t. 1** Futtertrog für Schweine, OB, °NB vereinz.: *Sadriai* Bodenmais REG.– **2** Trog, in dem das geschlachtete Schwein abgebrüht wird, OB, SCH vereinz.: *Saudrucha* Friedbg.– **3**: *Sautrügerl* „scherzhaft Aschenbecher“ Truchtlaching TS.

[**Scheib(en)**]**t.** wie →[*Rädlein*]*t.*, °OB, °NB, °OP vereinz.: °*fahr d'Scheibntruha zuawa* „hat als Rad eine Holzscheibe“ Taching LF; *šąibdrua* Unterer Bay.Wald nach KOLLMER II,356; *Scheibtruhhə˜* „Behältniß, das als Schubkarren eingerichtet und zu gebrauchen ist“ SCHMELLER I,659.– Zu →*scheiben* od. →*Scheibe*; SCHMELLER II,357.

SCHMELLER I,659, II,357.– WBÖ V,650.

[**Schlaf**]**t.** wie →[*Bett*]*t.* 1, °OB vereinz.: °„der Roßknecht schlief bis in die 20er Jahre in einer Ecke des Pferdestalls in seiner *Schlaftruha*“ Schrobenhsn; „daß ... für die Hausmeister in den ... Gasthöfen ... solche *Schlaftruhen* ... üblich waren“ WS Volkswerk 3 (1943) 197.

[**Schnecken**]**t. 1**: *Schnecklntrüchä* Schneckenhaus O'audf RO.– **2** übertr. Haus von geringer Größe: *a Schneckentrucha* Finsing ED.

[**Schneid(e)**]**t.** wie →*T.* 8, °OB, °NB, °OP vereinz.: °*Schneidtruha* „länglicher Holzkasten der *Gsodmaschin*, in welchem Heu und Stroh zur Schneidvorrichtung geführt werden“ Fürstenstein PA; °*Schneindtruha* Häckselmaschine Lauterhfn NM; „mit seiner *Gsottschneidmaschine* ... ungefähr 3-4 *Schneidtruhen* voll geschnitten“ Mittheilungen des königl. bayer. Landesversicherungsamtes 4 (1892) 121; „Die *Schneidtruchen* in der Tenne benötigte man zum *Gsett*-(Häcksel-)Schneiden“ WOLF Volksgut Inning 45.

WBÖ V,651.

[**Schnitt**]**t.** wie →*T.* 8, östl.NB vielf., °OB, °OP vereinz.: °*Schnittruhe* „Kasten der Häckselmaschine, wo das Futter eingelegt wird“ Appersdf FS; °„das lange Heu mit der *Schnittruga* geschnitten“ Bayerbach GRI; „eine elektrisch betriebene Futterschneidmaschine statt der früheren *Schnitt-Truhen*, die mühselig mit Händen und Füßen betrieben werden mußten“ Altb.Heimatp. 9 (1957) Nr.18,9.

WBÖ V,651.

[**Schnitz**]**t.** wie →[*Birn*]*t.*: °*Schnitztruhe* „um getrocknete Birnen- und Apfelschnitze mäusesicher aufzubewahren“ Bayersoien SOG; „*šnīdsdrūhn* ... für Dörrobst“ Pähl WM nach SBS VIII,108.

[**Schrot**]**t.** Trog, Kasten, in dem Rüben zerkleinert werden, °NB, °OP vereinz.: °*d'Schroudtruah* Neukchn KÖZ.

[**Schwaben**]**t.**: °*Schwoubmtrichala* schwere Schuhe Haselmühl AM.

[**Seelen**]**t.**, †[**Seel**]- **1** wie →[*Toten*]*t.* 1: *Seelentruhe* Hohenschäftlarn WOR Cox Sarg 128.– **2** †wie →[*Libera*]*t.*: *Sêltruhen* „das Gerüst, welches bey Todtenämtern die Bahre vorstellt, Katafalk“ SCHMELLER II,258.

SCHMELLER I,659, II,258.– WBÖ V,651.

[**Senn**]**t.** wie →[*Ursch-barn*]*t.*: *Seedriggl* Staudach (Achental) TS.– Zu →*sennen* ‘geifern’.

[**Siedel**]**t.**, †[**Siegel**]- wie →[*Bank*]*t.*, °OB, °NB vereinz.: °*Siltrua* Tittling PA; „Bank ... zugleich Sitz und Behältniß für Wäsche, Kleider, Flachs ec. ... *Sidel-Truhen*“ SCHMELLER II,226; *Ain Sidltruhen darInn Ain Swartz par hosen* 1495 Stadtarch. Rgbg Inv.Michel, fol.2[r]; *Ain Sigltruchen mit ainer Lain, darinnen an alt gewaschenem gewandt* Frsg 1613 Frigisinga 7 (1930) 227.

SCHMELLER II,226.– WBÖ V,651.

†[**Siegel**]**t.** Truhe, Kasse für Einnahmen, bes. Gebühren für die Besiegelung von Urkunden u. zur Aufbewahrung des Siegelstempels: *sy habent mir verschaft 20 lb. ân 4 R., di ligent in der sigeltruchen* 1400 Runtingerb. II,31.

[**Sitz**]**t. 1** Truhe unter dem Wagensitz, Kutschbock, °OB, NB vereinz.: *Sizdrügal* „zur Aufbewahrung des Halfters“ Reisbach DGF.– **2** wie →[*Bank*]*t.*, °OB, °NB vereinz.: °*Sitztruha* „um den Stubenofen herum, Sitzfläche aufklappbar“ Rechtmehring WS; *1 Sitztruhe vor dem Bett* Erching FS 1.H.16.Jh. OA 104 (1979) 456.– Auch †als Schranke vor Gericht: *durch den statschreiber ausserhalb der sitztruhen steend* Straubing 16.Jh. ROSENTHAL Stadtrechtsgesch. 334.

WBÖ V,651.

[**Ge-sott**]**t.**, [**-sött**]- **1** wie →[*Halm*]*t.* 1, °OB, °NB, °OP vereinz.: *Xottruha* Weichs DAH; „Das *Roßgsod* wurde in der *Gsodtruhe* aufbewahrt“ WEISS Bauernjahr Kirchdf.Ld 16; *j* *gsott truchen* … *2 khörzenleichter* Reichenhall 1674 StA Mchn Rentmeisteramt München Unterbehörden 8237, fol.38[v] (Inv.).– **2** wie → *T.*8, °OB, °NB, OP vereinz.: *Gseddruch* Schneidtruhe Kreuth MB; *Gsottdrucha – Kniegbogn, umdaucht, so muß sei!* [beim Drehen des großen Schwungrads mit den Schneidmessern] O'nzell WEG.

WBÖ V,643.

[**Spalt**]**t.**, [**Spält(e)lein**]- **1** Truhe für getrocknete Apfelspalten u.ä., °OB, °NB, °OP vereinz.: °*Speitldruga* Perach AÖ; „Die *Spalttruhe* ist … die auf dem Speicher stehende Truhe mit den *Apfelspalteln*, d. h. getrocknete Apfelschnitze" SCHLAPPINGER Niederbayer II, 57.– **2** übertr.– **2a**: „die *Spalttruhe* … Geldbörse" SCHLAPPINGER Niederbayer II,57.– **2b**: *Schbeitldruga* „anzügliches Schimpfwort für alte Frau" Reisbach DGF.

[**Spei**]**t.** meist Dim. **1** Spucknapf, °OB vielf., °NB mehrf., OP, SCH vereinz.: °*schbeib eini ins Schbeibdrichei!* „mit Sägespänen gefülltes Kistchen, der Klappdeckel ist durch einen Druckstock zu öffnen" Ebersbg; *Schpeibtricherl* KOLLER östl.Jura 63; *Speib Trichel* Tutzing STA 1.H.18.Jh. Hygiene Obb. 94.– S. Abb. 13.– **2** scherzh. übertr.– **2a** Gefäß, Behälter von geringer Größe, °OB, °NB, °OP vereinz.: °*Speitrücherl* „kleine Schüssel" Langquaid ROL; °*Speitrüacherl* „kleines Jauchefaß" Mintraching R.– **2b** kleines Auto, °OB, °NB, °OP vereinz.: °*heidzudog fohrns sogor mid de Schbeibdrugan wia a gsengte Sau* Stammham AÖ; *Schpeibtriai* RASP Bgdn.Mda. 138.– Auch: °*Speitrüacherl* „kleiner Truhen- oder Heuwagen" Mintraching R.– **2c** Haus, Hof von geringer Größe: *a Speibtrüchal* Finsing ED.– Auch: °*Speibdriechal* „sehr kleines Zimmer" Mchn.– **2d** Acker, Grundstück von geringer Größe, °OB, °NB vereinz.: °*Schbeibtrüchä* Fischbachau MB.– **2e**: °*Speibtrücherl* „kleine Sache, Menge" Tödtenrd AIC.

SCHMELLER II,654; ZAUPSER 73.– WBÖ V,651f.

[**Speise**]**t.** **1** †wie →[*Kost*]*t.*: *Ain Speis truhen lär* 1495 Stadtarch. Rgbg Inv.Freysinger, fol.5[r].– **2** wie →[*Mehl*]*t.*1, OP vereinz.: *Schbeistrül* Mehltruhe M'ldf NEW.

WBÖ V,651.

[**Ge-spirz**]**t.** wie →[*Spei*]*t.*1: *s Gspiatzdrial* Mittich GRI.– Zu →*spirzen* 'spucken'.

WBÖ V,652 (Spürz-).

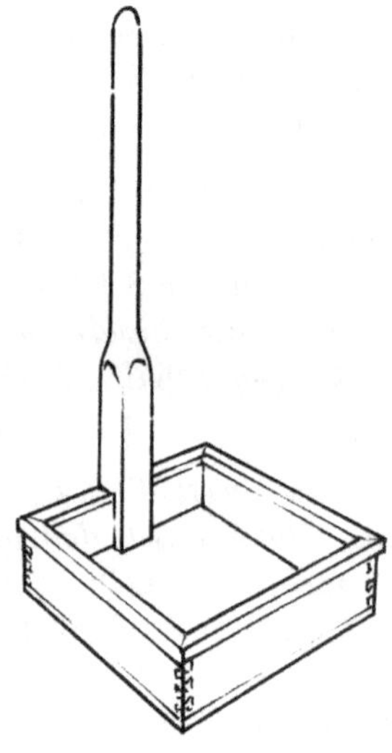

Abb. 13: *Speitrühelein* (Arnstorf EG).

[**Spuck**]**t.** Dim., wie →[*Spei*]*t.*1, °OB, NB, OP vereinz.: *Schbuckdrial* O'diendf PA; *2 Spucktrühel* Partenkchn GAP 1870 Altb.Heimatp. 15 (1963) Nr.22,9.

WBÖ V,652.

[**Stroh**]**t.** wie → *T.*8, °OB vereinz.: °*Strouhtruch* Reichersbeuern TÖL; *Die* … *Stroutruhh* „Vorrichtung zum Häckselschneiden" SCHMELLER I,659.

SCHMELLER I,659, II,803.– WBÖ V,652.

[**Sur(en)**]**t.**, [**Sürling**]- wie → *T.*4d, °sö.OB vielf.: °*Sillingtruha* „Jauchefaß" O'högl BGD; „Jauche mit … der *Suitruchn* … auf die Wiesen fahren" HELM Bgdn.Ld 223.

WBÖ V,642f.

Mehrfachkomp.: [**Mist-sürling**]**t.** wie → *T.*4d, °OB (v.a. LF) vielf.: °*Missengdruha* „oben eine Öffnung zum Einfassen der Jauche, hinten ein Spund zum Auslaufen" Teisendf LF; *Missingtrua* „Jauchewagen" Spr.Rupertiwinkel 63.

[**Wagen**]**t.** **1** wie → *T.*4a, °OB, NB, °OP vereinz.: *s Wogndrüchal* Hengersbg DEG; *Die Wagentruhen* „Bretter, auf einem Wagen und an den Kipfen desselben so befestigt, daß sie ein solches, zum Verführen geschicktes Behältniß bilden" SCHMELLER I,659.– **2** †wie →[*Reise*]*t.*: *Ein WagenTruhen mit Ochsenleder vberzogen* Taxordnung, München 1645, fol.A3[r].

SCHMELLER I,659.– WBÖ V,652.

[**Ge-wand(ach)**]**t.**, [**-wänder**]- wie →[*Klei-d(er)*]*t.*, °OB, °NB, °OP vereinz.: °*Gwandtatrua* Neukchn KÖZ; °*Gwåndtatrucha* Neu-

kchn-Balbini NEN; *gwandrūxn* nach SCHWEIZER Dießner Wb. 207; *an gewanndt Truhen 2* Burghsn AÖ 1542 Burghauser Geschichtsbl. 6 (1916) 39 (Inv.); *Gwandt-Truchen* 1723 R. BECK, Unterfinning, München 2004, 295.
SCHMELLER I,659.– WBÖ V,652.

[**Lein-wand**]**t.** wie →[*Lein(en)*]*t.*3, °OB, °NB, °OP vereinz.: °*jetza derfst boid heiratn, die Leinwandtruha is scho voll* Fahrenzhsn DAH; °*Lawattrua* Grainet WOS.

[**Wäsche**]**t.**, [**Wasch**]- wie →[*Lein(en)*]*t.*3, °OB, °NB, °OP, °SCH vereinz.: °*duadsma nöt ö da Wöschdruha umadumruaschn!* Grafenau; °*Waschtruha* „darin schöne Leinwand" Nabburg; „eine *Weschdrucha* … dutzendfach Bett- und Tischwäsche" WÖLZMÜLLER Lechrainer 59.– Auch Wäschekommode: *Wäschtrucher* Passau.
WBÖ V,640.

[**Wasser**]**t.** wie →*T.*4d, °OB vereinz.: *Wassatruhha* „für Jauche" Peiting SOG.

Mehrfachkomp.: [**Mist-wasser**]**t.** wie →*T.*4d: *Mischdwåssadrucha* „langgestreckter Bretterkasten, auf Räder gehoben, zum Hinausfahren des Mistwassers auf die Felder" Kochel TÖL.
WBÖ V,643.

†[**Wechsel**]**t.** Truhe, Kasse für Wechselgeld: *6 d. dem Fridl slosser von der wegsltruhen ze beslahen* 1398 Runtingerb. II,342.

[**Weiz(en)**]**t.** Truhe für Weizen, °OB, °NB, OP, SCH vereinz.: *Woazndruch* Elbach MB; *Woizdruga* Außernzell DEG.

[**Zeug**]**t.** wie →[*Mörtel*]*t.*1: „der Mörtel zum Mauern … wird in der *Zeichtruha* angemacht" SINGER Arzbg.Wb. 275.– Zu →*Zeug* 'Mörtel'.
A.S.H.

Trullacher
M., häßlicher Mensch: °*Trullacha* Schnaittenbach AM.
Etym.: Wohl Weiterbildung zu →*Trulle.* F.M.E.

Drulldrull, Kreisel, →*Trudel*[1].

Trulle, Trulla
F. **1** dicke, häßliche weibliche Person, °OB, °NB, °OP, °MF, °SCH vereinz.: °*döi wampade Trulln!* Nabburg.
2 langsame, dumme weibliche Person, °OB, °NB, °OP, °SCH vereinz.: °*a so a Drulla hot er si rausgsuacht* Peißenbg WM.
3 ungepflegte, schlampige weibliche Person, °OP, °SCH vereinz.: °*sie is a Trulln* Pertolzhfn OVI.
Etym.: Wohl zur Wz. von →*Troll*; KLUGE-SEEBOLD 933.
WBÖ V,653f.

Abl.: *trullicht.* F.M.E.

Truller[1] →*Tiroler*[1].

Truller[2], Kreisel, →*Trudler(er)*.

-trulli
wohl M., nur im Komp.: [**Fotz**]**t.**: *Foozdruli* „eigensinniger, bockender Mensch" Straubing.– Wohl zur selben Wz. wie →*Trulle.* F.M.E.

trullicht
Adj., dick, häßlich, unbeholfen: °*d Lene is druijat* Wildenroth FFB.
WBÖ V,654. F.M.E.

drum →[*dar*]*um.*

†**trumeln**
Vb.: *trumeln* „taumeln, sich drehen, schwindeln" SCHMELLER I,664.
Etym.: Wohl mit Metathese zu →*türmeln*; WBÖ V, 654f.
SCHMELLER I,664.– WBÖ V,655. F.M.E.

Trumete →*Trompete.*

Trumm
N. **1** Teilstück, Endstück.– **1a** Teilstück, Bruchstück von einem Ganzen, °OB, °NB, °OP, OF vereinz.: *schlong, daß Trima wökschbringand* Aicha PA; *mia is a Trumm vo r an Zoa obrochn* Lauterbach REH; *De hejzan Tejer … no hats es zrissn, han Trimmer worn* KÖZ BJV 1952,32; *Der Tiberius Gracchus ward im hohen stift mit einem drum von einem zerprochen stuel an das hirn geschlagen* AVENTIN IV,494,20-22 (Chron.); *der Säbel … in drey Stück/ oder Trümmer zerbrochen* 1738 GIERL Bauernleben 88.– Phras.: *ein T. vom Teufel* u.ä. boshafter, widerwärtiger Mensch, °NB mehrf., OP vereinz.: *dö is vom Teifi a Trumm* Außerrötzing DEG.– †*Zu Trümmern gehen* kaputtgehen, zerbrechen: [die scheuen

Pferde sind] *geloffen/ vnd zwar so schnell vnd vngestimm/ das der Wagen davon zu trimmern gangen* 1673 GIERL Bauernleben 57.– *Die Trümmer sind an ihn gesprungen* „der Schaden, den er Andern bereitete, hat ihn selbst getroffen" SCHMELLER I,663.– **1b** Teilmenge, Portion eines Materials, Stoffs.– **1bα** unbest. Menge, Portion eines Materials, v.a. von Nahrungsmitteln, °OB, °NB, °OP mehrf., °OF, SCH vereinz.: *a Drum Gsåichts* „ein Stück Geräuchertes" Mengkfn DGF; *a Trum Buda* Dietldf BUL; *Geh, magst a Trumm* [von der Wurst]? Ruhpolding TS KIEM obb.Volksl. 415; *ain driml Holz 21 dl* 1583 Stadtarch. Rosenhm GRE 23, 46.– Phras.: *„Des is um ɑ drum … z glõa …* um ein Stück … zu klein" nach KOLLMER II,391.– **1bβ** Stück Stoff, Tuchstück, Tuchrest, auch Stoffmaß, ä.Spr., in heutiger Mda. nur in Phras.: *Swelich tůch minner hat danne ein drum, daz sol als manich pfunt haben datz der wage als manig ellen ez hat* 1310-1312 Stadtr.Mchn (DIRR) 220,9f.; *so hat Hanns Lettel ze Wienn verchauft 2 drůmer* 1403/1404 Runtingerb. II,196.– Phras.: *das T. bei den vier Zipfeln haben* u.ä. etwas geschickt u. erfolgreich meistern, unter Kontrolle haben, °OB, °NB, °OP, °MF vereinz.: *der hats Trumm bei dö vier Zipfin* „packt alles richtig an" Rosenhm.– **1bγ** Dim., als Indef.pron., ein bißchen, ein wenig, °OB, °OP vereinz.: *a Trimmal* Fürstenfeldbruck; *mir is virkumma, als waa in dean Lachn a Trimml Bewunderung dringleng* SCHEMM Stoagaß 40.– **1c** Endstück eines Fadens, °OB, NB, OP, °MF vereinz.: °*dera is Trumm einidrohna* „beim Spinnen ist der Faden abgerissen und ihr entwischt" Reisach RO; *drum* „Endstück eines Fadens, Strickes" KOLLMER II,97.– Phras.: *in einem T.* (*fort*) immer (wieder), fortwährend, ohne Unterbrechung, °OB, °NB, °OP, °OF, °SCH vereinz.: *geh Rosl, trenz do net an oan Drum furt!* Traunstein; °*s Kind schreit in oan Trum und du gibts eahm koa Millö* Passau; *Zun Mahn genga s' asse, In oin Trum wergln s' zou* SCHWÄGERL Dalust 43.– *All Trumm kimmt ebba* alle Augenblicke Arnstorf EG.– *Mitten im T.* plötzlich, unvermittelt: *mittn ön Trum afhean* Mengkfn DGF; *Kriagt dös Diandl mitt'n in Drumm dennat a so a Aug'n* BIBERGER Geschichten 41.– *Ein / kein T. geht her*(*aus*) ein / kein Ende ist absehbar, °OB, °NB vereinz.: °*da geht kein Trumm außa* Kchmatting SR; *Ein oder kain Trum hergên sehen* „von einer Arbeit, einem Bemühen, ein oder kein Ende vor sich sehen" SCHMELLER I,664.– *Auf kein* (*langes*) *T. nicht* u.ä. überhaupt nicht, auf keinen Fall, °OB, °NB mehrf., °OP, °MF, °SCH vereinz.: °*de kriagt de Stellung nia, bei dera glangts auf koa Trumm net* O'stimm IN; *da kinnans auf koa langs Trum nit hitupfn* ANGERER Göll 35.– *Jmdm geht das T. aus* jmd verliert die Geduld, °OB vielf., °NB, °OP, °MF, °SCH vereinz.: °*jetz geht ma aba glei s Trumm aus, Freindal* Degerndf RO;– jmd weiß (beim Sprechen, Reden) nicht mehr weiter, °OB, °NB, °OP, °SCH vereinz.: °*iatz is ma s Trumm ausganga* „ich habe den Faden verloren" G'höhenrain AIB; *So geht es hinum und herum, bis dem armen Bauernmenschen das Trumm aus- und der Prozeß im Kopf herumgeht wie ein Karussell* THOMA Werke III,241f.;– auch: *Das Trumm verlieren, vom Trumm kommen* „aus dem Zusammenhang der Gedanken oder Reden kommen" SCHMELLER I,664;– jmdm geht etwas zur Neige, °OB, °NB, °SCH vereinz.: °*aha, etz is eahm s Trumm ausganga* „die Trümpfe beim Kartenspielen" Lenggries TÖL; *„es geht ihm das Trumm aus* … Er hat nun Mangel an etwas, das er wohl zuvor hatte" DELLING I,137;– auch: °*der hats Trumm verloren* „ist zahlungsunfähig" Bayrischzell MB.– *An jmdm geht das T. aus* u.ä. jmd wird benachteiligt, übel behandelt, °OB, °NB vereinz.: °*oiwei geht an mir s Trumm aus* „ich bin immer der Schuldige" Schönbrunn LA; *An mir … gêt das Trumm aus* „mich trifft das Üble einer Sache" SCHMELLER I,664.– (*Ganz*) *vom T. sein / kommen* verrückt, närrisch sein, °OB, °NB, °OP, °MF, °SCH vereinz.: °*daß da Huaba ned gscheid is, woaß ma eh, aber jetz is a scho ganz vom Trumm* N'viehbach DGF;– auch: *jmdm hat es beim T.* °OB, °NB vereinz.: °*den hats beim Trumm* „er ist übergeschnappt" Hohenschäftlarn WOR;– °*ganz vom Trumm sein* „überrascht" Uffing WM.– *Zum Trumm kommen* „sich wieder fassen" SCHMELLER I, 664.– *Es beim / von einem T.* (*erwischt*) *haben* u.ä. sich in guten Verhältnisses befinden, Glück u. Erfolg haben, °OP, °MF mehrf., °OB, °NB, °OF vereinz.: °*der houts von an Trumm* Eslarn VOH; °*dea houts ban Trumm dawischt* Schönwd REH.– *Das T. beim dicken Ende / das* (*gute*) *T.* (*erwischt*) *haben* u.ä. °OB, °OP vereinz.: °*der hats Trumm beim dickn End derwischt* „hat mit Vorteil oder Glück gearbeitet“ Wernbg NAB.– *Das letzte T. haben müssen* u.ä. recht haben wollen, °OP vereinz.: *dea mua amal s letzte Drum hom* Zell RID.– „Wenn es jemand familiär nicht gut geht … *däa haout nix zan Lachn, däa haouts varan laousn Trumm*“ SINGER Arzbg.Wb. 241.– *a Jeda hat g'rissen, Beim Oertel und Trum* [sich heftig gestritten] PANGKOFER Ged.altb. Mda. 127.– **1d** kleines, meist spitz zulaufendes Feld(stück), auch Ackerbeet darin, °OB, °OF, °SCH vielf., °NB, °OP mehrf., °MF vereinz.: °*net oan gscheitn Acker hot er, bloß lauta Trümmer* Fahrenzhsn DAH; °*Trümmer müaß ma a no arbeiten* „spitze Enden von Feldern bestellen“ Arnstorf EG; *Das Trumm* „Ackerbeet … dessen Länge nur einen Theil oder Theile der übrigen beträgt“ SCHMELLER I,663; *vij äcker vnd iij drimmer* 1480 MHStA KL Tegernsee 10,fol.124[v]; *sendt darinnen 194 lang vnd khurze Äckher vnd Trümer vf 3 schridt Praith* Hammersdf ED 1628 MHStA KL Tegernsee 10,fol.105[r].– Auch Furche darin, °OB, °NB, °OP, MF vereinz.: °*Drimma beim Schbiezagga* „immer kürzer werdende Furchen“ Rechtmehring WS.– Als Fln., WEG, WOS.– **1e** Teil, Länge eines Fischernetzes: „Es sind … nicht weit vom Ufer Stangen in den See gesteckt, von welchen aus man zwey *Trümer* (ein *Trum* zu 45 Klafter) … in den See fahren … darf“ L. v.WESTENRIEDER, Beschreibung des Wurm- od. Starenbergersees, München 1784, 135.– **1f** Stück Weges, OB vereinz.: *a drum weit weg* etwas weiter weg Nandlstadt FS; *sollt i a Trümmerl weita gehn* Abwinkl MB KIEM obb.Volksl. 236; „an den oberländischen Seen … als Entfernungsmaß … *ə˜ Trum, ə˜ guets Trumm, ə˜ ganz s Trumm* näher, ferner ec.“ SCHMELLER I,663.– Phras.: *Auf kaə˜ Trum zuəhi* „weit davon“ SCHMELLER I,663f.– °*Mit an weenaxaten* [verzogenen] *Wagn is it* [nicht] *guat grad fahren, er geht allweil vo Trumm* „kommt aus der Spur“ Lenggries TÖL.– **1g** †Teilstrecke, Teil eines Ganges im Bergwerk, bergmannssprl.: *Hätte sich der Hauptgang wirklich getheilt, und Trümmer abgesetzt* 1784 Berggesetze 366.– **1h** †Bug od. Heck eines Schiffs: „Deshalb fahren wir verkehrt, *das hintere Trum* voraus“ Wasserburg Ende 19.Jh. Heimat am Inn 7 (1986/1987) 278; *Trum* „das vordere Ort in dem Salzschif“ LORI Bergr. 646.– **1i** †Ende, Schluß, Grenze: *diu gotes genâde hât niender drum'* Kaiserchr. 314,12798; *seine püecher sein nit ganz, haben weder drum noch ent* AVENTIN IV,969,19f. (Chron.); *Was ewig ist| hat kein Trumm* SELHAMER Tuba Tragica I,103.

2 Gegenstand, Ding, Stück.– **2a** Gegenstand, Ding allg., °OB, °NB, °OP vereinz.: °*lang a amal her, des Drumm!* Erbendf NEW; *Pistoln … Des Trumm is no wia neu!* REITMEIER-STAMMBERGER Woyzeck 42.– **2b** Kleidungsstück, °OB vereinz.: °*dö Dian hat drei Marg und dö Trümma kriagt* „Schuhe, Kleidung“ Garching AÖ; gibt es wohl wenige … welche nicht *ein neues Trumm* am Leibe haben BAUERNFEIND Nordopf. 43.– **2c** Baumstamm, Baumstumpf, OB, NB vereinz.: *a nåukats* [unförmiges] *Drum* Erlach PAN.– **2d** Schaft eines Schlüssels: *Des Trümml* (der Schlüsselschaft), *des is do eigschnittn gwen* (vorn) *und do is aso a Zung obighängt* KÖZ BJV 1952,29.

3 Musikstück, zu dem getanzt werden kann, auch Tanzrunde, NB, °OP vereinz.: *a Trümmo* einzelne Tanztour Plattling DEG; °*gäits, Musikantn, spülts nu a Trumm aaf!* Kchndemenrth NEW; *a Trümml därfts tanzen, aber nöt z' viel* SCHLICHT Bayer.Ld 395.

4 großes, kräftiges, ausgeprägtes Exemplar (von Menschen, Tieren, Dingen sowie Handlungen, Zuständen), meist als Apposition, auch mit dem Genus des Bezugsworts, °Gesamtgeb. vielf.: °*a so a Drumm Hund hab i nu nia ned gsäihng* Stammham AÖ; *a so a Drum Hian, und do koan Voschdand* Hzhsn VIB; *a Drumm Rausch* Fürnrd SUL; *Glei kriagst a rechts Trumm Watschn statt a Uhr!* VALENTIN Werke IV, 100.– Phras.: *er bildt se a Trumm ei* „er ist sehr eingebildet“ Elbach MB.– „*Ich nimm scha a Trumm miit* … ich halte schon einen Stoß aus, ich falle nicht so leicht um“ SINGER Arzbg.Wb. 241.– Sprüche: *Dés sàn trümma! hòd da śpòz gsǻgt, wiar-a sêyne wàdln ô-gschaugt hòd* KUEN Bair. 136;– °*des san Trümmer, sagt der Herr Wimmer!* Wettstetten IN.– *Leit und Kina, saggd da Biena, Unsa Kiena fress'n Drimma, dass es kaam fias Maal ei bringa* WEN Die Arnika 34 (2002) 151.

5 meist von Menschen.– **5a** meist weibliche schwerfällige, dicke Person, OB, °NB vereinz.: *des is a Trum* Wasserburg; *Dés Mensch is ə˜ réchts Trum* „diese Weibsperson ist recht corpulent“ SCHMELLER I,664.– **5b** meist weibliche faule, nichtsnutzige Person, °OB, NB, °OP vereinz.: *dö faigschtungan Trüma* „unendlich faule Leute“ Rottal; *Dee Dirna san grundlose Trümmer* Ebersbg 1820 QUERI Kraftbayr.

17; *Kocha mou er für des faule Trumm!* Wdmünchn.Heimatbote 36 (2002) 29.– **5c** alte Frau, NB, OP vereinz.: *a so a Trum* Hengersbg DEG; *Sua-r-a ålts Trumm* BRAUN Gr. Wb. 681.– Auch alte Kuh: *waa s' scho an oits Trumm wordn is, dass gstiert hot* Dirnbg VIT S. EL-SAMAHI, „Wer geht denn heet no boarfouß in d' Kircha?", Regensburg 2023, 81.– **5d** allg. abwertend, Schimpfw., °OB, °NB, °OP vereinz.: *°a hoachnåsats Drum* Schlehdf WM; *du Trumm, du schöbögs* Hengersbg DEG; *A so a blεds Drumm, a blεds!* AMAN Schimpfwb. 51.– Auch: „scherzhaft lobend ... *du bisd ma a drum*" KOLLMER II,97.

Etym.: Ahd., mhd. *drum*, mhd. *trum* stn., germ. Wort idg. Herkunft; Et.Wb.Ahd. II,818-821.

DELLING I,137f.; SCHMELLER I,663f.; WESTENRIEDER Gloss. 113, 591.– WBÖ V,655-661.

Abl.: *trummen, -trümmerer, Trümmerling, trümmern, Trümmler, Trümmlet.*

Komp.: [**Bach**]**t.**: *°Bachtrümmer* „an einem Bach liegende kleine Grundstücke" Wdkchn WOS.

[**Bauern**]**t.** ungehobelter Mensch vom Land, NB vereinz.: *dö ko alöngn wos mog, nacha is a dumms Bauandrumm* Hengersbg DEG.

[**Drahts**]**t.** auch M., Pechdraht, Stück davon, °OB vereinz.: *°Drahtstrumm* „Garn im Pech gewargelt, bis es zum Nähen dünn genug ist" Riedering RO; *Drahtsdrum, der* „Nähfaden aus Spagat und Sauborsten für die zwiegenähten Schuhe" RASP Bgdn.Mda. 45.

WBÖ V,661.

[**End(s)**]**t. 1** wie → *T.* 1d: *s End-Trümmö* das Ende eines Ackers beim Pflügen Plattling DEG.– **2** sehr großes Exemplar (von Menschen, Tieren, Dingen sowie Handlungen, Zuständen), meist als Apposition, °OB, °NB, °OP vereinz.: *a Endstrumm Oass* Simbach PAN; *naoun äiaschtn Weltkröich is da alt Direkta vo da Porzlan scho mid an Enztrumm Auto umtschindat* [herumgefahren] HEINRICH Gschichtla u. Gedichtla 19; *ən Enttrum* „ein Tier, Mensch ... von großem körperlichen Umfang" SCHMELLER I,664.

SCHMELLER I,664.– WBÖ V,661f.

[**Holz**]**t.** (großes) Holzstück: *„aus åitö Holztrüma* ist der Holzstoß für das Feuer an Karsamstag" Rattenbg BOG; *sejchene Hoiztrimmer, de ma net hot kluibn kinna, de hot ma afghebt fir Weihnachtsknittl* KÖZ BJV 1952,31.

[**Kegel**]**t. 1** Halterung für den als Torangel dienenden Zapfen (→*Kegel*).– S. Abb. 14.– **1a** Steinplatte od. runder Holzklotz mit Loch, in dem sich der unten in den Außenpfosten des Torflügels eingelassene Zapfen dreht, °OB, °NB vereinz.: *s Tor is wieder ausm Kegeltrumm gangen* „ist herausgesprungen" Schönbrunn LA.– **1b** Außenpfosten des Torflügels, in dem der Zapfen eingelassen ist, °OB vereinz.: *Kögltrümmer* Lenggries TÖL.– **2**: *Kögltrümmer* „große Holznägl" U'schleißhm M.– **3** Querbalken.– **3a** wohl Querbalken im Dachstuhl: *Kögltrümmer* „Querverbindung zwischen Fuß- und Mittelpfette" Rimsting RO.– **3b** †Riegel, Querholz im Fachwerk od. Blockbau: *„Kegeltrümmer* sind solche Balken einer Holzwand, welche nicht von einem Ende derselben bis zur anderen, sondern nur bis zu einem Fenster oder von einem Fenster zum andern gehen" SCHMELLER I,663.– **4** Holzstück zum Drechseln eines Kegels, °OB, NB, °OP, °MF vereinz.: *Kögltrümmer* „aus Hartholz" Haarbach GRI.– **5** Bande der Kegelbahn: *°das Kegeltrumm* „Bohlenwand, an welche die Kegelkugeln prallen" Weiherhammer NEW.

SCHMELLER I,663.

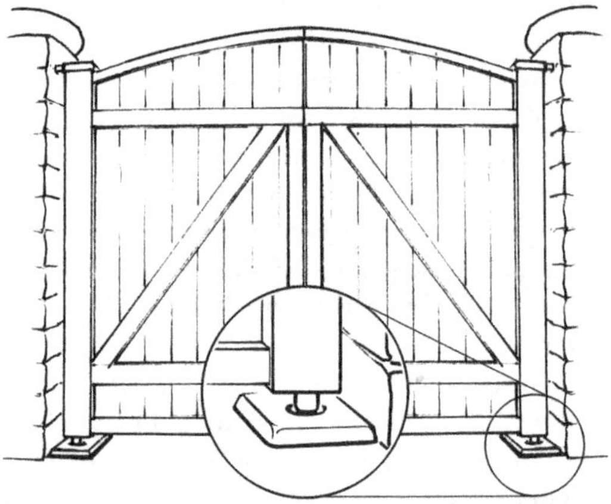

Abb. 14: Tor mit *Kegeltrumm* (Traunstein).

[**Kerzen**]**t. 1** †Kerzenstumpen: *I chircze drum, daz ist auz dem heiligem grab chŏmen von Jerusalem* PIENDL Hab und Gut 203; „mit einer Mahnung entlassen ... *der Mesner, auf Baumöl und Kerzentrümmer zu achten*" Dietfurt RID 1758 F.X. BUCHNER, Schulgesch. des Bistums Eichstätt vom MA bis 1803, Kallmünz 1956, 140.– **2** übertr. Penis: *bai da Nåcht is schtokfinsta, koa Schtean am Himl, Moidl, lai ma dai*

Lotean zu man Kiazntriml! „Schnaderhüpfel“ Bruck ROD.
WBÖ V,662.

[**Mords**]**t.** wie →[*End(s)*]*t.*2, °OB, °NB, °OP, °MF vielf., °OF vereinz.: °*mei, is dös a Mortstrumm Mannsbüld!* Mammendf FFB; °*dea håd an Mordsdrumm Rausch ghåd* Grafenau; °*Mordstrümmer Auto stenga daou* „teure Autos mit viel PS“ Selb; *I hob an Mordstrumm Hunga!* Binder Bayr. 217.
WBÖ V,662f.

[**Nahts**]**t.**: °*Nahtstrum* abgerissenes Stück Nähfaden, das man gerade zum Nähen braucht (Ef.) O'högl BGD.

†[**Menschen-riemen**]**t.** Stück Menschenhaut: „*Kindsbehäng* [Amulett für Kinder] ... das ... auch ein silbergefaßtes *Menschen Riemben trimbl* aufwies“ Burghsn AÖ 1698 Dt.Gaue 46 (1954) 28.

†[**Un**]**t.** wie →[*End(s)*]*t.*2: *ən Untrumm* Schmeller I,97.
Schmeller I,97; WBÖ V,663.

[**Welts**]**t.** wie →[*End(s)*]*t.*2, °OB, °NB, °OP, °SCH vereinz.: °*des is a Wejtstrumm Weibaleit* „groß, stark, stattlich“ Reisach RO; °*an so an Weltstrumm Radi hab i a no nia gsehgn* N'viehbach DGF.

Mehrfachkomp.: [**Aller-welts**]**t.** **1** wie →[*End(s)*]*t.*2, °OB, °NB, °OP vereinz.: °*a Allerweltstrumm Stoa liegt im Weg* Bruckbach R.– **2**: °*des is an Allerweltstrumm* „dummer, ungeschickter Mensch“ Burglengenfd.

[**Zwerch(s)**]**t.** **1** Querriegel des Hosenträgers, °OB, °NB, °OP, °MF vereinz.: °*der håt a saubas Zwerchtrumm* Taching LF.– **2** in Querrichtung verlaufendes Teil allg., °OB, °NB vereinz.: *an Stecka mit an Zwächttrum, do kimmt an oida Frack rum und am drauf a Huat aufi* „Vogelscheuche“ MB; °*Zwerchstrum* „Querteil aus Leder, Holz, Stein“ Malching GRI.

[**Zwickel**]**t.** wie →[*Zwerch(s)*]*t.*1: °*Zwickltrumm* Steinhögl BGD.

[**Zwirn(s)**]**t.** wie →*T.*1c, °OB vereinz.: °*Zwirnsdrum* Reit i.W. TS. F.M.E.

†Trumme
F. **1** Trompete, Blasinstrument: *tubarum ... trumbono* wohl Rgbg 1.H.9.Jh. StSG. I,70,35.

2 wohl Trommel, Schlaginstrument: *ein itlicher in sein schiff treten, mit posaunen, trummen herlich abwärz gefaren* Rgbg 1521 Chron. dt.St. XV,38,6f.
Etym.: Ahd. *trumba*, mhd. *trum(b)e*, *trumpe*, *trumme* swf., germ. Wort, onomat.; Pfeifer Et.Wb. 1464.
Schmeller I,664.– WBÖ V,664.

Abl.: *Trommel*, *trommeln*, *Trommler*. A.S.H.

Trummel → *Trommel*.

†trummen
Vb., abschlagen, abhauen: *ich thúe dein haubt dir von deim leib hie drummen* Füetrer Persibein 123,457.
Etym.: Ahd. *drumôn*, mhd. *drumen*, Abl. von →*Trumm*; Et.Wb.Ahd. II,821. F.M.E.

-trümméntschen
Vb., nur im Komp.: [**zer**]**t.**: *z'triméntschn* „zerlegen, zerstückeln“ Singer Arzbg.Wb. 281.– Wohl Kontamination aus →*trümmern* u. →*tremenschieren*. F.M.E.

-trümmerer
M., nur im Komp.: [**An**]**t.** best. Menge an Feldfrüchten, die auf einem kleinen Acker wächst: °*weidda hint hom ma nu an kloin Ootrümmera Blaukraut steh* Kchndemenrth NEW. F.M.E.

Trümmerling
M., kleines, meist spitz zulaufendes Feld(stück), auch Ackerbeet darin, °OB, °NB, °OP vereinz.: °*itzt åckert i an Trümmerling no done* Taching LF.– Auch Furche darin, °OB, °NB, °OP vereinz.: *Trümmaläng* Pfreimd NAB. F.M.E.

trümmern
Vb., einen Besitz, v.a. Grund zerteilen, unter mehreren Besitzern aufteilen, in heutiger Mda. nur in Komp.: *drümmə*[r]*n* „ein Landgut zerstückeln“ Dinzling CHA BM I,80.
WBÖ V,669.

Komp.: [**ab**]**t.** **1** wie →*t.*, °OB, °NB vereinz.: °*der Hof is åtrimmat worn* Sindlfing ED; *Na, Schuaster, abtrümmern tun ma no lang nöt!* Lettl Brauch 133.– **2** †abteilen, abtrennen: *Der Gutsübernehmer hat die Verbindlichkeit von dem Gute Nichts abtrümmern zu lassen* Der neue Bayer. Sekretär, Würzburg 1857, 238.–

3: „*Die gefällten und entrindeten Bäume werden abgetrümmert* … d. h. in bestimmten Längen … abgeschnitten" Bergmaier Ruhpolding 482.
WBÖ V,669.

[der]t. wie →*t.*, °OB vereinz.: °*Bauernsåchan san dertrümmert worn* Lenggries TÖL.
WBÖ V,669.

[ver]t. 1 †auseinanderbrechen, zerschlagen: *ein Glocken-Stuhl etwas vertrümmeret* 1666 Piendl St.Emmeram 144.– **2** wie →*t.*, °OB, °NB, °OP, SCH vereinz.: *a verdrimerder Houf* Derching FDB; *dea hov is vadrimad woan* „der Bauernhof wurde aufgeteilt, zerstückelt" Kollmer II,105f.

[um]t.: *umdriman* „laut herumtoben" Spr.Rupertiwinkel 92.
WBÖ V,669.

[zer]t. 1 auseinanderbrechen.– **1a** wie →[*ver*]-*t.*1: *Der Schlag hat ihm den ganzen Kopf z'trümmert* Thoma Werke VI,284 (Andreas Vöst).– **1b** refl., †zu Bruch gehen: *daß … sich der Flos alssbald zu drey stucken von einanderen zertrimmert* 1622 Gierl Bauernleben 71.– **2** wie →*t.*, °OB, °NB, °OP vereinz.: °*dea Feldfleck is für dö weichenden Gschwister ztrümmert worn* Inzell TS; „gerichtlicher Ausdruck für das Vertheilen von Gründen, die als ein Ganzes zu einem Gut gehört haben, unter mehrere Eigenthümer … *Einen Hof zertrümmern*" Schmeller I,664; *weil da Hof von ihran Vata z'trümmert worn ist* Thoma Werke III,84 (Hochzeit).
Schmeller I,664.– WBÖ V,669. F.M.E.

†Trümmler, -u-
M., Steuermann am Bug des Schiffs: *Der Trumler, welcher daß vorder Ort versorgt* Salzburg 1581 Lori Bergr. 322 (Schiffordnung zu Laufen).
Schmeller I,664.– WBÖ V,670. F.M.E.

Trümmlet
wohl N.: *Trümmlat* Brosamen, Brösel Hengersbg DEG. F.M.E.

trumpeln
Vb., geräuschvoll gehen, fest mit den Füßen aufstampfen: °*trumpeln* Winklarn OVI.
Etym.: Wohl onomat.; vgl. WBÖ V,670 (trumpern).
F.M.E.

Trumpete →*Trompete*.

Trumpf[1]
M. **1** im Kartenspiel.– **1a** Trumpfkarte, °Gesamtgeb. vielf.: °*bei ins is da Kini da sechstheechste Trumpf* Bibg AIB; °*alle Grosn san Trümpf* Eschenbach; *ich hab doch Trumpf ang'spielt* Thoma Werke VI,49 (Andreas Vöst).– Sprüche im Kartenspiel: *T. oder kritisch!* Aufforderung beim Watten, einen Trumpf zuzugeben od. zu stechen, °OB, °NB vereinz.: °*Drumpf oder griddesch!* Weildf LF.– *T. ist die Seele vom Spiel* beim Ausspielen einer Trumpfkarte, °OB, °OP, °OF vereinz.: °*Trumpf ist die Seele vom Spiel* Gleißenthal NEW;– *einmal T. schadet nicht* °NB vereinz.: °*oamoi Trumpf schad ned* N'viehbach DGF.– °*Du läßt dir dein Trumpf ind Händ scheißn!* „hältst ihn zu lange zurück" Haselbrunn KEM.– Phras.: °*Trumpf is Trumpf* „das gilt" Ainring LF.– *Alle Trümpfe in der Hand haben* stark im Vorteil sein, °OB, °OP vereinz.: °*dea håut ålle Trümpf i seina Hend* Kchnthumbach ESB.– *Noch einen T. hinten / parat / in der Hand haben* u.ä. ein erfolgversprechendes Mittel in Reserve haben, °OB mehrf., °NB vereinz.: °*i hab no an Trumpf in da Hand, so schnell gib i ned noch* Kchseeon EBE; °*do hob i no an Trumpf parat* Metten DEG.– *Alles auf einen T. setzen* u.ä. alles riskieren, °OB vielf., °NB, °OP mehrf., °MF, °SCH vereinz.: °*i ho ois auf oan Trumpf gsetzt* Berchtesgaden.– °*Den Trumpf verspielen* „eine Chance vertun" Ingolstadt.– *Einen / seinen / den letzten T. ausspielen / hergeben* u.ä. ein wichtiges od. das entscheidende Argument zum Schluß anbringen, °OB, °NB, °OP vereinz.: °*ätz spiel i mein Trumpf aus* „zum letzten Vorteil ansetzen" Rgbg;– °*der mou n letztn Trumpf hobn* „will immer recht haben" Winklarn OVI.– *Seinen T. dazugeben* u.ä. ungefragt seine Meinung äußern, °OB, °NB, °OP, °SCH vereinz.: °*wia i so red mit da Schwoabäurin, wirft da Wastl sein Drumpf drei* „mischt sich ins Gespräch ein" Pörnbach PAF; °*da han i mein Trumpf no dazuagebn* Bayerbach GRI;– °*seinen Trumpf dazugeben* „kräftig zustimmen, was einer sagt" Rgbg.– *Einem einen Trumpf geben* „Jemand einen von ihm begangenen Fehler durch eine feine oder plumpe Anspielung ins Angesicht vorwerfen" Delling I,138.– *Einen T. daraufhauen / hereinschmeißen / dazugeben* u.ä. ein stichhaltiges Argument anbringen,

°OB, °NB, °OP, °MF, °SCH mehrf.: *°dem Hias hot da Hans aba an richtign Trumpf dreigschmissn* „ist ihm ins Wort gefallen und hat seine Sprüche widerlegt“ O'högl BGD;– *°jetzt gehört ein Trumpf drauf* „jetzt muß eine bedeutsame Wendung herbeigeführt werden“ Kohlbg NEW;– *°der hot aber an Trumpf einighaut* „einen Witz gemacht“ Teisendf LF.– *T. heraus und T. nach* mit einem Argument nach dem anderen die Gegenseite überzeugen, °OB vereinz.: *°Trumpf raus und Trumpf noch, dann werdns kloa* Tandern AIC.– *°Dåu håust dein Trumpf!* „dir habe ich es gegeben“ Brand WUN.– *°Seine Trümpfe stechen alle* „was er sagt, ist stichhaltig“ Aidenbach VOF.– **1b** Trumpffarbe: *°Herz is Trumpf* Steinhögl BGD.
2 entscheidendes Argument od. Mittel, das jmd einsetzt, um sich einen Vorteil zu verschaffen: *°dös is mei Trumpf* Arnschwang CHA.

Etym.: Aus lat. *triumphus* 'Siegeszug'; Kluge-Seebold 933.

Delling I,138; Schmeller I,665.– WBÖ V,672f.

Abl.: *trumpfen*[1], *trümpfisch*.

Komp.: [**Herz**]**t.** Trumpffarbe Herz, °NB, °OP vereinz.: *°Herz-, Gras-, Schelln- und Oachltrumpf* Blaibach KÖZ. F.M.E.

Trumpf[2]
M., ungeschickter, ungeschlachter Mensch, °OB, °NB vereinz.: *°des is a schöner Trumpf!* Manching IN; *Der Trumpf* „Klotz von einem Mensch, Tölpel“ Schmeller I,665.

Delling I,138; Schmeller I,665; Westenrieder Gloss. 591.– WBÖ V,673f.

Komp.: [**Bauern**]**t.** dummer Mensch vom Land: *du Bauerntrumpf* Schmeller II,805.
WBÖ V,673. F.M.E.

Trumpfe
F.: *°Trumpfn* „schwerfällige, dicke Frau“ Wildenranna WEG.
WBÖ V,674. F.M.E.

trumpfen[1]
Vb. **1** im Kartenspiel.– **1a** eine Trumpfkarte ausspielen, zugeben, OB, NB vereinz.: *man muß trumpfen* „wenn man keine Karte in der ausgespielten Farbe besitzt“ Pasing M; *Trumpfen* „ludere triumphum“ Schönsleder Prompt. Kk7v.– **1b** mit einer Trumpfkarte stechen, OB, OP vereinz.: *trumpfa* Stürzlham MB; *Sie müssen doch mit dem Grasober draufgehen und Eichel nachbringen. Ich trumpf und bring noch den König heim* Thoma Werke VI, 49 (Andreas Vöst).– **1c** die Trumpffarbe ansagen: *°trumpfa* Mallersdf.
2: *°trumpfn* „übertreiben, aufschneiden“ Fischbachau MB.
3 †: *jemand trumpfen* „ihm eine derbe Antwort geben“ Delling I,138.

Delling I,138; Schmeller I,665.– WBÖ V,674.

Komp.: [**ab**]**t.** **1** wie →*t.*1b: *otrumpft* Marschall MB.– **2** zurechtweisen, schimpfen, NB, °MF vereinz.: *abtrumpfen* Passau; *ōtrum(p)fm* „derb zurecht weisen“ Berthold Fürther Wb. 158; *hab'n glei a'trumpft* „ich habe ihn auf seine Rede auf der Stelle so kurz abgefertiget, daß er nicht mehr für gut fand, forttzusetzen“ Delling I,138.– **3** abblitzen (lassen): *an jedn ahtrumpfa* Hengersbg DEG; *o'trumpft* „abgeblitzt“ Graf Er aa 101.– **4** †abgewinnen, abjagen: *So will man's mir abtrumpfen!* Das Bayer. Vaterld 11 (1879) Nr.262,3.

Delling I,138.– WBÖ V,674.

[**abher**]**t.** wie →[*ab*]*t.*2: *dem hab i obatrumpft* Pfakfn R.

[**abhin**]**t.** **1** herunterspielen, als unbedeutende Angelegenheit darstellen: *°obitrumpfen* Fischbachau MB.– **2** wie →[*ab*]*t.*2, °OB, NB, °OP vereinz.: *den howi owetrumpft* Bruck ROD.

WBÖ V,674f.

[**auf**]**t.** **1** auftrumpfen, seine Überlegenheit deutlich zeigen, °OB, °NB, °OP, °MF, °SCH vereinz.: *°da kasd iadzd afdrumpfa mit deina Sauffarei* „beim Militär“ Grafenau; *a(u)ftrumpfn* „aufbegehren, großtun“ Singer Arzbg.Wb. 24.– **2** aufbegehren, widersprechen, °OB vereinz.: *°dea hot iatzt auftrumpft* Eschenlohe GAP.– **3** unverhüllt seine Meinung sagen: *°auftrumpfen* Garching AÖ; *einem auftrumpfen* „die Warheit sagen“ Prasch 24.

Prasch 24.– WBÖ V,674.

[**aus**]**t.** wie →[*ab*]*t.*2: *°den hob i austrumpft, bis er stad war* Tandern AIC.

[**zu-sammen**]**t.** wie →[*ab*]*t.*2, °NB vereinz.: *°oh mei, der hats richti zamtrumpft* Eggenfdn.

[**über**]**t.** **1** wie →*t.*1b: *°a Fal* (schlechte Karte) *wird übertrumpft* Rottendf NAB; *üwatrumpf'm* Braun Gr.Wb. 733.– **2** überbieten, übertreffen, °OB, °MF vereinz.: °*einen übertrumpfa* Eresing LL; *Er håut-n üwatrumpft!* BRAUN Gr.Wb. 773.

WBÖ V,675.

†[**her-um**]**t.** stechen (von einer Spielkarte): *den Aichl-Ober brav herum trumpfen lassen* BUCHER Kinderlehre 29. F. M.E.

trumpfen[2]

Vb., in heutiger Mda. nur in Komp. **1** schwerfällig, geräuschvoll gehen: *Trumpfen* PRASCH 24. **2** sich ungeschickt benehmen: *trumpfen* SCHMELLER I,665.

Etym.: Wohl zur selben Wz. wie →*trampeln*; WBÖ V, 675.

DELLING I,138; PRASCH 24; SCHMELLER I,665.– WBÖ V, 675.

Abl.: *Trumpf*[2], *Trumpfe*, *trumpficht*.

Komp.: [**auf**]**t.** aufstampfen, geräuschvoll auftreten: °*aftrumpfm* Kchnthumbach ESB.

†[**fort**]**t.** refl., sich (eilig) davon machen: „*Er hat sich fortgetrumpft* ... ist in Eile, in Hast abgegangen" DELLING I,138.

DELLING I,138; SCHMELLER I,665. F. M.E.

trumpficht

Adj., schwerfällig, ungeschickt, dumm, °OB vereinz.: *trumpfat* Burgkchn AÖ; °*trumpfet* SCHMELLER I,665.

SCHMELLER I,665.– WBÖ V,675 (trumpfig).

Komp.: [**an**]**t.** wie →*t.*: *å̃trumpfət* „etwas unbeholfen" Burghsn AÖ nach DIETL Erg.Schmeller 19. F. M.E.

trümpfisch

Adj., mit einer Trumpfkarte: *wo i den Greanling* [Spielfarbe der Trumpffarbe Gras] *trümpfisch gnomma hätt'* Kiefersfdn RO Altb.Heimatp. 5 (1953) Nr.6,8. F. M.E.

Trumse

F.: °*a schiache Drumsn* dicke, unbeholfene Frau Flintsbach RO.

Etym.: Gleicher Herkunft wie →*trumseln*.

WBÖ V,675. F. M.E.

Trumsel[1]

F., dicke, schwerfällige, langsame Person, °OB, °OP vereinz.: °*is des a langsame Trumsl!* Dietfurt RID. F. M.E.

†**Trumsel**[2]

M. **1**: *Der Trumsel* „Taumel, Schläfrigkeit, Trunkenheit, Schwindel" SCHMELLER I,665. **2**: *Der Trumsel* „schläfrige Person" SCHMELLER I,665.

SCHMELLER I,665.– WBÖ V,676. F. M.E.

trüms(e)lig, trumselicht, †trumslich

Adj. **1** benommen, schwindlig, schlaftrunken, betrunken, OB vereinz.: °*heit is ma ganz drumselet* Peißenbg WM; *trumslich* „taumelig, schlaftrunken" SCHMELLER I,665. **2**: *drimslega Tropf* dummer Mensch Prem SOG.

SCHMELLER I,665.– WBÖ V,676. F. M.E.

trumseln, -ü-

Vb., schwindlig, schläfrig, betrunken sein, taumeln, in heutiger Mda. nur im Komp.: *trumseln* SCHMELLER I,665.

Etym.: Weiterbildung von →*trumeln*; WBÖ V,675.

SCHMELLER I,665.– WBÖ V,675f.

Abl.: *Trumsel*[1], *Trumsel*[2], *trüms(e)lig*, *Trumsler*.

Komp.: [**um-ein-ander**]**t.** wie →*t.*: *dea trumslt umanand* „im Rausch" Peiting SOG. F. M.E.

Trumsler, -ü-

M. **1** langsamer, langweiliger Mensch, °OB, °SCH vereinz.: °*so a Drumsler* Brunnen SOB. **2**: *Drimsler* dummer Mensch Prem SOG.

WBÖ V,676. F. M.E.

Trunk

M. **1** Flüssigkeit.– **1a** Getränk, °OB, °NB, OP vereinz.: *auf da Schtea kimt neamd z'kuaz, ös gibt a Bier oda an Trunk* Hengersbg DEG; *öitza wolln ma hoo(b'm an frisch'n Trunk!* BRAUN Gr.Wb. 682; *er schiß mir in mein drunkh* Landshut um 1650 Jb.Schmellerges. 2012, 38.– Phras.: †*schwedischer T.* Foltermethode, bei der dem Opfer Flüssigkeit durch einen Trichter in den Mund eingeflößt wird: *Der schwedisch Trunk, zum B'schluß, Macht dir so kalten Fluß* Baumburg TS 1688 DITFURTH Hist.Volksl.1756-1871 166.– **1b** flüssige Arznei, Heiltrank, °OB, OP vereinz.: *a Trunk von Viechdokta* Staudach (Achental) TS; *wann ihme nit die bewehrte Tugend-Fraw zu Newkirchen mit einem haylsamen Trincklein auch thätte die Bestandenheit eingeben* HUEBER Granat-apfel 186.– **1c**: „Gifttrank ... *si ham ira* *an truŋkx ins piar naiⁿ tõⁿ*“ SCHWEIZER Dießner Wb. 207.– **1d** auch N., dickflüssiges Viehfutter: °*Drungh* Dettenhm WUG; „Trank für die Kuh (nach dem Kalben) ... *druŋkh* m. ... [auch] n.“ Dietfurt WUG nach SBS XI, 115.– Phras.: *Wènn d· Sau á gout·s Trunk hàut, braucht s· néx z· frëss·n* „wenn jemand vom Wirtshaus kommt und das Essen stehen läßt“ mittl.Altmühl DMA (FROMMANN) 7 (1877) 408.

2 Trinken von Flüssigkeit, einem (alkoholischen) Getränk, NB, OP vereinz.: *Trunk* Passau; *daß ainer deß handtwerchs sich mit dem Trunkh zu starkh yberfülte* Landsbg 1680 Satzgn Landsbg 34.– Phras.: °*der hot si an Trunk to* „hat im erhitzten Zustand etwas Eiskaltes getrunken und eine tödliche Krankheit bekommen“ Lenggries TÖL.– °*Untan Essn an Trunk, mocht da Dokta an Sprung!* „während des Essens soll man nicht trinken“ Tittling PA.

3 Schluck, OB, NB vereinz.: *a fösta Trunk* „starker Zug“ Mengkfn DGF; *trxnc* [*trunc*] wohl Rgbg 1.H.9.Jh. StSG. II,415,48; *Ein trunch ochsen plůtes ist tǒtleich* KONRADvM BdN 185,28; *da er 9. maß außgesoffen in aim trunck* SCHÖNSLEDER Prompt. Hh5ᵛ.

4 †best. Menge, Portion eines Getränks: *Sind sie mittelmäßig vermögend, so reichen sie 1 Käse und Brod mit 1 Trunk Bier und weiter nichts* Wunsiedel 1788 SINGER Hochzeit 18.

5 †Rausch: *Wouer er Ine geschmecht sey es Ime in ainem trunckh widerfarn* 1560 Stadtarch. Rosenhm PRO 136, 48.

6 Leichenschmaus: *beim Drunk* Totenmahl Zwiesel REG.

Etym.: Ahd., mhd. *trunc* stm., germ. Abl. zur Wz. von →*trinken*; KLUGE-SEEBOLD 930.

SCHMELLER I,670; WESTENRIEDER Gloss. 591.– WBÖ V, 676-678.

Abl.: *trunkig*.

Komp.: [**Heb-auf**]**t.** **1** Richtfest, °OB, °OP vereinz.: °*Hebauftrunk* Garmisch-Partenkchn.– **2** Getränk für die Zimmerleute nach Fertigstellung des Dachstuhls: °*Hebauftrunk* „gleich, wenn der Firstbaum oben eingelegt ist“ Fischbachau MB.

[**Bisel**]**t.** flüssige Arznei, Heiltrank gegen innere Krankheiten des Viehs: „Medikamente ... in der Abgeschiedenheit der Berge ... sind ... für innere Krankheiten ... der *Bisseltrunk*“ BERGMAIER Ruhpolding 486.

WBÖ V,678.

[**Braut**]**t.** best. Wein, der bei der Hochzeit getrunken wird: *Brattrunk* Frauenau REG.

†[**Purgier**]**t.** flüssiges Abführmittel: *war auch niemand verhanden, welcher ... köndte ... wider daß wüttende Gifft ein kräfftiges Purgiertrincklein eingeben* HUEBER Granat-apfel 120.

†[**Sams-tag(s)**]**t.** Getränk, das Arbeitern am Samstag ausgeschenkt od. gezahlt wird: „Eine besondere Einrichtung für die Arbeiter war der *Sambstertrunk*“ Bubach BUL 1770 VHO 63 (1911) 197.

HÄSSLEIN Nürnbg.Id. 112.

[**Toten**]**t.** wie →*T.*6, OB, NB vereinz.: *Dåudndrung* Totenmahl Drachselsrd VIT; *den Todval muß der Eugenthimer ... von seiner Tasche bezallen und einen Todtentrunk auf den Tisch 8 Maß ... und ein 2 Kreuzer Brod* Grafenau 1842 EISCH Klingenbrunn-O'kreuzbg 117.

SCHMELLER I,632.– WBÖ V,678.

†[**Ehr(en)**]**t.** **1** Getränk, das jmd aus Gastfreundschaft, Ehrerbietung im Wirtshaus erhält: *Dèn ham àllé Leud gèrn, wenn dèr ei˜s Wiərtshaus kimt, kunnt ə‘ scho˜ vo‘ lautə’ Êrtrünk ə˜n Rausch kriəgng* SCHMELLER I,126; *Allain in seinem haus mag er mit gueten leiten Zechen, Vnd in den Wiertsheusern merers nit als da Ime ain Eertrunckh Poten trinckhen müge* 1568 Stadtarch. Rosenhm PRO 137, 36.– **2** wie →[*Braut*]*t.*: „der Wirth ... kredenzt dem Bräutigam den *Ehrentrunk*“ OP Bavaria II, 283.

SCHMELLER I,126, 670.– WBÖ V,678.

[**Ernte**]**t.** Mahl zum Abschluß der Ernte, °OB mehrf., °NB, °OP, °SCH vereinz.: °*Arnddrunk* „Bier und eine Brotzeit“ Kreuth MB.

†[**Valet(e)**]**t.** Abschiedstrunk: *es wird noch ein ehrlicher Valettrunk eingenommen* LENTNER Bavaria Almen 129; *daß die wolthätige Gastfreygebigkeit solte mit einem danckbaren Valete-Trunck gezahlet ... werden* HUEBER Granatapfel 402f.

[**Vieh**]**t.** scherzh. flüssige Arznei mit üblem Geschmack: *Viechtrunk* „schwer zu nehmende Medizin“ Bayrischzell MB.

[**First**]**t.** **1** wie →[*Heb-auf*]*t.*1, °OB, °NB vereinz.: *an Fiarstdrunk* „Feierlichkeit bei der Anbringung des Dachstuhls“ Mittich GRI; *Thomaß Steinbacher Zimmermeister et 30 Konsorten werden ... wegen der ganz neu erbauten*

Nierntaler Klaus, zu einem Fürsttrunk miteinander 2 Eimer Bier in Gnaden verwilligt Berchtesgaden 1723 P. WERNER, Bäuerliche Baukultur im Berchtesgadener Land, Berchtesgaden 1984, 44.– **2** wie →[*Heb-auf*]*t.*2: °*Firsttrunk* Thanning WOR; *Firsttrunk* „Trunk, welcher den Bauleuten vom Bauherrn gereicht wird, wenn sie den Dachstuhl aufgesetzt haben" SCHMELLER I,758.

SCHMELLER I,758.– WBÖ V,679.

[**Früh**]**t.**, [**Fruh**]- Bewirtung vor der Hochzeit, °OB, NB, OP, OF vereinz.: *in Fruatrung ge gherd an Knecht zua* „am Sonntag vor der Hochzeit" Erding; *da Früatrung* „besteht aus Suppe, Würsten und Braten" Schönau VIT; „Der *Frühtrunk* dauert bis 5 oder 6 Uhr nachmittags" Wambach ED Bayerld 4 (1893) 44.

WBÖ V,679.

[**Haus**]**t.** Haustrunk, meist alkoholisches Getränk für den Eigenbedarf, °OB, NB vereinz.: *zun Hausdrungg, da sann ma scho do!* Staudach (Achental) TS; *kleines Brauhaus zum Haustrunk ohne Gewerb und Schenk* 1802 HUBER Franziskanerkl.Straubing 116; *Die Bräu-Gerechtigkeit ... zum Haus-Trunk ... darf man sich ... weder auf eigner noch fremder Bräustatt anmassen* Landr.1756 155.

WBÖ V,679.

[**Heb**(**e**)]**t.** **1** wie →[*Heb-auf*]*t.*1, °OB, °NB, °OP, °MF vereinz.: °*an Hebtrunk halten* Gaimershm IN; °*Hiabtrunk* Wiesau TIR.– **2** wie →[*Heb-auf*]*t.*2, °OB vereinz.: °*Höbtrunk* Fischbachau MB.

WBÖ V,679.

[**Leich**(**en**)]**t.** wie →*T.*6, °OB, °NB, °OP, °MF vielf., SCH vereinz.: °*Lächtrung* Rattenbg BOG; °*mit so an Leichtrunk is a sauba eigrobn woarn* Rieden AM; *Zohl dein Leingdrunk – nou kunnschd schderm wennschd moggschd* FRIEDEL Grenzgedanken 29; „Ist der *Leichtrunk* im Wirtshause, so weiß der Wirth schon, wie viel Eimer Bier er schenken darf" Fronau ROD SCHÖNWERTH Opf. I,257; „Ähnliche Verbote suchten auch dem übertriebenen Luxus beim ... *Leichentrunkh* zu steuern" Rgbg 16./17.Jh. VHO 49 (1897) 128.

SCHMELLER I,1424.– WBÖ V,679.

[**Nach**]**t.** **1** Getränk.– **1a** Getränk, das den Geschmack neutralisieren soll: °*Nachtrunk* „um üblen Nachgeschmack hinunterzuspülen" Uffing WM.– **1b** dünnes Bier vom letzten Sud einer Maische: °*Nachtrunk* „zur Getreideernte gebraut" Nabburg.– **2** Umtrunk.– **2a** Umtrunk nach einer Veranstaltung od. einem Fest, °OB, °NB, °OP vereinz.: °*Nachtrunk halten* „am Morgen nach einer Sauferei" N'viehbach DGF; °„nach einer Gemeinderatssitzung gehen die Herren Räte zum *Nachtrunk*" Lauterhfn NM; „Mit einem tüchtigen *Nachtrunk* wurde der Friede gefeiert und von da an treue Nachbarschaft gehalten" Oberpfalz 50 (1962) 78; *Als ... das Breutvolck mit dem Nachtrunck nach eingenommner Mahlzeit mercklich beschwert wirdet* Landr. 1616 565.– **2b** wie →*T.*6, °OB, °NB, °OP vereinz.: *Nachtrunk* „Essen nach einer Beerdigung" Reit i.W. TS.– **3** Trinken des letzten Getränks vor dem Verlassen der Wirtschaft, °OB vereinz.: °*geh Wirtin, bring no a Maß zum Nachtrunk!* „wird gemeinsam im Stehen getrunken" Bayersoien SOG.– **4** Nachgeschmack, °OB, °NB, °SCH vereinz.: °*heut hats Bier an gschbassiga Nachtrunk* „schmeckt wie abgestanden" O'ammergau GAP.

[**Reh**]**t.** flüssige Arznei, Heiltrank gegen Rehe von Huftieren, °OB vereinz.: °*de Kuah is rach, dera gibe iatz an Rachdrungg ei* G'holzhsn RO; „Als Mittel gegen den *rāx* nimmt man einen *rāxtrunk* ein ... Gemisch aus Aloesaft und Schnaps" BRÜNNER Samerbg 172.

†[**Rund**]**t.** Getränk, das reihum gereicht wird: *Ich möcht nit gern mitgehalten haben mit dem Rundtrunck/ den der heilige Prophet Ezechiel ... herumb gehen lassen* GEMINIANUS MONACENSIS, Geistlicher Weeg-Weiser gen Himmel, Bd II[,1], München 1679, 392.

[**Schlaf**]**t.** Schlaftrank, OB, OP, SCH vereinz.: *Schlåfdrungk* Fürnrd SUL; *Haben verzehrt für Mal und etlichen Wein, und Tags und Schlaftrunk thut in Summa, 3 tt.* M'rfels BOG 1488 BLH X,120.

WBÖ V,680.

[**Schön-und-Stärke**]**t.** best. Getränk (→*Schöne und Stärke*), auf das der Bursche sein Mädchen in der Fasten- od. Osterzeit einlädt, °OB, °NB vereinz.: *Schön- und Stärketrunk* „in Gaststätten und Kaffeehäusern in Form von Starkbier" Altenerding ED; *Am weißn Sunnta ... führt der Bursch sei Madl ... zum Schön- und Stärktrunk* BAUER Oldinger Jahr 51.

[Spatzen]t.: *a Spåzntrunk* „kleiner Schluck" Fürstenfeldbruck.

†**[Suppen]t.** Suppe, Imbiß am Vormittag: *die Personen, den Mein Gnediger Herr Suppentrunk abendtrunk unnd Schlaftrunk geben lässt* Landshut 1530 N. SCHWINDT, Musikalischer Alltag im 15. u. 16. Jh., Kassel u.a. 2001, 23.

†**[Über]t. 1** Besäufnis, Sichbetrinken: *einen Übertrunk tuen* „zu viel trinken" SCHMELLER I,670.– **2** wie → *T.*5: *einen Übertrunk haben* „zu viel getrunken haben" SCHMELLER I,670.

SCHMELLER I,670.– WBÖ V,680.

†**[Unter(n)]t.** Getränk als Zwischenmahlzeit (→ *Untern*), Verzehr dess.: *Am Abend für den Untertrunk der Diener 8 Kannen Bier* Rgbg 1597 VHO 59 (1907) 117.

SCHMELLER I,116.– WBÖ V,680.

†**[Hanger-wein]t.** Getränk, das ein Hafner kaufen muß, bevor er erstmals Waren auf dem Markt verkaufen darf: *Ein Jungmeister, der das erstemal auf einem Markte will feil haben, muß den Hangerweintrunk mit 40 xr bezahlen* LENTNER Bavaria Almen 117.

[Hoch-zeit]t. wie → *[Braut]t.*, OB, OP vereinz.: *Håuzadtrunk* „nach dem Evangelium läßt der Geistliche jeden Teilnehmer einen Schluck Wein nehmen" Donaustauf R.

WBÖ V,680. V.S.

trunken → *trinken.*

†trunkig

Adj., gut trinkbar, süffig: *dy vas ... sol man ... Jnwendig rewchen mit weyrach davon werden dy wein sues trunckig vnd guett* 16.Jh. MHStA Hexenakten 50,fol.25ʳ. V.S.

†trünnig

Adj., abtrünnig, flüchtig: *er hett Im auch mit Im enpfürt ... vnd were sein flüchtiger vnd trünnger man* Ensdf AM 1449 MB XXIV,669.

Etym.: Abl. zur Wz. von → *trinnen*; DWB XI,1,2, 1407.

SCHMELLER I,666.– WBÖ V,681f.

Komp.: †**[ab]t.** wie → *t.*: *dem Grundtherrn| dauon er also abtrünnig ist worden* Landr.1616 296.

SCHMELLER I,666.– WBÖ V,681. V.S.

drunt(en) → *[dar]unt(en).*

drunter → *[dar]unter.*

Trüpfe, -u-, -o-

F. **1** vom Dach od. Baum tropfendes od. fließendes Wasser, °nördl.OP mehrf., °OB, °OF, °MF vereinz.: °*von de Bam geaht Trupf oba* Eschenlohe GAP; °*regna douts, Dripf gäiht* Kchnthumbach ESB; *die Trüpf* „das vom Dach rinnende Wasser" SINGER Arzbg.Wb. 241; [die Witwe wurde angewiesen] *innerhalb ihrer Plancken, so lange ihr Stadel ist, einen tiefen und weiten Graben zu machen und dadurch ihre Trüpf auszuführen* 1594 SINGER Vkde Fichtelgeb. 14.– Phras.: *vom Regen in / unter die T. kommen* u.ä. aus einer unangenehmen Situation in eine noch unangenehmere geraten: °*dea is von Reng unda Driepfa kuma* Sulzbach-Rosenbg; *vom Räng ... in die Trüpf kumma* SINGER Arzbg.Wb. 241.
2 Stelle, wohin herabtropfendes od. -fließendes Wasser fällt, °OP, °OF vereinz.: °„Weiden und Schleißen, die zäh bleiben sollen, werden *i Dripf glegt*" Kchnthumbach ESB.
3 Dachkante, Dachrinne, °OP, °OF, MF vereinz.: °*Tripf* Grafenwöhr ESB; *Stellts nix unte*ʳ *die Trüpf!* VOGT Sechsämter 50; *welcher deß fueg oder begönstigung het| Soll mit dem dach| der selben trupff| nit weiter hinauß| oder hinfür rucken noch ... nichts vnsaubers| in seines Nachparn Hoff oder Gartten| giessen* Der Stadt Amberg Paw vnd Portung schaw ordnung, Amberg 1552, fol.VIIIIʳ.
4: *die Trüpf* „Traufseite eines Hauses" SINGER Arzbg.Wb. 241.

Etym.: Ahd., mhd. *trupfe*, mhd. *trüpfe* st/swf., germ. Abl. zur Wz. von → *triefen*; DWB XI,1,2,1408f.

Ltg: *dripf* OP, OF, *dripfa* OP, ohne Uml. *drupf* OB, *drupfn* (KEM), ferner *dropf* (GAP, TS, WOR).

SCHMELLER I,673.

Komp.: **[Baum]t.** vom Baum tropfendes Wasser: °*die Baumtripf* Falkenbg TIR.

[Pech]t. 1 Harz, °OB vereinz.: °*die Feichtn gibt a guate Pechtropf* Endlhsn WOR.– **2** starker Harzfluß: °*die Pechtrupf* Inzell TS.

[Dach]t. 1 vom Dach tropfendes od. fließendes Wasser, °OB, °OP vereinz.: °*heit geht d' Dachtrupf, jetzt leints* [taut es] *auf* Starnbg; °*d'Dochtripfa laft* Eslarn VOH.– **2** wie → *T.*2: °*Dachtripf* „Stelle am Boden, wohin das Wasser tropft" Weiden.– **3** wie → *T.*3, OB, °OP, OF, MF vereinz.: *de Dachtropf* Dachrinne Reit i.W.

TS; °*schau ner, wüi aus der Doochtripfa s Regnwasser aussaust!* Kchndemenrth NEW; *Wen ein Roß den Fuß überstoßen hat. Nehme einen Stein unter der Dachtripf und stelle den Fuß darauf und sprich* OBERMEIER Abdeckersleut 89.– Auch Endstück der Dachrinne: °*Dochtripfa* Utzenhfn NM. V.S.

trüpfeln →*tröpfeln*.

Trupp, †Tropp

M., †N., Gruppe, Schar von Menschen od. Tieren, OP vereinz.: *a Trupp Röi* Reichenau VOH; *ə˜ Trüppl· Kində', Gens·, Rehh* SCHMELLER I, 673; *Maria schickt dem Maximiliano zu Hülf ein trop weisse Reuter* SELHAMER Tuba Rustica II,299.

Etym.: Aus frz. *troupe*; KLUGE-SEEBOLD 933.

SCHMELLER I,673.– WBÖ V,682. V.S.

drus

Interj., Lockruf für Hühner, auch in Wiederholung, °OB vereinz.: °*Drusei, drus, drus!* N'bergkchn MÜ.

Etym.: Onomat.; vgl. KBSA 203.

Abl.: *Druselein*. V.S.

Drusch

M. **1** Dreschen von Getreide, °OB, °NB, OP vereinz.: *werdt's nöt bald firti mitn Drusch?* Passau; *bis daß seine Kopfschwarten ausschaut wie eine Traidtenn nach dem Drusch* HOFMILLER Helmbrecht 67; *Der Drusch* „das einmalige Abdreschen" SCHMELLER I,571.

2 gedroschenes od. zu dreschendes Getreide, °OB, NB, OP vereinz.: *Drusch* Volkenschwand MAI; *Der Drusch* „das zu Dreschende ... Gedroschene" SCHMELLER I,571.

3: *wia magst dö den mit dem Drusch lang aufhoin?* „mit dem einfältigen Geschwätz" Valley MB.

Etym.: Abl. zur Wz. von →*dreschen*; [2]DWB VI,1453.

SCHMELLER I,571.– WBÖ V,687.

Komp.: [**Ab**]**d. 1** (Mahl zum) Abschluß des Dreschens, °OB, °NB, °OP, °MF, °SCH vereinz.: °*Leut, kummts zum Odrusch einer!* Pertolzhfn OVI; *Odrusch* „Ende der Drescharbeit" Spr. Rupertiwinkel 67.– **2** restliches, zu dreschendes Getreide, °OB, °NB vereinz.: °„größere Bauern dreschen auf zwei Partien, erst das Saatgut und im Spätherbst den *Abdrusch*" Teisendf LF.– **3**: °*Odrusch* „die letzte Druschgarbe" Ingolstadt.– **4** minderwertiges Getreide, °OB, °SCH vereinz.: °*Abdrusch* „das kleine Getreide" Hochdf FDB.

WBÖ V,687.

[**Aus**]**d. 1** wie →[*Ab*]*d.*1, °OB, °NB, °OP, °SCH vereinz.: °*greifts no fest zam, daß ma bald firte wern, na gibts n Ausdrusch!* Wiefelsdf BUL; „die Bäuerin ... muß den sogenannten *Ausdrusch* auf den Tisch bringen ... ungewöhnlich große Portionen Fleisch" BAUERNFEIND Nordopf. 14f.– **2** wie →[*Ab*]*d.*2: °*Ausdrusch* Simbach PAN.– **3**: *Ausdrusch* „Dienstbotenwechsel zu Lichtmeß" Mchn.

WBÖ V,687.

[**Drischel**]**d.** Dreschen von Getreide mit dem Dreschflegel: °*dea Hamme mua oiwe an letzdn Drischla* [Schlag] *ham beim Drischldrusch* Dachau; *Wenn ... der Herbstwind den Rauch von den brennenden Erdäpfelkräutern über d' Felder g'jagt hat ... dann ist die Zeit für den Drischldrusch da* Kösching IN HuV 12 (1934) 313; „jeder *Bua* legte sich einen Zaunstecken bei ... dann fielen sie wie ein altväterischer *Drischeldrusch* nieder auf die Köpfe" SCHLICHT Altheimld 38.

WBÖ V,687.

[**Über**]**d.** oberflächliches Dreschen von Getreide: „nach dem ersten *Überdrusch* wird das Getreide gewendet und nochmals *überdrischelt*" Endlhsn WOR. V.S.

†Trusche[1], Treusche

F., Rutte: „Lota marmorata ... *die Trusche*" WEBER Fische 31; *Dieweil dann die ... Treüschen, den Ferchen und Aschen fast schedlich, soll ... mit denselbigen, ohne Ordnung gehandlet ... werden* 1569 LORI Lechrain 384.

Etym.: Nebenf. von mhd. *trisch* 'dass.' stf., unklarer Herkunft; DWB XI,1,2,386f.

SCHMELLER I,676.– WBÖ V,688. V.S.

Trusche[2]

F. **1** dumme, unbeholfene Frau, °OB, °NB vereinz.: °*de Magd is a Druschn, taugt nix* Schönbrunn LA; *Druschen* Obb.Heimatbl. 6 (1928) Nr.7[,4].

2 bösartige Frau, °OB, °OP vereinz.: °*het i net glabt, daß des a solche Druschn wiad* Ensdf MÜ.

Etym.: Onomat.; WBÖ V,688 (truscheln).

SCHMELLER I,676. V.S.

Drüse, -u-, Drüste

F. **1** Körperteil.– **1a** Drüse, Sekret absonderndes Organ, v.a. am Hals, Gesamtgeb. vielf.: *a entzündö Drüasn* Valley MB; *Driasn gschwoint ma auf* Mittich GRI; *d Drüsn* „Schilddrüse" Naabdemenrth NEW; *driasn* BERGMANN Baumgarten 61; *druos* Tegernsee MB 11.Jh. StSG. III,694,33.– **1b** Gaumen-, Rachenmandel, OB, NB, OP mehrf., MF vereinz.: *Driasdn, s Driasdl* Erding; *droos* wohl Rgbg 1.H.9.Jh. StSG. I,15,7; *drǒsili* Aldersbach VOF 12./13.Jh. StSG. III,73,60.
2 Krankheit von Mensch u. Tier.– **2a** krankhafte Schwellung, Beule, Geschwulst, v.a. am Hals, OB vielf., NB, OP, SCH mehrf.: *Driasa bröcha auf* „am Hals" Hohenpeißenbg SOG; *Drüasn aufzeitögna* [reifen lassen] Hengersbg DEG; *druos* Prüfening R 2.H.12.Jh. StSG. IV,66,28; *Vnd di drůs, di von pôser fåuchten chôment an dem hals* KONRADvM BdN 471,19; *Wan ain roß den parnpockh* [best. Halskrankheit] *hat Daß sindt drieß, die wachsen im in dem halß* Roßarznei (DEINHARDT) 31.– Auch Kropf: *Dröisn* Rothenstadt NEW.– **2b** †Pest, Pestbeule: *(So) aber sterben an den drwsen ist, so sol ich ... alle (n)acht ain rawch von rawtten in meiner (ch)amer machen* 1392 Runtingerb. II,24; *wen dy drueß auff farn der nem seins aygen mystz vnd stoß hollerpletter gar wol darvnter vnd pind das v̄ber dy drueß* 16.Jh. MHStA Hexenakten 50,fol.13r.– In Verwünschungen, Flüchen: *dass dich die Drüsse ankomme!* WESTENRIEDER Gloss. 113; *die Teutschen wünschen dem kaiser ... nichts dan wainen ... und wellen im drües und peul auf sein kopf geben* AVENTIN IV,306,27-29 (Chron.).– **2c** Mumps, °OB, °NB, °OP vereinz.: °*der hod Drüasn* Metten DEG.– **2d** Skrofeln, Skrofulose, OB, NB vereinz.: *das Kind håd Drüasn* Tölz.– **2e** Mandelentzündung, OB, NB vereinz.: *mei Bruada had Driesn* Gmund MB.– **2f** Druse, katarrhalische Pferdekrankheit, °OB, OP vereinz.: °*dö Drusn von de Rösser* „gefährliche Krankheit, meist mit Fieber" Weilhm.
3 †Eichel: *druos* Rgbg 10.Jh. StSG. II,470,63.

Etym.: Ahd., mhd. *druos* stf., mhd. *drüese* swf., germ. Wort unklarer Herkunft; KLUGE-SEEBOLD 219.

Ltg, Formen: *driasn* OB, NB, südl.OP, SCH, *driasa* westl.OB, SCH, *drias* (M; PA; DON), *dreisn* OP, MF (dazu BOG, KÖZ, VIT; SEL), *dreisa* (WUG), *dreis* (KEM), *drīsn* OB, OP, MF (dazu PAN, VIB; PEG, WUN), *drīsa* (LL), *drīs* (TIR; N), *drifn* (NEW), ferner *driasdn* NB (dazu ED; CHA), *drūsn* (FFB, WM, WS), *druasn* (DEG).— Pl. *driasn, driasa, dreisn, dreisa, druasn* wie Sg., daneben *driasna* OB, NB (dazu BUL), *driasan* (STA), *dreisna* (BOG, KÖZ; BEI, R), *drīsna* (NM; FÜ), *driasdna* (KEH, LA, MAI, WOS; CHA).— Dim. *driasal* (DEG), *driasdl* (ED).

SCHMELLER I,569; WESTENRIEDER Gloss. 113.– WBÖ V, 682-685.

Abl.: *-drüsen, Drüst.*

Komp.: [**Achsel**]**d.** Achseldrüse, OB, NB, OP vereinz.: *Oksldriasn* O'laimbach EG.
WBÖ V,685.

[**Augen**]**d.** Tränendrüse, OB, NB, OP, OF vereinz.: *han eahm d'Augndrüasn so oglofa* Adlersbg R.
WBÖ V,685.

[**Brust**]**d.** Brustdrüse, OB, OP vereinz.: *de Brustdrüasn osaugn* Mchn.

[**Hals**]**d.** im Hals gelegene Drüse, OB, NB, OP vereinz.: *d'Halsdrüsn san ma asgschwoan* Wdsassen TIR.
WBÖ V,685.

†[**Hege**]**d.**, [**Hag**]-, [**Hei**]- Hoden: *Hagdrüsen* OB BzAnthr. 8 (1889) 171; *hegadrusa* Tegernsee MB 2.H.11.Jh. StSG. II,258,29; *an den heidrüsen* Schäftlarn WOR 14.Jh. nach SCHMELLER I,569.– Zu mhd. *hagen* 'Stier'; Et.Wb.Ahd. IV,884.
SCHMELLER I,569.– WBÖ V,685.

[**Impf**]**d.** nach einer Impfung geschwollene Drüse, OB, NB vereinz.: „*Impfdriasa unta da Aksl* sind sehr schmerzhaft" Hohenpeißenbg SOG.
WBÖ V,686.

[**Milch**]**d.** Milchdrüse, OB, NB, OP, OF, SCH vereinz.: *dea han d'Mülchdröisn afgschwolln woi Zapfa* Neukchn KÖZ.
WBÖ V,685.

[**Schild**]**d.** Schilddrüse: *saits eam t'Schuitdriaßn außagnuma håbm, is er a Når wåurn* Mittich GRI.

[**Üchsen**]**d.** wie →[*Achsel*]*d.*, NB, OP vereinz.: *unta da Iagxndrüsn* Hengersbg DEG.
WBÖ V,686. V.S.

Druselein

N. **1** Küken, °OB (v.a. RO, TS) vielf., °NB, °OP, MF, °SCH vereinz.: *Drusalan hama* Brunnen SOB; *Drusei* SOJER Ruhpoldinger Mda. 12.
2 von Mädchen.– **2a**: *Druserl* „Kosename für nette Mädchen" Hexenagger RID.– **2b**: °*Druserl* „Mädchen, das geistig und körperlich unbeholfen ist" Tacherting TS. V.S.

†Drusen, -drüsen
F., Hefe, Bodensatz: *Feces trvosana* Tegernsee MB 10./11.Jh. StSG. I,614,1.
Etym.: Ahd. *truosana* st./swf., mhd. *dru(o)sene, drusine* stf., germ. Wort idg. Herkunft; DWB II,1461.
Schmeller I,568.– WBÖ V,586f. (Trose).

Komp.: †[**Öl**]**d.** Bodensatz des Öls: *keine bessere arzney ist … kranckhen thüren zubenemen, als das man ihnnen die öhltrüsen zum öfftermal eingebe* Bihler tierärztliche Rezepte Straubing 20. A.S.H.

†-drüsen
Vb., nur im Komp.: [**aus**]**d.** (Innereien) von ungenießbaren Bestandteilen reinigen: *Wenn das Gekrös gewaschen und ausgedrüset ist, thue man es in einen Hafen mit einem Stückel Speck* Huberinn Kochb. 257.
WBÖ V,688f. V.S.

-druß
M., nur in Komp.– Mhd. *-druz* stm., Abl. zur Wz. von →*drießen*; Pfeifer Et.Wb. 1500.

Abl.: *-drüssig, -drütz.*

Komp.: [**Ver**]**d. 1** Unzufriedenheit, Kummer.– **1a** Unzufriedenheit, Mißmut, Ärger, °OB, °NB, °OP vereinz.: °*des gibd an schön Vodrus* Neufraunhfn VIB; *an Vadruß abi schwoam* „kräftig trinken" Häring Gäuboden 173; *Mit Besuechung der Schule gieng es bey den Kindern aus dem Dorfe gut, wiewohl … es ohne bittrer Vertruse nie abgeht* Walkertshfn MAI 1804 Bayerld 30 (1900) 359.– Phras.: *Bessà dà eàschde Vàdruus ǫis wià dà ledzde* „Man sorgt besser von Anfang an für klare Verhältnisse, später wird der Verdruß nur größer" Kaps Welt d.Bauern 101.– **1b** Kummer, Leid, °OB, NB, SCH vereinz.: °*dö Leut ham Vodruß mit anam Boum, der mag net arbatn* Stephanskchn RO; *Verdruß* „Trauer bei Sterbefall" Passau; *Da Baur … koo koa Woadd need soogn vo laudda Vadruus, wei d Bairin grang is* Förderverein Bair.Spr. Rundbr. Nr.75 (2010) 6f.– **2** Unglück, Schicksalsschlag, OB, NB vereinz.: *Vadruß* Pfettrach LA.– **3** †: „im Scherz: der Höcker … *Er hàt ə˜n … klaə˜n Və˜drus*" Schmeller I,569.
Schmeller I,569.– WBÖ V,689.

Mehrfachkomp.: †[**Un-ver**]**d.** starker Verdruß: *Machst üns nichs àls lautər U˜vərdruss* GAP Schmeller I,569.
Schmeller I,97, 569.– WBÖ V,689.

– †[**Welt-ver**]**d.** wie →[*Un-ver*]*d.*, nur in Phras.: *a Gsicht wia a Weltverdruß* „betrübtes Gesicht" Haid LAN.
WBÖ V,690.

†[**Wider**]**d.** wie →[*Ver*]*d.*1b: *Marius … war er doch zu neidig und hessig den gewaltigen … wie er in nur widerdruß tuen … möcht* Aventin IV, 522,3-6 Var. (Chron.).
Schmeller I,569.– WBÖ V,690. V.S.

Drüssel, Drüßtel
M. **1** Kehle, Gurgel, Schlund: *Der Drüßel* Bay. Wald Schmeller I,569; *trißl* Schweizer Dießner Wb. 206; *Wan er* [Pelikan] *hat zwen seck: den ainen an dem drůzzel, vnd den andern in dem leib* KonradvM BdN 236,16f.; *der halß der drussel vnd dy chel* um 1458 Cgm 700,fol.86^v.
2 Doppelkinn, Fettwulst unter dem Kinn, OB, °NB vereinz.: °*dem Wei hängt der Driasl awi* Neukchn KÖZ.
3: *Drissel* „Zungenbein" Tölz.
4 Engstelle im See: „Wo sich zwei gegenüberliegende Ufer einer Bucht halsartig nähern … *Drissel*" Bayerld 37 (1926) 382.
Etym.: Mhd. *drüzzel* stm., Abl. zur Wz. von →*Droß(t)*; Et.Wb.Ahd. II,807.
Schmeller I,569.– WBÖ V,690f.

Abl.: *drüsseln.*

Komp.: [**Hals**]**d. 1** †wie →*D.*2: „*Halsdrüssel* … Fettwulst unterm Kinn" OB BzAnthr. 8(1889) 169.– **2** best. Fleischstück vom Nacken des Rinds: *as Hoisdrissei* Staudach (Achental) TS.
WBÖ V,691.

†[**Nasen**]**d.**: „*Nasendrüssel* … Nüstern (beim Pferd" OB BzAnthr. 8 (1889) 169.

[**Spören**]**d.** trockene Speise aus Mehl (u. Kartoffeln): *Spärntrüsel* „Geriebene Erdäpfel mit Mehl vermengt und gebacken" Häussler Oberpf.Kartoffelkochb. 20; *Der Spèr'ndrüssel* „eine gewisse, sehr trocken zubereitete Mehlspeise" Bay.Wald Schmeller II,684.– Zu →*spör* 'trocken'.
Schmeller I,569, II,684. V.S.

drüsseln, drüßteln, drützeln
Vb. **1** würgen, die Kehle zudrücken, zuschnüren, °OB, NB vereinz.: *dea hängt d Aung raus wia a drisslter Kada* Hundham MB; *drüsseln* EBE Obb.Heimatbl. 6 (1928) Nr.7[,4]; *Suffocabat eum drukcht in nider oder drisselt* Metten

DEG 14./15. Jh. Clm 8236,fol.307v; *Er, sambt dessen Weib ihme den weeg abgestandten, vnd mit dem Daumben in das Maull gefahren, geschlagen, vnd getrisslet* 1724 StA Mchn Hofmark Amerang Pr.16, fol.141r.
2 schlucken, hinunterwürgen: °*drissln* Burghsn AÖ.
3 schnüren, fest um etwas binden: °„den Gurt um den Leib *drisseln*" Peißenbg WM.
4 refl., sich eng aneinanderdrücken: °„3 Stangen zu einem Dreibock binden, sodaß sie *sich* bei Belastung fester *drisdln*" Mettenham TS.

Ltg: *drifln* OB, *drifla*, *drīsla* (GAP, LL, SOG, WM), *driasln* (EG), *driftln* (TÖL, TS, WM), *dritfln*, *drīdsln* (MB, RO, STA, TÖL, WOR; PA).

SCHMELLER I,569.– WBÖ V,691.

Komp.: [**abhin**]**d.** wie →*d.*2, °OB vereinz.: °*so, dös hob i obidrisslt* Reichersbeuern TÖL.

WBÖ V,691.

[**der**]**d.**, [**er**]- **1** erwürgen, °südl.OB mehrf., NB vereinz.: °*dua dein Schdrig weg, du dadriezelst me ja!* G'holzhsn RO; *dădriăßln* FEDERHOLZNER Wb.ndb.Mda. 50; *Hab sich miessen wöhren wie er khundt, hete ine sonnst gar erdrisslt* 1597 Stadtarch. Rosenhm PRO 140, 183; *das der Beklagte … den Kläger beim Hals mit seinem Flor also erdrisslet, das ihme das Bluet zum Mund ausgangen* 1720 BREIT Verbrechen u.Strafe 323.– **2**: *derdritzeln* „einen tratzen, bis er genug hat" Passau.– Bed.2 wohl unter Einfluß von →*triezen*.

WBÖ V,691.

[**ver**]**d.** wie →[*der*]*d.*1: *vadriesla* erdrosseln Wessobrunn WM; *oan vatrißln* nach SCHWEIZER Dießner Wb. 206.

[**zu-sammen**]**d.** **1** zusammenzurren, °OB vereinz.: °*drißls na fest zam!* Reichersbeuern TÖL.– **2** zusammenpferchen: *dsåmdristln* „zusammenpferchen" Reichersbeuern TÖL.

[**zu**]**d.** würgend zudrücken: °*zuatristln* Peißenbg WM. V.S.

-drüssig, †-drützig, -drutzig

Adj., nur in Komp.– Ahd. *-druzzîg*, mhd. *-drüzzic, -drützic*, Abl. von →*-druß*; WBÖ V,690.

Komp.: †[**ver**]**d.** Verdruß, Abneigung erregend: *Alles wurde verdrüssig und lau* Fuchsmühl TIR 1.H.19.Jh. Wir am Steinwald 12 (2004) 81.

WBÖ V,690.

[**über**]**d.** **1** wie →[*ver*]*d.*: *dös is ma scha iwadriassö* das hängt mir schon zum Hals heraus Aicha PA; *Dees wird åin bål(d üwadrüsse!* BRAUN Gr.Wb. 728.– **2** Verdruß, Abneigung empfindend: *Langsam is a scho iiwadröiße woardn, da Giarch* HEINRICH Gschichtla u. Gedichtla 16; *die göttin … wär nun überdrüssig der beiwonung der tödlichen* AVENTIN IV,87,7f. (Var.) (Chron.).

†[**ur**]**d.** wie →[*über*]*d.*2: *urdrutzig* „überdrüssig, verdrüßlich" Bay.Wald SCHMELLER I,572; *Ich bin … deß Closters urdrüßig, und deß Lebens unter den Schwesteren müed* F. HÖGER, Unaufhörlicher Kirchen-Glantz, Ingolstadt 1725, Tl Beschau-Essen, 87.

PRASCH 25; SCHMELLER I,134, 527. V.S.

Drüst

M., (geschwollene) Drüse, °NB (mittl.Bay. Wald) vielf.: *„da Dröist,* Mz. *d'Dröisdna"* Klinglbach BOG; *driasd* KOLLMER II,95. V.S.

trüstern, schütteln, rütteln, →*trüftern*.

Trute, Trut

F., M. (?). **1** Truthuhn: °*Trut, Trut, bin röter als du* „singen die Kinder, wenn sich der Truthahn aufbläht" Nürnbg; *die Trut* „Truthenne" SINGER Arzbg.Wb. 240.
2 übertr.: °*die aufblasne Trut bild si so was ei* „eingebildete Person" Rgbg.

Etym.: Abl. vom Lockruf *trut*, onomat.; PFEIFER Et. Wb. 1471 (Truthahn).

WBÖ V,697.

Abl.: *Trutel, trutel, Truterer.* A.S.H.

Trutel

M., Truthahn, °OB, °NB, °OP, °SCH vereinz.: °*„der Trutel,* Mz. *die Truteln"* Fronau ROD; *Döi parzt se* [bläst sich auf] *wöi a Truu(d'l!* BRAUN Gr.Wb. 679.

Etym.: Teilw. auch als Dim. zu →*Trute* möglich; vgl. WBÖ V,697. A.S.H.

trutel

Interj., in Wiederholung: °*trutel, trutel* „Lockruf für Truthühner beim Füttern" Fronau ROD. A.S.H.

Trutentrüll → *Tripstrill*.

Truterer

M. **1** Truthahn, °OP, °OF vielf., °NB (v.a. NO) mehrf., °OB, °MF, °SCH vereinz.: °*da Drudara is ma no* „nachgelaufen" Bodenmais REG; °*da Trudera pludat si auf* Burggriesbach BEI; *Trutara* SINGER Arzbg.Wb. 240.– Phras.: *a Gsicht wöi a Trudara* „rotes Gesicht" Wildenrth NEW;– *einen Kopf kriegen / anlaufen wie ein T.* u.ä. ein rotes Gesicht bekommen, °OP, °OF vereinz.: °*der kröigt an Kuapf wöi a Trutara* „vor Zorn" Brand WUN;– *rot wie ein T.* von roter Gesichtsfarbe, NB, °OP vereinz.: °*der is rot woarn wia Trutara* Neumarkt.– *Sich schämen wie ein T.* vor Scham rot werden, °OB, °NB, °OP, MF vereinz.: °*der schamt si wie a Truterer* „weil er sich blamiert hat" Passau.– *Sich aufblasen / daherkommen wie ein T.* u.ä. sich auffällig gekleidet zeigen, herausputzen, °OB, °NB, °OP vereinz.: °*di kumt daher wia a aufblasner Truderer* „aufgedonnert" Stöckelsbg NM;– sich wichtig machen, prahlen, vorlaut sein, °OB, °OP mehrf., °NB, °OF, °MF, °SCH vereinz.: °*der steigt daher wia a aufblosana Trutara* Otting LF; °*brauchst de net afblosn wöi a Trutara!* Nittenau ROD; „hochmütiges Auftreten: *dåuhergäih(n' ... wöi a Truutara*" BRAUN Gr.Wb. 682;– wütend, zornig werden od. sein, °OB, °OP, °SCH vereinz.: °*aufblasn hat si si, wie a Truterer!* „sie ist immer mehr in Wut geraten" Trautmannshfn NM;– °*de is aufblasn wie ein Truterer* „fett, gut genährt" Weiden.– *Aufgehen / sich aufregen wie ein T.* u.ä. leicht reizbar sein, zornig werden, °OB, °OP vereinz.: °*der geht auf åls wie a Truterer* Polling WM.– *Der Bauern Hans ... haout glacht wöi a Truterer üwern Derstickn* [kollernd gelacht] SCHEMM Stoagaß 113.– Spottv.: °*rout und blau is aa niat schöi, möi ma amal zum Trudera göih* „über einen, der gerne rot und blau malt, strickt etc." Kchndemenrth NEW.

2 übertr. Wichtigtuer, Angeber, °OB vereinz.: °*so a aufblosener Truterer* Taching LF.

WBÖ V,697. A.S.H.

Trutsch

M. **1** dummer, ungeschickter Mensch: *dru:dš ... der* „Tölpel" ZEHETNER Bair.Dt. 352.

2 Unsinn, dummes Zeug: „*Drŭdsch* Blödsinn, Irrsinn" AMAN Schimpfwb. 51.

SCHMELLER I,681.– WBÖ V,697. A.S.H.

[**Almer**]**trütsch**, ungeschickter Mensch, →[*El-b(en)*]*trischel*.

Trutsche

F. **1** v.a. von weiblichen Personen.– **1a** dumme, ungeschickte weibliche Person, °OB, °NB, °OP vereinz.: °*dö kriagt koan Mo ned, wer mog'n so a Drudschn* Ismaning M; *Debb*ᵃ*de Druudschn!* BAUMGARTNER Wasserburger Ld 81.– **1b** allzu gutmütige weibliche Person, °OB, °NB vereinz.: °*Trutscherl* „tut alles, was man von ihr verlangt" Bruckmühl AIB.– **1c** langsame, langweilige weibliche Person, °NB, °OP, MF vereinz.: °*Drudschn* „langweiliges, fades Frauenzimmer" Simbach PAN; *Drudschn* SCHNEIDER Bair.gschimpft 17.– **1d** alte, häßliche weibliche Person, °OB, NB, °OF vereinz.: *schiache Drudschn* Neubeuern RO; *Wenn i koa jung's Menscherl find, Nimm i 's alti Trudscherl hint* EBERL Dörferl 132.– **1e** unangenehme, mürrische weibliche Person, °OB, NB vereinz.: °*mit dera Drudschn mechad i aa ned vaheirat sei* Stammham AÖ.– **1f** schlampige weibliche Person: °*Trutschn* Burglengenfd; „Schlampe ... *Des we*ᵃ*d* ᵃ*so* ᵃ *D*[*ruudschn*] *sei!*" BAUMGARTNER Wasserburger Ld 81.– Auch: *Drutschn* „Schimpfname für ein unzuverlässiges Frauenzimmer" ANGRÜNER Abbach 28.– **1g** dicke weibliche Person, °OB, °NB, °OP, °OF, °MF vereinz.: °*wenn i grad die Trudschn nimma anschaua miaßt* Simbach EG; *a Trutscherl* „kleines, dickliches Mädchen" SINGER Arzbg. Wb. 241.– **1h** eingebildete weibliche Person: °*a Trutschn* Mchn.– **1i** meist Dim., hübsche, nette, unbedarfte (junge) weibliche Person, auch Kosen., °OB, °NB, °OP, MF vereinz.: °*dös is a netts Drutscherl* Reichersbeuern TÖL; *iwerål zwoa zama, Trutscherl du zu mia, zu mia, mai Vota-r-is a Krama, dea handlt mim Papia* „aus einem Tanzlied" Bruck ROD; *d' Prinzessin ... is a ganz a saubers Trutscherl gwen, weil d' Haar han ganz aus Gold gwen* BREITENFELLNER Spinnstubengesch. 43; *so lebe wohl, hübsches, gutes, braves Trutscherl* MEIDINGER Verfall 40.– Auch alberne, kindische weibliche Person, OB, °OP vereinz.: *Trutschei* „kleines, läppisches Frauenzimmer" Surhm LF; *Trutscherl* „liebes, aber albernes Mädchen" HÄRING Gäuboden 180.– **1j** Dim., schwächliches, schüchternes Mädchen: °*des is a leichts Trutscherl* zart gebaut Eichstätt; *Trutscherl* „verzärteltes, schwächliches und verschüchtertes Mädchen, das sich nicht selbst behaupten kann" SCHILLING Paargauer Wb. 47.– **1k** meist Dim., kleines, niedliches Kind, auch Kosen., °OB, °NB, °OP, SCH vereinz.: °*a so a süaß Trut-*

scherl liegt do drin Tittmoning LF; *Wem ghört denn des Trutscherl?* Zwiebelturm 4 (1949) 144.– Reime: *und i kunnt eam net feind sei, dem Trutscherl, dem kloan, weils ollaweil so umizwuzlt, so umizwuzlt um oan* Ingolstadt.– *Hutschala, Drutschala schlaf, griagst a Gutsala* Wiegenlied Maisach FFB.
2 Vagina: *As Moiderl sitzt am Fensterbrett und schaut sei Trutscherl o ... Ei, Trutscherl, wenn i di net hätt, na brauchate aa koan Mo* Hohenfels PAR Wirtshauslieder Opf. 64.
3 Dim., best. Gebäck: *warmö Drutschal* Arten von Buchteln Hengersbg DEG.– Scherzh. Antwort auf die neugierige Frage nach dem Essen: °*wås gibts denn heit? – bachane Nautschal und ådrahte Trutschaln* Schönau BGD, ähnlich °MF vereinz.– Auch: „*Alle Weiber bachn Köichla, nea die mei bacht Trutschala* ... mißglücktes Gebäck" Sulzbach-Rosenbg Wirtshauslieder Opf. 208.

Etym.: Onomat., vgl. alem. *tru(n)tschen* 'schwerfällig, faul daherkommen' (Bad.Wb. I,578f.); DWB XI,1,2, 1434f.

SCHMELLER I,681.– WBÖ V,698.

Abl.: *Trutsch, Trutschel, trutscheleinhaft, Trutscher*[1], *Trutscher*[2], *trutschicht.*

Komp.: [**Bauern**]**t.** **1**: *du Bauantrutschn!* „Schimpfname für die Bäuerin" Altötting.– **2** biedere weibliche Person: *bauandru:dšal* „Frau, Mädchen ohne Schick od. Auftreten" KILGERT Gloss. Ratisbonense 63. A.S.H.

Trutschel

F. **1** dicke weibliche Person, °OB, °NB, °OP, °SCH vereinz.: °*de Trutschl war so patzig* Rgbg.
2 eingebildete weibliche Person: °*wos dö moant, dö Trutschl!* Fischbachau MB.

Etym.: Mhd. *trutschel* 'kokette Gebärde' stf., Abl. von →*Trutsche*; DWB XI,1,2,1435.

WBÖ V,699f. A.S.H.

trutscheleinhaft

Adj.: „dickleibige, langsame, einfältige Frau ... *Drūdschalhåfte Frau*" nach AMAN Schimpfwb. 51. A.S.H.

Trutscher[1]

M., langsamer, umständlicher Mensch: °*Trutscher* Neumarkt. A.S.H.

Trutscher[2]

F., Muttersau: *Drutschan* Steinweg R DWA VII[,K.3]. A.S.H.

trutschicht

Adj. **1** dumm, ungeschickt: °*drudschad* Birnbach GRI; *dru:dšad* „unbeholfen, naiv, tapsig" ZEHETNER Bair.Dt. 352.
2: *dru:dšad* „langsam" KILGERT Gloss. Ratisbonense 63.

WBÖ V,699. A.S.H.

Trutz, Trotz

M. **1** Trotz, Eigensinn, Widerstand, Abwehr: *der Trutz* Passau; *Fensterln hätt er wolln! Und jatz is er tot zwegn mein Trutz!* CHRIST Werke 167 (Erinnerungen); *Waou is a Gegnd, de so vül Schutz Geng d' Feindschaft hot, und buit iah Trutz?* SCHUEGRAF Wäldler 4; *ich beut allen fechtern einn trutz* SCHÖNSLEDER Prompt. Kk8ʳ.– In präp. Fügung: *(jmdm) aus / zum T.* in widerspenstiger Absicht, vorsätzlich: *zum Trutz tun* Passau; *Schlafts denn so fest? – Oder mögts uns aus Trutz net hör'n?* MEIER Werke I, 513 (Natternkrone); *z· Truz* SCHMELLER I,682; *dir zu Trutz* SCHÖNSLEDER Prompt. Kk7ᵛ.– Schnaderhüpfel: *jetzt hör i an singa, der singt ma aus Trutz, an so an Schmarotza san de Flügl glei gstutzt* Neustadt KEH;– *do hea-r-i oan singa, dea singt ma zum Trutz, des is hålt n Bauan XY sai Butamilchschtutz* (einer, der gerne Buttermilch trinkt) Bruck ROD;– *Jetz' hör' i' oan' singa, Er singt grad zum Trutz, Und a' sellener Spitzbua, Is selt'n was nutz* Berchtesgaden F. v. KOBELL, Zur Charakteristik oberbayer. u. verwandter Dialect-Poesie, München 1866, 10.
2 †Feindseligkeit, Bosheit, Verhöhnung: *triben die feind etwan vil trutz* AVENTIN IV,569,6f. (Chron.); *er lienzinger mit druz, ÿbppigkhait vnd Spott wordten erschinen* 1631 HAIDENBUCHER Geschichtb. 72.
3 †Kinnbart: *so druckt er das Trutzerl wol hinab/ daß kein Börstl in die Höh stehen mag* SELHAMER Tuba Tragica I,378.

Etym.: Ahd. *truz*, mhd. *tru(t)z, trotz* stm., weitere Herkunft unklar; PFEIFER Et.Wb. 1467.

SCHMELLER I,682.– WBÖ V,702.

Abl.: *trutz*[1], *trutz*[2], *trutzen, trutzig, -trützler, trutzlich.* A.S.H.

trutz[1]

Adj., unbestimmt, trüb (vom Wetter): *trutz's Weta* Schwarzach NAB.

WBÖ V,703. A.S.H.

trutz[2]**, trotz**
I †Interj., drohender od. warnender Zuruf: *Apage 'trutz, sei mit frid'* AVENTIN I,430,2 (Gramm.); *trutz! thue mir außm hauß gehn!* Rgbg 1618 BM II,27,433.
II Präp. mit Dat., vereinz. mit Gen.– **1** trotz, ungeachtet: *drots* „aus der Schriftsprache" Walpertskchn ED; *von jetzt ab hockte er sich trotz dem schönen Wetter jeden Tag an sein Kammerfenster* GRAF Werke XI,2,116 (Kalendergesch.).– **2** besser als, mehr als, ebenso wie: *trotz maina'* „mehr als ich (obwohl ich tüchtig bin)" SCHWEIZER Dießner Wb. 17 (Nachtr.); *so kon ich meim Roßl Rundj flechten* [tüchtig züchtigen] *trutz einem vnder ollen bauern knechten* Rgbg 1618 BM II,20,17f.– Auch in der Fügung: *t. über*: *Denns Mensch ist mir scho recht, Ist brav und arbeit fruh und spät, Trotz über an Bauernknecht* STURM Lieder 123.
III Konj., obwohl, auch wenn, in der Fügung: *t. daß*: *Da Schneepflug hat des kaum da'schafft trotz, daß zwoa Roß a große Kraft* Mchn G. MÜLLER, Schau doch mal rein!, Norderstedt 2015, 29. A.S.H.

-drütz, †-drutz
Adj., nur im Komp.: [**ur**]**d. 1** Verdruß, Abneigung erregend: *das ist urtritts* „hängt mir zum Hals heraus" Perlach M.– **2** †Verdruß, Abneigung empfindend: *„urdrüz* (Eichstedt), *urdruz* ... (b[ay].W[ald]), überdrüßig, verdrüßlich" SCHMELLER I,572; *die landleut, so nun der Römer geitz, schinden und schaben* [ausbeuten] *urdrutz warn* AVENTIN IV,501,18f. (Var.) (Chron.).– Mhd. *urdrütze, -driuze*, Abl. von →*-druß*; vgl. DWB XI,3,2396-2398.

SCHMELLER I,572. V.S.

trutzen, trotzen
Vb. **1** schmollen, trotzig, mürrisch, eigensinnig sein, °OB, °NB, OP, °OF vereinz.: °*trutzn* in übellaunigem Stillschweigen verharren Patersdf VIT; *trutzen mit Einem* „ihm kein freundlich Wort geben" SCHMELLER I,682.– Auch: „Es ist ein alter Brauch, daß die an drei Sonntagen in die Kirche gehenden Angehörigen eines Verstorbenen während des ganzen Gottesdienstes sitzen bleiben, was man als *trutzn* bezeichnet" SINGER Arzbg.Wb. 241.
2 Widerstand leisten, sich widersetzen, standhalten, OB, NB vereinz.: *trotzn* auflehnen (z.B. gegen den Staat) Anzing EBE; „dem Unwetter *trotzn*" Passau.– Schnaderhüpfel: °*ans Kammafensterl bin i ganga, han s Loaterl ogloant, han gjucherzt und gsunga, und s Diandal – hot gwoant. Du brauchst nöt lang trotzn und brauchst nöt lang woan, sunst nimm i mei Loaterl und geh wieda hoam* Lalling DEG.– Auch Tanzfigur beim Steirischen: *Busseln, Trutzen ... Fensterln, Einsteigen und Heiraten* Chiemgau Inn-Salzach-Land 2 (1950) Nr. 5[,4].– Wohl †in widersetzlicher Absicht streiten: *Die mezger, peckhen und vischer geben nit vill umb ein leichte straff, truzen nur mit der obrigkheit* Straubing 1617 HELM Obrigkeit 227.
3 †ärgern, herausfordern, verhöhnen: *wie die Römer und ir kaiser ... von unsern vorfahren, den Teutschen, angegriffen, umbgetriben, gezwackt und getrotzt sein worden* AVENTIN IV, 583,10-13 (Var.) (Chron.).
4 †selbstherrlich, überheblich auftreten: *daß bei Pottenstein ... 150 ... soldaten ankommen, bei denen baar Gelt, als Ducaten, mit welchen sie trotzen thun, gesehen worden* Auerbach ESB 1610 StA Ambg Musterungen 131.

Etym.: Ahd. *-truzzen*, mhd. *trotzen*, Abl. von →*Trutz*; PFEIFER Et.Wb. 1467.

SCHMELLER I,682.– WBÖ V,704f.

Komp.: [**um-ein-ander**]**t.** unbeständig, trüb sein (vom Wetter): °*heut trotzt s Wetter wieder umanand* Hohenpeißenbg SOG.

WBÖ V,705.

[**auf**]**t.** wie →*t.*2: *auftrutzn* auflehnen (z.B. gegen den Staat) Haarbach GRI. A.S.H.

trutzig, trotzig
Adj. **1** trotzig, mürrisch, eigensinnig, widersetzlich, OB, °NB, °OP, OF vereinz.: *was host denn heunt, daß d gar a so drutzi schaugst?* Hfhegnenbg FFB; *Wie er g'sehn hat, daß sie trutzi wird, hat er wieder gute Sait'n aufzog'n* MEIER Werke I,142 (G'schößlbauer); *die vngehorsamen trutzigen/ vnd widersessigen Bawrsleut/ welche der Forstordnung zuwider handlen* Landr.1616 773.– Schnaderhüpfel: *wenn i glai trutzi schau, zoani bin i dene niat, des is mai ålta Brauch, woastas denn niat?* Bruck ROD.
2 †kühn, mutig, entschlossen: *er ... war bewegt durch ir redlichkait und trutzig tat* AVENTIN IV, 765,25-766,1 (Chron.).
3 unbeständig, trüb (vom Wetter), °OB, °OP mehrf., °NB, °MF vereinz.: °*bei dem trotzinger Wedda woaß ma net, soit ma s Gras mahn oder*

net N'viehbach DGF; °*heint is a trutzis Weda* „bedeckter Himmel" Kchnthumbach ESB.
4 †: „nett, zierlich, artig ... *ə˜ trutzi's Méssə'l* [wohl Kosen.]" Obere Isar SCHMELLER I,682.
Etym.: Mhd. *trotzic*, Abl. von → *Trutz*; PFEIFER Et. Wb. 1467.
SCHMELLER I,682.– WBÖ V,706f.

Komp.: [**ur**]**t.** wie → *t.* 1: °*er is oiweil so urtrotzig* Fischbachau MB. A.S.H.

[**ur**]**drützig**, überdrüssig, → *-drüssig*.

†-trützler
M., nur im Komp.: †[**An**]**t.** Anstifter, Urheber: *ein heftiger hetzer und antrützler dises kriegs* AVENTIN IV,824,32f. (Chron.).– Wohl Abl. von → *Trutz*. Anders Frühnhd.Wb. I,1550. A.S.H.

†trutzlich, trotz-, trötz-
Adj. **1** widersetzlich, ungehorsam: *Thoman Wibmpaur zu Fünffaichen hat herrn Bartholomeen ... als seinen grundtherrn, truzlich angeredt* Griesbach 1600 HELM Obrigkeit 270.
2 feindselig, drohend: *Trutzlich* „minaciter. minanter" SCHÖNSLEDER Prompt. Kk8[r].
3 kühn, mutig, entschlossen: *herzog Erman allain mit seinem volk ... widersetzt sich trutzlich den Römern* AVENTIN IV,738,32-739,1 (Chron.).
WBÖ V,702. A.S.H.

ts, Lock- od. Scheuchruf, → *z*.

tsch, tscha
Interj., meist in Wiederholung. **1** Lock- od. Scheuchruf für Hunde u. Katzen, OB, OP vereinz.: *tscha, machst, daßd weiterkummst!* „zum Hund" Haag WS; „indem man eine Katze mit dem Ruf *Tschtsch* zu sich herlockt" NAB Oberpfalz 74 (1986) 110.
2 Lock- od. Scheuchruf für Ziegen u. Schafe, OB, NB vereinz.: *dscha, dscha* Haag WS; *Hebal, geh tsch tsch tsch!* Schöfweg GRA.
Etym.: Onomat.; WBÖ V,707f.
WBÖ V,707f. M.S.

†Tschachtelur
M., Stellvertreter des Landesherrn, hoher Beamter, Kastellan: *Der tschachtelur im lannde was gar der teẃrsten ainer* FÜETRER Merlin u. Seifrid 157,459.
Etym.: Entstellt aus mhd. *scha(h)telân* stm., aus afrz. *chastelain*; PFEIFER Et.Wb. 633. M.S.

Tschäcke
(Genus?), Krampe an der Sohle des Bergschuhs: *Tschaggn* „Eisenklammer a[m] vorderen und hinteren Schuhsohlenteil ... Flügelnägel für Bergschuhe" Spr.Rupertiwinkel 91.
Etym.: Herkunft unklar. M.S.

†Tschäckin
M., Streithacke, Streithammer: *ein glit reiter mit ... eisen hackhen oder Zschägin* Mchn 1580 WESTENRIEDER Beytr. V,156.
Etym.: Aus ungar. *csákány* 'Keil-, Spitzhacke'; WBÖ V,712.
SCHMELLER II,1168.– WBÖ V,712f. M.S.

Tschai
M., rotw.: *Tschai* „Tee" Regenstauf R ZDL 57 (1990) 48.
Etym.: Aus russisch *čaj*; ZDL 57 (1990) 48.
WBÖ 747f. M.S.

Tschako
M. **1** Kopfbedeckung.– **1a** Kopfbedeckung einer best. Berufsgruppe.– **1aα** Tschako, helmartige Militär-, Polizeimütze, °OB mehrf., °NB, °OP, °MF vereinz.: °*Tschacko* „Helm der Gendarmen" Ebersbg; °*Tschako* „hohe Soldatenmütze" Weiden; *Tschaago* „militär. Kopfbedeckung (um 1800)" BRAUN Gr.Wb. 683.– Reim: °*der Tirolerwastl mit sein Zschako fåit an Kella åwi, bricht si s Gnack å* Mettenham TS, ähnlich °OB vereinz., GASSNER Rgbg.Vkde 28.– **1aβ** Feuerwehrhelm, °OB, °NB vereinz.: °*Tschako* Griesbach.– **1aγ** Bergmannshut, °OB, °OP vereinz.: °*Tschako* „Schachthut" Hohenpeißenbg SOG; *dschaggo* „Paradekopfbedeckung mit Federbusch" HUBER Bergmannsspr. 16.– **1b**: °*Tschako* „scherzhaft Sturzhelm" Aidenbach VOF.– **1c** scherzh. alter, ausgefallener Hut, Mütze, °OB mehrf., °NB, °OP, °MF, °SCH vereinz.: °*setz dein Tschako auf!* „Kappe" U'haching M; °*wo is n mei alter Tschako?* Kohlbg NEW; *Koast denn du dein Tschako neat oiatou(n'* „deinen (verschrobenen) Hut" BRAUN Gr.Wb. 683.
2 scherzh. altes od. ausgefallenes Kleidungsstück, bes. Jacke, Weste, Mantel, °OB, °NB, °OP vereinz.: °*Tschako* „sonderbares Kleidungsstück" Ingolstadt; °*Tschacko* „alte Weste, Joppe" Innernzell GRA.
3 von Menschen.– **3a** †Polizist: „Der *Tschako* lauscht" SCHLICHT Bayer.Ld 179.– **3b**: °*scham*

di, du alter Tschako! „Witzbold" Hahnbach AM.

Etym.: Aus ungar. *csákó* 'Husarenhelm'; PFEIFER Et. Wb. 1471. Bed.2 wohl unter Einfluß von →*Sakko*.

WBÖ V,715f. M.S.

Tschamsterer, Liebhaber, →[*Ge*]*horsamster*.

Tschangwang

M., Solo im Schafkopf, bei dem Unter u. Karten der Farbe Schellen Trumpf sind: °*Tschang Wang* Mchn; „In einem Münchner Wirtshaus heißt der Schellen-Wenz *Dschang Wang*" PESCHEL Schaffkopfen 44.

Etym.: Onomat. Spielform von →[*Schellen*]*wenz*? M.S.

Tschapoklapp →*Chapeau claque*.

Tschapperlein, Schapper-, -b-, -ä-

N. **1** von Menschen, meist Kindern u. weiblichen Personen.– **1a** kleines Kind, nette weibliche Person, auch Kosen., °OF vielf., °NB mehrf., °OB, °OP, °OF, °MF vereinz.: °*Tschaperl* „zärtlicher Ausdruck für eine weibliche Person" Uffing WM; °*du liabs gloans Schapperl!* „zu einem kleinen Kind" Passau; *Dschā̊bbá'l* „liebevoll für ein Mädchen, für ein kleines Kind" ANGRÜNER Abbach 28.– Auch M., Hundename, ROD.– **1b** schüchterner, ängstlicher Mensch, °OB, °NB, °OP vereinz.: °*i moa, des is a weng a Tschaperl* „ängstliches Kind" St.Englmar BOG; °*Tschapal, nimms doch, wennst wos gröigst!* Kchnthumbach ESB.– **1c** naiver, unerfahrener, einfältiger Mensch, °SCH mehrf., °OB, °NB, °OP, °MF vereinz.: °*d Leni is a a so a Tschaperl, hengt se se a den Kearl hi, dea hint und voarn nix hod* O'neukchn MÜ; °*Dschåbbal* Simbach PAN; *Tschabbal* „Dummerchen" BINDER Saggradi 226.– **1d** ungeschickter, unbeholfener Mensch, °OB, °NB, °SCH vielf., °OP mehrf., °MF vereinz.: °*Schawei* „Tolpatsch" Ramsau BGD; °*is dös a Tschowarl!* „ungeschickte Frau" Frauenbg PAR; *Tschobbal, Tschabbal* „unbeholfenes Mädchen" Spr.Rupertiwinkel 91.– **1e** behinderter, bemitleidenswerter Mensch, °OB, °NB mehrf., °OP, °MF vereinz.: °*Tschaperl* „geistig oder körperlich behindertes Kind" Frsg; °*a arms Tschaperl* „Waisenkind" Ammerthal AM.

2 Haubenlerche: *Tschaperli* Wallgau GAP.

3: °*Tschaperl* leichter Schlag Neukchn a.Inn PA.

4 Verrücktheit, Eigenheit: °*der hod a Schåbåla* Neuburg.

Etym.: Abl. von Interj. *tschapp* (Schw.Id. XIV,1756), onomat.; WBÖ V,727f.

SCHMELLER I,682.– WBÖ V,727-730. M.S.

tschäppicht

Adj., ungeschickt, unbeholfen, °NB, °OP vereinz.: °*de is bei der Arbat so tschapad, daßd ihr net zuaschaugn konnst* N'viehbach DGF; °*stell di net so tschapert!* Cham.

Etym.: Gleicher Herkunft wie →*Tschapperlein*; WBÖ V,728.

WBÖ V,728. M.S.

Tscharawari →*Charivari*.

tscharern, scharen

Vb., Spiel, in dem eine Münze möglichst nah an eine auf dem Boden gezogene Linie zu werfen ist, °OP vereinz.: °*scharen* Neusorg KEM; *I dou tscharan* NAB Oberpfalz 74 (1986) 110.– Sachl.: s Oberpfalz 74 (1986) 110.

Etym.: Aus tschech. *čára* 'Linie'; Oberpfalz 74 (1986) 110. M.S.

tschari, schari, tscharti, patschari, pu-, ma-

Adv., meist in der Fügung *t. gehen*. **1** weg, abhanden, verloren, °NB mehrf., °OB, °OP, °MF vereinz.: °*des is tschari ganga* „hat jemand mitgehen lassen" Polling WM; °*heut is ma mei Geldbeitl schari ganga* „abhanden gekommen" Pleinting VOF.– Auch: °*des Solo is potschari ganga* „beim Kartenspielen verlorengegangen" Wiesenfdn BOG.

2 kaputt, zerstört, °OB, °NB vereinz.: °*die Uhr is ma matschari ganga* Eitting MAL.– Auch unbrauchbar, von schlechter Qualität: °*da Schnee is tschari* „taugt nicht mehr zum Schlittenfahren und Skilaufen" Reuth WOR.

Etym.: Aus tschech. *čáry* 'Zauberei, Hexerei'; WBÖ V, 732.

Ltg: *dšā̜ri* u.ä., auch erweitert *badšā̜ri* (DAH, WM), *bo-* (BOG), *bu-* (LA; R; HIP), *ma-* (MAL), ferner *šā̜ri* (VOF), *dšā̜rdi* (MAL), *dšā̜fti* (GRI), *dšā̜rdiŋ* (MAL).

WBÖ II,480 (patschali), V,731-733. M.S.

tscharn, s. *zu* →*Schaden*.

Tschatsche

(Genus?), schwerer Schuh: *Tschotschn* „Trampelschuhe" Passau.

Etym.: Abl. von österr. *tschatschen* II 'schwerfällig gehen'; WBÖ V,737.

WBÖ V,737. M.S.

tschau
Abschiedsgruß: *„Tschau* ... Gruß unter gleichaltrigen Freunden" Grafing EBE HAUSSER Abschiedsformeln 55.
Etym.: Aus it. *ciao*; WBÖ V,741.
WBÖ V,740f. M.S.

Tscheche
M., Tscheche, OF, SCH vielf., OB, NB, OP, MF mehrf.: *a Tschäch* Ebnath KEM; *de Dschechn* CHRISTL Aichacher Wb. 176.– Auch Hundename, WS.
WBÖ V,741. M.S.

tschechern
Vb. **1**: *dschechan* „sich plagen" Spr.Rupertiwinkel 24.
2: *dschechan* „draufzahlen" Spr.Rupertiwinkel 24.
Etym.: Wohl Abl. von →*Tschoch*; WBÖ V,744.
WBÖ V,743f. M.S.

tschecken
Vb., (Ostereier) gegeneinanderstoßen, Osterbrauch: °*nou douma hold moarng Oja tschäckn* Fuchsmühl TIR.
Etym.: Wohl onomat.; WBÖ V,744.
WBÖ V,744. M.S.

Tschecker, Elster, →*Schecker*.

Tscheike, Flußboot, →*Scheike*.

tscherfeln, schlurfen, →*scherfeln*.

Tscherk
M.: *tšerk* „Walkstoff (Webstoff)" Unterer Bay. Wald KOLLMER II,363.
Etym.: Wie egerl. *Tscherkan* aus engl. *shirting* 'Baumwollgewebe'; BRAUN Gr.Wb. 683. M.S.

†tschernen
Vb.: *tschernen* „schleppend einhergehen" Bay. Wald SCHMELLER II,469.
Etym.: Herkunft unklar.
SCHMELLER II,469. M.S.

tschi, tschitschelein
Interj., in Wiederholung, Ausruf der Schadenfreude, des Spotts: *„tschie – tschie* ... hierzu mit dem einen Zeigefinger am gestreckten andern Zeigefinger eine schabende Bewegung ... Verstärkung ... *tschietscherla, –tschietscherla!*" BAUERNFEIND Nordopf. 171.
Etym.: Onomat.; WBÖ V,757.
WBÖ V,757. M.S.

Tschibuk, -bok
M., Tschibuk, Tabakspfeife, °OB, NB vereinz.: °*da Tschiwok* Wildenroth FFB; *Tschibuk* „kurze (Tabaks-)Pfeife" BRAUN Gr.Wb. 684.
Etym.: Aus türkisch *çibuk*; WBÖ V,757.
WBÖ V,757. M.S.

Tschick, Schick
M. **1** Priem, °OB mehrf., °NB, °OP, °MF, °SCH vereinz.: °*Tschik* „Kautabak" Salzweg PA; „bevor's weiter geht, wird ... noch *ein Bröckl Schick* ... zwischen Backen und Zähne geschoben" Elbach MB HuV 13 (1935) 391.
2 Zigaretten-, Zigarrenstummel, °OB, °NB, °OP vereinz.: °*an Tschick aufklaubn* Pittenhart TS; *Dschigg* Spr.Rupertiwinkel 24.
3 Zigarette, °NB, °OP vereinz.: °*Tschick* „selbstgedrehte Zigarette" Straubing; *Tschigg* HEIGENHAUSER Reiterwinkerisch 36.
4: °*Tschick* „Tabakspfeife" Weiden.
Etym.: Formen mit *tsch-* aus it. *cicca* 'Kippe, Stummel'; DUDEN Wb. 3989. Formen mit *sch-* aus frz. *chique*; DUDEN Wb. 3348.
WBÖ V,757f.

Abl.: *tschicken, Tschickerer*. M.S.

tschicken, schicken
Vb., priemen, °OB, °SCH vielf., °NB, °OP, °MF vereinz.: °*von Racha, do sog i ned, oba des Schnupfa und gor erscht des Tschika, des hed i dick!* O'neukchn MÜ; *schigga* Haarbach GRI; *tschiggn* „Tabak kauen" Wb.Krün 50.
WBÖ V,759. M.S.

Tschickerer
M., jmd, der Tabak kaut: *T'schiggerer* Wb. Krün 50.
WBÖ V,759. M.S.

Tschiesch
M., Urin, kindersprl.: „harnen, urinieren ... *n Tschiisch machn*" SINGER Arzbg.Wb. 241.
Etym.: Onomat.; BRAUN Gr.Wb. 684.

Abl.: *tschieschen*. M.S.

tschieschen
Vb., urinieren, kindersprl.: *tschiischn* SINGER Arzbg.Wb. 241. M.S.

Tschin
(Genus?): „*Tschin* ... leichtes Geschütz" MAUSSER Soldatenspr. 20.
Etym.: Aus österr. *tschin* 'Nachahmung eines Knalls'; WBÖ V,763.
WBÖ V,763. M.S.

Tschinbum, Tschibum, Schi-
(Genus?), leichtes Geschütz: „franz. 7,5 cm-Geschütz ... *Schibum* ... *Tschinbumm* ... *Tschibum*" MAUSSER Soldatenspr. 21.
Etym.: Zusammenrückung aus →*Tschin* u. →*bum*.
M.S.

tschindern, lärmen, →*schindern*.

Tschinélle, Schi-, Zi-
F. **1** meist Pl., Tschinelle, Schlaginstrument, OB, °OP, OF, SCH vielf., NB mehrf., MF vereinz.: *Tschinell* Walkertshfn DAH; *d Schinejn* Wurmannsquick EG; *die Tschinelln ... döi waouma mitn Fouß aaf- und niederhaua haout möin* SCHEMM Dees u. Sell 188.– Phras.: *er schlagt Zschinejn mit dö Aungdöggln* „ihm fallen vor Müdigkeit die Augen zu" Passau.
2: °*Tschinelln* „kleine Glöckchen" Neukchn SUL.
3: °*Dschinelln* Kartenfarbe Schellen Ambg.
Etym.: Aus it. *cinelli* Pl. 'Becken'; WBÖ V,765.
Ltg, Formen: *dšinéin* u.ä., *dšinéln* u.ä., auch *šinéin* u.ä. (FS, MÜ; EG), *šinéln* u.ä. OP (dazu GRI; WUN), *ša-* (MB), *dsinö̃ln* (BUL), ferner *dšinél* (DAH; PA), *-a* (SOG), *-na* (WS; VIB), *šinéina* (DEG), *dšnein* (EG), *dšneln* (TIR), *šn-* (FDB), *dšinéidan* (PAR), *dišéin* (PA), *šidéln* (CHA).
WBÖ V,765. M.S.

Tschintschantschuri
wohl N.: °*Tschintschantschuri* „Schellenaß" Kallmünz BUL.
Etym.: Herkunft unklar. M.S.

†Tschisma
M.: *Tschismə˜* „(kurze) Stiefel" SCHMELLER I, 682.
Etym.: Aus ungar. *csizma* 'Schaftstiefel'; WBÖ V,769.
SCHMELLER I,682.– WBÖ V,769. M.S.

Tschitschelein
N., (kleine) Katze: *Tschitschall* Stadlern OVI; „kleine Katze ... *Tschitschal*" NAB Oberpfalz 74 (1986) 110.
Etym.: Wohl Dim. zu verkürztem tschech. *kočička*, Dim. zu *kočka* 'Katze'; Oberpfalz 74 (1986) 110. Anders WBÖ V,769.
WBÖ V,769. M.S.

tschitschelein, Ausruf des Spotts, →*tschi*.

Tschitschibe →*Zizebe*.

Tschoch
wohl M.: *Dschoch* „Plage" Spr.Rupertiwinkel 24.
Etym.: Herkunft unklar; WBÖ V,709.
WBÖ 708f. (Tschach I).

Abl.: *tschechern*. M.S.

tschombeln
Vb., mit dem Fuß gegen einen Ball u.ä. treten, °NB vereinz.: °*du soist net allwei tschomben, da wern d Schuah kaputt!* Mallersdf.
Etym.: Herkunft unklar.

Komp.: [**weg**]**t.** (einen Ball u.ä.) mit dem Fuß wegstoßen, wegschießen: °*de gfaultn Äpfe hob i wegdschombed* Ergoldsbach MAL. M.S.

tschoren
Vb., klauen, stehlen, °OB, °NB, °OP vereinz.: °*dem homs sei Uhr tschort* Schrobenhsn.
Etym.: Abl. von rotw. *Tschorr* 'Dieb'; WOLF Wb.Rotw. 334.
WBÖ V,781. M.S.

tschu
Interj., Lockruf für Schweine, in Wiederholung, NB vereinz.: *tschu-tschu* Zwiesel REG.
Etym.: Onomat.; WBÖ 786f.
WBÖ 786f.

Abl.: *Tschul*. M.S.

tschuck, tschuckel(ein), -uch-
Interj., Lockruf für Schweine, meist in Wiederholung, °OP, OF vereinz.: *tschugl-tschugl* Schloppach TIR; *tschuk, tschuk* Thiershm WUN; *Tschuchala, Tschuchala, kummts!* SINGER Arzbg.Wb. 242.
Etym.: Onomat.; WBÖ V,788.
WBÖ V,788.

Abl.: *Tschuckel*[1]. M.S.

Tschuckel[1]**, -ch-**
F. **1** Ferkel, Schwein, °OB, NB, °OF vereinz.: °*i tou ma a Tschucherl ei* „ziehe ein Schwein auf"

Brand WUN; *An Ma(n)fer* [PN] *homs unter saa Pult oigschmissn, er haout virabäigt* [hervorgeschrien] *wöi a Tschucherl* SCHEMM Internist 95.
2 unreinlicher Mensch: °*bist du a alde Dschuggl!* „altes Ferkel" Thierstein WUN.
WBÖ V,787 (Tschuchellein). M.S.

Tschuckel[2], Schuh, →*Zuckel*.

Tschul
(Genus?), Ferkel, Schwein: *Tschul* Buchenau REG. M.S.

Tschumpel, abwertend Frau, →*Schummel*.

tschumpeln, herumlaufen, →*schummeln*.

tschumpern, schimmern, →*schummern*.

du, dich, dir
Pron. **1** du.– **1a** vertrauliche Bez. einer angesprochenen Person, °Gesamtgeb. vielf.: *bei di waxt do nix!* Peiting SOG; *an Sprung aina mâuche zu dia* Mittich GRI; *i hau da a mächadi* [Ohrfeige mit dem Handrücken] *nai!* Michelfd ESB; *wej wennst di du nockad a'szuigst* KÖZ BJV 1953,37; *Steig ... á'm Kèərschbám und tòu də' Kèərsch·n àbə'* REG SCHMELLER Mda. 494; *Du sprichst, daz ich dich mîde* HADAMARvL 165,702; *du schelm du fraß* Landshut um 1650 Jb.Schmellerges. 2012, 34,36.– Stark- u. schwachtonige Formen in Doppelsetzung zur Emphase: *I kim dă glei diă, du Lakl!* FEDERHOLZNER Wb.ndb.Mda. 56.– Phras.: *per Du* O'nzell WEG.– *D. mich auch!* Ausdruck der Empörung, Ablehnung: *dumia!* JUDENMANN Opf.Wb. 46.– Vkde: In der Dorfgemeinschaft war *d.* die allg. Anrede: „Die allgemeine Anredeweise ist *Du*, selten vernimmt man ein *Oes*" LENTNER Bavaria Voralpenld 27; „Pfarrer und Lehrer werden nur in der 2.Sg. angesprochen" WHITE Eisenhfn 105. „Ich sprach meine Großeltern mit *Ös* an, Eltern und Schwiegereltern mit *Du*; meine Kinder sagen zu allen *Du*" Bodenmais REG;— vgl. SCHMELLER Mda. 195.– Ä.Spr., Bez. der angesprochenen Person überhaupt: *uuerpistdu* wohl Rgbg 1.H. 9.Jh. StSG. III,12,29; *dû hebest dih engegen mir sô grôze* Kaiserchr. 128,2559.– **1b** refl., °Gesamtgeb. vielf.: °*dua di ned aso aufgamsen* [aufregen]*!* Ergolding LA; *bist nimma bei dir* von Sinnen Zeitlarn R; *Sinscht hast du di wohl it* [nicht] *kümmert um an Roßstall* THOMA Werke II,475 (Brautschau); *du hast dich ... gmacht Vnsichtbahr* 1764 M. KNEDLIK, Kemnather Passion, Pressath 1993, 197.
2 man, generalisierend: *bal di ebbas no so grimmt, na denkst da halt: „Was tuats? ..."* DINGLER bair.Herz 22.
3 unbetont, Dat.Sg. als Modalpartikel zur Bekräftigung einer Aussage, °OB, NB, °OP vereinz.: °*des waa da a Gaudi, wenn des aa nu passiarat!* Neuhs NEW; *Dös schaut da aas!* SCHEMM Neie Deas-Gsch. 39f.; *Die Staarl hab'n dir halt a G'schwatz* STIELER Ged. 175.
4 subst.– **4a** als M., mit *d.* angeredete Person: *Ba uns, do is der Baar der Du gwen, und der Hejtbou* [Hirte] *... aa der Du* KÖZ BJV 1954,197.– **4b** als N., Anrede mit *d.*, in Phras.: °*waou s Du daham is, is Oaschläckn niat weit* (Ef.) [Haushalte mit allg. *Du*-Anrede gelten als derb] Neuhs NEW.
Etym.: Ahd., mhd. *dû*, *du*, germ. Wort idg. Herkunft; KLUGE-SEEBOLD 219f.
Ltg, Formen: (1) Betont Nom.Sg. *dū*, Akk.Sg. *dī*, auch *dīχ* (TIR; WUN), Dat.Sg. *dia(r)* u.ä., daneben *dī* sw.OB (dazu LF; ND), vgl. Lg. § 50f1. Relikhafter Gen. →*dein*, →*deiner*.— (2) Unbetont Akk.Sg. *de*, Dat.Sg. *da* u.ä., Nom.Sg. postverbal meist elidiert, im Nebensatz als Flexion des Nebensatzeinleiters, s. →*-st*.
SCHMELLER I,479.– WBÖ V,816-822.

Abl.: *duzen*. A.R.R.

tü, Zuruf an Zugtiere, →*ti*.

Tubákel →*Tabák*.

tubalieren, ausgelassen sein, →*tablieren*.

Tube
F., Tube, Behälter: °*Tuwal* Langdf REG; *Tuum* BRAUN Gr.Wb. 689.
Etym.: Aus engl. *tube* 'Röhre'; KLUGE-SEEBOLD 934.
WBÖ V,823. M.S.

Dubel, Rauch, →*Tobel*[1].

Dübel[1], **-pp-**
M. **1** Dübel.– **1a** meist hölzerner Pflock, Zapfen zur Verankerung von Schrauben, Nägeln u.ä. in der Wand od. Decke, °OB, °NB, °OP, °MF, °SCH vereinz.: °*Düwi* Dachau; °*er hot an Nogl in Dübl eighaut* Pertolzhfn OVI; *Dīwl* BERTHOLD Fürther Wb. 40.– **1b** auch †N., meist hölzernes Verbindungselement zum Zusammenfügen von Brettern, Balken u.ä., °OB, °NB,

°OP vereinz.: °*das Rechahaupt mit am Dübel am Rechastej befestign* Schaufling DEG; *An ejder Bam* [Balken einer Holzwand] *is von ejder Seitn af d' Häjft ... eibohrt worn, guat oie zwoa ... Meter ... na hot ma d' Dejbl änitoa* KÖZ BJV 1952,26; *Der Düpel* „der hölzerne Nagel, der in ein jedes von zwey neben und an einander zu befestigenden Brettern greift" SCHMELLER I, 529; *Incastratura ... tupili* Tegernsee MB 2.H. 11.Jh. StSG. I,330,41; *Ich Hanns Raming ... Verkhauffe ... Den Erbarn Wolffgang Wastinger ... mein Aigne behausung ... wie die mit Tibl vnnd Nagl allenthalben Vmbfangen vnnd Zu derselben gehörig ist* MHStA Kloster Tegernsee Urkunden 2657 (7.1.1577).

2 an einem Brett, Balken angebrachter hölzerner Zapfen zum Aufhängen von Gegenständen, bes. Kleidung, °OB, °NB, °MF vereinz.: °*Dübel* „an denen Hüte aufgehängt werden" Reit i.W. TS; °*hengs auf den Dübel aufi!* Deggendf.

3 hölzerner Keil, °OB, °NB, °OP vereinz.: °*Diewl, Dibbel* „zum Auftreiben von Faßreifen" Rgbg.

4 Vorrichtung zum Regulieren des Dampfabzugs am (Back-)Ofen, °OB, °NB, °OP, °MF vereinz.: °*Dübel* „Tonklotz zum Verschließen der Abzugsrohre" Steinhart WS; °*machn Diebl af!* „meist zwei Schuber an einer Stange" Winklarn OVI; „*Dübbel* ... zylindrische Röhre aus grauem Ton mit einem Handgriff an dem einen geschlossenen Ende" Höhenkchn M HuV 16 (1938) 40; *Der Düpel* „Klotz, z.B. von Thon, den man bey Öfen in die Rauchröhre stellt, um die Wärme nicht unbenutzt weggehn zu lassen" M'nwd GAP SCHMELLER I, 529; „der Vilsbiburger Hafner *Martin Maister*, der im Heilig-Geist-Spital zu Vilsbiburg beim *Pachofer ein dibel eingesetzt* hat" 1679 GRASMANN Hafner Kröning 273.

5 hölzerner Tragbalken, °OB, °NB, °OP, °MF vereinz.: *Dippl* Haag WS.

6 †Flachsbündel: *ə̃ Düpel Har* „ein Kloben Flachs" SCHMELLER I,529.

7 †Döbel, Karpfenfisch: „der *Diebel* ... Dem Karpfengeschlechte gehörig und auch in solcher Form, grossen Kopf, dicken, stahlblauen, dunklen Rücken" WEBER Fische 37.

8: *Diiwe gem* „Schlag an den Kopf versetzen" Spr.Rupertiwinkel 21.

Etym.: Ahd. *tubil, (gi)tubili* stm./n., mhd. *tübel* stm., germ. Wort idg. Herkunft; PFEIFER Et.Wb. 248.

SCHMELLER I,529.– WBÖ V,1075-1078,1087.

Abl.: *dübeln, Dübler*.

Komp.: [**Bäcker**]**d. 1** auch N., Vorrichtung zum Regulieren des Dampfabzugs am Backofen, °OB, °NB, °OP vereinz.: °*der Beggadiwl* „Blechschieber, mit dem die Abzugsluke geschlossen und geöffnet werden kann" O'wildenau NEW; „Am bäuerlichen Backofen ... war zur Zugluftregelung über der Ofentüre ein so genanntes *Bäckerdibbe* eingebaut, das aus einer konisch geformten Buchse und einem tief hineingreifenden Deckel mit Bügelgriff bestand" Bödldf VIB GRASMANN Hafner Kröning 273.– **2**: °*Bäckerdübel* „Strohwisch, mit dem im Backofen der Dampf abgeräumt und die Hitze reguliert wird" Geisenfd PAF.

[**Brot**]**d.**: °*der Brotdübel* „Balken mit Sprossen zum Aufbewahren der Brotlaibe" Aidenbach VOF.

[**Decken**]**d.**: °*Deckendübel* „Tragbalken der Stubendecke" Passau.

[**Holz**]**d. 1** Dübel.– **1a** wie →*D.*1a, °OB, °NB, °OP, °MF vereinz.: °*Hulzdibl* „Holzeinsatz für Schrauben" Regelsbach SC.– **1b** wie →*D.*1b, °OB, °NB, °OP vereinz.: °*Holztübö* „zum Verbinden von Balken" G'berghfn DAH.– **2** wie →*D.*2, °OB, °NB, °SCH vereinz.: °*Holzdüwe* „Holznägel am Balken, wo Hüte aufgehängt werden" Reit i.W. TS.

[**Mauer**]**d.** wie →*D.*1b: °*Mauerdübel* „Holznagel zwischen zwei Balken" Euernbach PAF.

[**Moos**]**d.**: °*Moosdiwin* Fahrbretter in einem Torfstich Steinhögl BGD.

[**Ofen**]**d.** wie →*D.*4, °OB, °NB vereinz.: °„mit konischen *Ofendübeln* aus Ton wird beim Backofen der Rauchabzug reguliert" Lenggries TÖL; *Ofendüpel* M'nwd GAP SCHMELLER I, 529.

SCHMELLER I,529.– WBÖ V,1078.

[**Rad**]**d.**: °*Råddüwö* Nagel, der das Rad an der Achse festhält Plattling DEG. M.S.

Dübel[2], Beule, Dummkopf, →*Düppel*[1].

dübeln

Vb. **1** mit Dübeln zusammenfügen: °*de Schubladn demma dübln und it* [nicht] *zinkn, weil des dauad z'lang* Hochdf FDB; *Fünf Schichten Holz schneiden, kleben, dübeln* Ingolstadt SZ 73 (2017) Nr.59,R15; *eine Badwanne, länglicht im Achteck, und gedibelt aufgesetzt* 1653 Neuburg Bayerld 18 (1907) 166.– Phras.: „dass die

Räte ihren Nachfolgern ein schädliches ... Projekt *aufs Aug' dübeln* [aufbürden]" Wolfratshsn SZ Wolfratshausen 70 (2014) Nr.17,R9.
2 (ein Faß) mithilfe eines Keils bereifen, mit Faßreifen versehen: °*dös Faßl deafst diewen, weis zlexlt is* O'neukchn MÜ.
3: °*dübeln* „Rübensamen säen" Walleshsn LL.
4 Geschlechtsverkehr ausüben: *dübeln* Schrobenhsn.
WBÖ V,1087-1089.

Komp.: [**ein**]**d. 1** mit einem Dübel in der Wand od. Decke verankern, °OB, °OP vereinz.: °*heid wean de Nägl mid an Düwibåhra eidüwed* Dachau; °*eidüwln* „einen Haken einmauern" Rgbg.– **2** (einen hölzernen Zapfen) zum Aufhängen von Kleidungsstücken an einem Brett, Balken befestigen: °*de Drågnegl müaßm eidüwed sei* Dachau.– **3** ein Brett, einen Balken mit hölzernen Zapfen zum Aufhängen von Kleidungsstücken versehen: °*an Draambam eidüwen* Dachau.

[**ver**]**d.** wie →[*ein*]*d.*1: °*wichdö is, daßd guad vadiwön duasd, daß ois guad hoid* Grafenau.
WBÖ V,1090. M.S.

düben →[*da*]*üben*.

Tuberer
M.: *Tuwara* Mensch, der an Tuberkulose leidet Kohlbg NEW.
Etym.: Abl. von einer Kurzf. von →*Tuberkulose*; WBÖ V,824.
WBÖ V,823f. M.S.

Tuberkel
N., F.: *Tuberkel ... das ... die* „der Tuberkel" ZEHETNER Bair.Dt. 352.
Etym.: Aus lat. *tuberculum* 'kleine Geschwulst, kleiner Höcker'; DUDEN Wb. 3989. M.S.

Tuberkulose
F., Tuberkulose, °OB, MF vereinz.: °*bei dem håms Tupakulose festgschdejd* O'schleißhm M.
Etym.: Fachsprl. Bildung zu lat. *tuberculum* 'kleine Geschwulst, kleiner Höcker'; KLUGE-SEEBOLD 934.
WBÖ V,824.

Komp.: [**Lungen**]**t.** Lungentuberkulose, OB, NB vereinz.: *d Lungnduwakulose* „Schwindsucht" Mittich GRI.
WBÖ V,824. M.S.

Tuberkulus
wohl M., scherzh. Fernglas, Fernrohr: *i hab heut vom Eibsee aus mit am Tuberkulas s Münchner Haus gseng* „spaßige Redeweise von studierten Bauern" Weilhm.
Etym.: Wohl Kontamination aus schriftsprl. *Tubus* u. →*Tuberkel*. M.S.

dubiös
Adj.: *dubiǒs* „zweifelhaft, unsicher" nach GOODWIN Ugs. 103.
Etym.: Aus lat. *dubiosus*; PFEIFER Et.Wb. 249. M.S.

Dübler
M., Darsteller im Schäfflertanz, der das Zusammensetzen u. Bereifen der Fässer nachahmt: „20 Tänzer ... zwei Reifenschwinger ... sowie die vier *Dübler*" Geisenfd PAF Altb.Heimatp. 71 (2019) Nr.6,20f.
WBÖ V,1095. M.S.

Tuch, †Tucht
N. **1** häufig Dim., meist viereckiges, gesäumtes Stück Stoff für best. Zwecke, °OB vielf., °OP mehrf., °NB, OF, °MF, SCH vereinz.: *da Muatta ihra Tiachl* Kopftuch Langdf REG; *a Douch zun Odrickan* Pommelsbrunn HEB; *dr Doag ... Ma deckdn mid an sauwara Duach zua und schdölld'n an a warms Bläddzla na* WÖLZMÜLLER Lechrainer 89; *(Panniculis) thuochen* wohl Tegernsee MB 9.Jh. StSG. II,72,17; *Man schol die frischen lorber zerstozzen vnd ... sieden in ôl vnd schol daz dann seihen durch ein tůch* KONRADvM BdN 357,23f.; *Die Weiber und ledigen Menscher dürfen ... zu ihrem Überrock noch ein Diehl ... tragen* Auerbach ESB 1732 Oberpfalz 6 (1912) 14.– Phras.: *Unsere weißblaua Krampfsepperl san für mi a rots Tuach* [rufen meinen Widerwillen, Zorn hervor] Roider Jackl 358.– *Wie ein gelbes / rotes Tüchlein ausschauen* u.ä. von gelber / roter Gesichtsfarbe: *wia a rot's Tüichl* Mauth WOS; *döi schaut wöi a gells ... Töich'l aas* „als hätte sie die Gelbsucht" BRAUN Gr.Wb. 662.– *(Heiklig) wie ein seidenes Tüchlein sein* empfindlich, leicht verletzbar, OP vereinz.: *der is so hoigla wej a seidas Dejchl* Steinlohe WÜM;– „den muß man behandeln *wöi a seidas Döichl*, behutsam" Hessenrth KEM.– °*Dea laßd se ausnehma wira naß Duach* „allzu gutmütiger Mensch" Nandlstadt FS.– *Das T. bei den vier Zipfeln haben / packen* u.ä. erfolgreich, wohlhabend sein, °OB, °NB, °OP, °MF vereinz.: °*um den braucht*

ma si net kümmern, der packt s Tuach bei die vier Zipfln N'viehbach DGF.– *Leichteren Tuches* [wohl ohne ausreichendes Einkommen] *hat sie viel Sorgen gemacht* Amery Dortmals 21.– Spiel: *s Töichl-A(u)skugln* „bis vor dem Ersten Weltkrieg ... Männer kegelten um den Preis eines bunten, seidenen Halstuches" Schlottenhf WUN Singer Arzbg.Wb. 237.
2 Tuch, Gewebe, Stoff, bes. Wollstoff, Leinwand, °OB, °OP, °SCH vielf., °NB mehrf., °MF vereinz.: *mera Bauschn Duach herlögn* Mittich GRI; *s Touch is in da Foa*^{r} „wird gefärbt" Stadlern OVI; *Dö mearan Wöwa hamand grod dös oafachö Dou gweacht* Kerscher Waldlerleben 134; *„Das ... Tuəhh*, opf. *Touhh*, das eigentliche Tuch ... auch jede Art von Leinwand" Schmeller I,582; *Die priester vnd die brvder ... mugent haben zwen besclozen rokke bairisches tvohes* Eichstätt um 1250 Sammelbl.HV.Eichstätt 64 (1971) 16 (Spitalregel); *Mer auf schwartz wullen tuecht iiij fl.* Rgbg 1519 ZBLG 51 (1988) 783,472.– Phras.: °*der geht ein wia des guat Tuach* „magert stark ab" Garmisch-Partenkchn;– „Wenn jemand wegen Krankheit oder hohem Alter schrumpelig wird ... *däa gäiht z'samm wöi s Löi(b)mstoina Touch* ... Liebenstein ... östlich der Landesgrenze" Singer Arzbg.Wb. 238, ähnlich °REG;– *schlecht wöis Stankauer Touch* Höll WÜM.– *„Der is wia a nudlguats Tuach* ... ein guter, zuverlässiger Mensch" Schlehdf WM HuV 15 (1937) 318.– „Von einem eigenartigen Menschen ... *Däa haout olwas* [albernes] *Touch za sein Wammes*" Singer Arzbg.Wb. 167.– *Einer mit zweierlei T.* u.ä. Polizist od. Soldat in Uniform, NB, OP vereinz.: *dö mit zwoaraloi Tuach* „scherzhaft Gendarmen" O'schneiding SR; „Mit *zweuala Touch* war früher das Militär gemeint" Singer Arzbg.Wb. 283.
3 †Maßangabe.– **3a** best. Längenmaß für Tuch, Stoff: *1 Saum 2 Tuche Gastgut* Passau 1401 JberHVS 68 (1965) 53.– **3b** best. Menge einer Traglast: *Vier vierling habern zwai tuech hew Vier huner* Dießen LL 1476 Clm 1019,fol.118^{v}.
4 von Menschen.– **4a** liederliche, leichtsinnige, v.a. weibliche Person, meist in der Fügung: *leichtes T.* °OB, °NB vielf., °OP mehrf., °OF, °MF, °SCH vereinz.: °*a leichts Duach is a ållawei scho gwen, da Jågg* Ebersbg; *a Tüachal* „liederliches Weibsbild" Taubenbach PAN; °*enka* [euer] *Moidl is fei a leichts Douch woan* Nittenau ROD; *a leichts Deichl* „leichtfertiger Mensch" Konrad nördl.Opf. 73.– **4b** (allzu) gutmütiger Mensch, nur in der Fügung: *gutes T.* u.ä. °OB, °OP, °SCH vereinz.: °*de is a seelnguats Tuach* Lenggries TÖL; °*der Sepp is a guats Touch* Parsbg.– **4c** ältere unverheiratete Frau: °*altes Tuch* Thanning WOR.

Etym.: Ahd. *tuoh* stn./m., mhd. *tuoch* stn., westgerm. Wort unklarer Herkunft; Kluge-Seebold 934.

Ltg, Formen: *duax* OB, NB, SCH (dazu BEI, PAR, R, WÜM; EIH), *doux*, *-ǫu-* OP, OF, MF (dazu IN; BOG, KEH, MAL), *dua* NB (dazu AÖ, BGD, MÜ), *dou*, *-ǫu* (BOG, KÖZ, MAL, REG, VIT; BUL, CHA).— Dim. *diax(α)l(α)* OB, NB, SCH (dazu AM, PAR, R, RID; EIH), *-e* OB, NB, *-ai* östl.OB (dazu PA, REG), *diae* (LF; WEG), *deix(α)l(α)*, *-ęi-* nördl.NB, OP, OF, MF (dazu IN), *-e* (BOG, DEG, KÖZ, VIT), *-ai* (KÖZ, REG, VIT), *deigl(α)* MF (dazu PEG).

Schmeller I,582f.– WBÖ V,824-831.

Abl.: *-tüch*, *tüchen*, *Tucher(er)*, *tüchig*, *Tuchler*, *Tuchlerin*, *tuchseln*.

Komp.: [**Altar**]**t.** Altartuch, OB, NB, SCH vereinz.: *Oiddoadou* Klinglbach BOG; *8 Altartücher 40 fl* Alteglofshm R 1809 Regensburger Ld 2 (2009) 109; *Div altertvcher vnd div corporal svlen sin wiz vnd rain* Eichstätt um 1250 Sammelbl.HV.Eichstätt 64 (1971) 14 (Spitalregel); *Mein pestes tischlachen zu zwain altertucheln auf den fronalter ze Altencappelle und auf den alter zu sand Cassan* 1359 Rgbg.Urkb. II,144; *die khirchen zür, Möß gewänter ... vnd althar düecher, hin wöckh genumben* 1634 Haidenbucher Geschichtb. 109.

WBÖ V,832.

[**Aschen**]**t.** Seihtuch aus grobem Leinen, das zur Herstellung von Aschenlauge über den Waschbottich gespannt wird: °„Asche wurde in das *Aschentuch* geschüttet und mit siedendem Wasser übergossen" Arnstorf EG; *Drittens/ muß bey der Laug giessen ... ein Stroh seyn/ das muß vnder den Aschen gelegt werden/ dann wann diser erwaicht/ fallet er fest zusammen/ verschoppet das Aschen-Tuech/ daß die Laugen nicht kan durchtringen* Geminianus Monacensis, Geistlicher Weeg-Weiser gen Himmel, Bd III,1, München 1709, 242.

WBÖ V,832.

†[**Ascher**]**t.** wie →[*Aschen*]*t.*: *Ain Sidl, darin ain Ascherduech* Meßnerschlag WEG 1691 BJV 1962,214 (Inv.).

WBÖ V,832.

[**Augen**]**t.** Dim., um ein krankes Auge gebundenes Tuch, NB vereinz.: *Angdejchö* St.Englmar BOG.

WBÖ V,832.

[**Bach**]**t.** Tuch zum Bedecken der Teiglinge während des Gehenlassens, NB, OP vereinz.: *d'Semmln und Weckn wern mit an Bochtöichl zoudeckt, wenns afn Bred liegn* Wdsassen TIR.
WBÖ V,832.

[**Bäcker**]**t.** wie →[*Bach*]*t.*: *Beckatäiga* „zum Zudecken der Bäckerware, damit sie nicht krustig wird" Etzenricht NEW.

[**Bad**]**t.** Badetuch, OB, NB, OP vereinz.: *s Bodtuach* „soll leinen sein" O'audf RO; *Badtgewandt … Dreir Padtuecher* Mchn 1581 MJbBK 16 (1965) 137 (Inv.).
WBÖ V,832f.

[**Bahr**]**t.** Bahrtuch, Tuch zum Bedecken des aufgebahrten Toten od. Sargs, OB mehrf., NB, OP, MF, SCH vereinz.: *s Bahrtuach* „aus schwarzem Samt, für Verheiratete mit gelbem Kreuz, für Wöchnerinnen, Jünglinge und Jungfrauen mit weißem Kreuz in der Mitte" Altötting; *Bouadouch* Tännesbg VOH; *dz zinnerne Särckhl ist mit einem Schwarz Sambeten bar duech bedöcht gewösen* 1631 HAIDENBUCHER Geschichtb. 79.
WBÖ V,833.

Mehrfachkomp.: [**Toten-bahr**]**t.** wie →[*Bahr*]*t.*: *Dounbouadouch* Söllitz NAB.

†[**Bank**]**t.** über eine Sitzbank gebreitetes Tuch: *daraus sein gemacht zwen grosse pannckhtuecher Jns pad* Burghsn AÖ 1542 StA Mchn Regierung Burghausen B2,fol.5^{v}.
WBÖ V,833.

†[**Bärtel**]**t.** rauhes, ungeschorenes Tuch: *von Bartltuechern, was fünff vnd Sechs fünffzig sein von ainem stuck zu schern 6 kr.* Burghsn AÖ 1571 Bayerld 7 (1896) 179.– Zu *bärteln* 'die Tuchfasern auf halbe Länge scheren' (DWB I, 1144), Abl. von →*Bart*.

†[**Patene**]**t.** wohl Korporale: *umb ein seiden patentuch … 30 crucigeros* Frsg 1469 Sammelbl. HV.Frsg 11 (1918) 57.

[**Bau**]**t.** Tragetuch für das Saatgut, aus dem gesät wird, °OB mehrf., °NB, °OP vereinz.: *°s Bautuach war a leinis Tuach* Brunnen SOB; *Bautuch* MÜ ADV NF K.50.

[**Beicht**]**t.** Tuch, mit dem sich der Priester das Gesicht während der Beichte verhüllt: *Beichttuch* Haag WS; „ein sogenanntes *Beichttuch* von Leinen, eine Elle im Gevierte" Mchn Intelligenzbl.OP 1849, 630; „Zähren, welche der Pater in sein *Beichttuch* aufgefasset … hat" 1780 BUCHER Werke VI,542.

[**Bett**]**t.** Bettuch, Bettlaken, °OP, OF, MF vielf., °OB, °NB vereinz.: *a Schnä*^{n}*tzdöihl wöi a Beddåu so gråus* Zandt KÖZ; *°mei Großvada hod a leinas Douch gwebt, draß hod ma Beddejcha gnaht* Winklarn OVI; *Du haousta dös Bettouch wieda dazuang* [beschmutzt]*!* SINGER Arzbg.Wb. 51.
WIESINGER in: Fs.SCHMITT 1988 K.7.– WBÖ V,834.

†[**Beutel**]**t.** Beuteltuch: „Daselbst wird das *Beuteltuch* fabricirt u. von da in alle Welttheile versendet" 1858/1859 Heimat TIR 20 (2008) 58; *IIII ½ ellen peyteltuch* Lererb. 67; *daß mit denen Inländischen Beutltüchern das Malter, und Mehl so anständig … als mit denen Ausländischen … Tüchern nit hergestellt, und abgemahlen werden könne* Von Gottes Gnaden Wir Maximilian Joseph … wider den … Mühl-Beutltuch-Appaldo, 31.10.1752[, 1].
WBÖ V,834.

[**Ab-bind**]**t.** Dim., Kopftuch der Frau, °OB vereinz.: *Obinddiache* „weißes Kopftuch, das die Frauen bei der Feldarbeit im Sommer tragen" Erding.– Auch weißes Kopftuch, als Sonnenschutz über dem schwarzen Kopftuch getragen: *Abbindtüachl* Dingolfing; „das *Abbindtüchl* … Der Sonnenschirm verdrängt es … immer mehr" J. SIXT, Der Amtsbezirk Dingolfing, Dingolfing 1887, 124f.

Mehrfachkomp.: [**Her-ab-bind**]**t.** Dim., wie →[*Ab-bind*]*t.*, OB, °OP vereinz.: *Robindtüchl* Kchdf FS.

[**Abher-bind**]**t.** Dim., wie →[*Ab-bind*]*t.*, °OB, °NB vereinz.: *°Owabinddiache* „im Sommer weiß gegen Staub und Hitze, im Winter dunkel gegen Wind und Kälte" Garching AÖ; *Wenn d' Omà im Windd*^{a} *außegäd, legt s'* ^{a} *Å[w*^{a}*binddi*^{a}*-che] o* BAUMGARTNER Wasserburger Ld 55.
WBÖ V,835.

[**Aufhin-bind**]**t.** wie →[*Ab-bind*]*t.*: *Aufibindtüachö* „schwarzes … Kopftuch, das von den Frauen ohne oder unter dem Hut getragen wird, wobei der Zipfel über den Nacken herunterhängt" HELM Bgdn.Ld 13.

[**Hinter-bind**]**t.** im Nacken verknotetes Kopftuch: *°Hinterbindtichla* „um die Stirn nach hinten gebundenes, schwarzes Kopftuch, zur Tracht an Sonn- und Feiertagen" Weiden.

[**Hint**(**er**)**hin-bind**]**t.** Dim., in best. Weise gebundenes Halstuch: *a Hindebinddüichl håud ma a ghad, a schwoazseidas mid goidene Boardn* Tuch um den Hals der Braut Beilngries; „das sogen. *Hintribind-Tüchl* … dreieckig zusammengelegt, von hinten nach vorn um den Hals und dann wieder nach rückwärts einmal geschlungen" MAI 1860 Widmann Holledauer 48.

[**Blut**]**t.** rotes Tuch am Pferdekummet: „damit sich die Bösen schon gar nicht erst hertrauten … rotes *Bluttüchel* und Marder- oder Dachsbalg … am Kummet des Handpferdes" Silbernagl Almsommer 128.

[**Bögel**]**t.**, [**Bügel**]- Tuch über dem Bügelbrett od. der zu bügelnden Wäsche, °OB, NB, OP vereinz.: *s Begltuach herrichtn* „schwarzes Wolltuch, belegt mit einem weißen Baumwoll- oder Leinentuch" Wasserburg.
WBÖ V,835.

[**Böhm**]**t.** meist Dim., wie →[*Ab-bind*]*t.*, °NB vereinz.: °*Beemdiache* „trägt die Bauersfrau zur Arbeit" Simbach PAN; *setz a Behmtiachl auf, sonst vakejtst di* PAN Altb.Heimatp. 66 (2014) Nr.38,4; „die großen, schwarzseidenen, in sich gemusterten sogenannten … *Böhm-Tüchln* … bei denen … die rechteckigen, über den Hinterkopf fallenden Zipfel unter die beiden flügelförmigen Enden gebunden wurden" südl.Rottal um 1870 Zaborsky Tracht Ndb. II,20.

[**Poussier**]**t.** Einstecktuch: *an neia Frack und a Poussiertöichl drinna* Schemm Neie Deas-Gsch. 38.

[**Bouton**]**t.** kleines, vorne verknotetes Halstuch: *Beituntüachl* „der Braut" Tegernsee.

[**Braut**]**t.** Dim. **1** Taschentuch der Braut, NB, OP vereinz.: *s Bratdöihl* „ist weiß, wird vom Bräutigam geschenkt und später bei hochfestlichen Anlässen wieder verwendet" Zandt KÖZ; „Hat das Kind … Fraisen … so legt man unter des Kindes Kopf das *Brauttüchel* … der Mutter" Neusorg KEM Oberpfalz 8 (1914) 172.– Auch Taschentuch des Bräutigams: *s Brauttöichl* „meist rötlich" Herrnthann R.– **2** Tuch, in das Mitbringsel vom Hochzeitsessen eingebunden werden: °*Brauttücherl* „mit dem das übrige Fleisch heimgetragen wird" Endlhsn WOR.
WBÖ V,835.

[**Breit**]**t.** Schultertuch, °OB vereinz.: °*Broattuch* „schönes Seidentuch, zum Dreieck gefaltet, vorne mit beiden Enden unter der Schürze befestigt" Mchn.

Mehrfachkomp.: [**Auf-breit**]**t. 1** Dim., wie →[*Breit*]*t.*, °OB, °OP, °SCH vereinz.: *Aufbroadüachl* „bedeckt Schulter und Busen, aus weißer oder heller Seide mit farbiger Bordüre" Kochel TÖL; *in da Klag … a hoacha Festtag … san an dem Tag as Aufbroattüachla und as schwaarseidane Fürta aa schwarz* Bauer Oldinger Jahr 121.– **2** Tischtuch, auch Altartuch, °OB vereinz.: °*Aufbreittuch* Steinhögl BGD; *2 Aufbreittücher* 1834 W. Brugger, S. Götze, Burg- & Schlosskirche St. Veit in Marquartstein, Berchtesgaden 2022, 49 (Inv.); *1. Aufbreittuch* Zur Kurfürstl. Hochlöbl. Regierung Burghausen … Klag-Libell, o.O. 1777[, 129] (Inv.).– Auch: Unterlage für Speisen im Freien, °OB vereinz.: °*Aufbreittüchl* „darin hatten Handwerksburschen ihre Brotzeit" Reit i.W. TS.– Unterlage für das Geldgeschenk zur Hochzeit: °*Aufbreittüchl* „liegt am Brauttisch" Thanning WOR.– **3** wohl †wie →[*Bett*]*t.*: *Sechs auffprait Duecher* Mchn 1581 MJbBK 16 (1965) 137 (Inv.).– **4** Teppich: °*Aufbreittuch* „an Sonn- und Feiertagen ausgelegt, wenn Besuch kommt" Wildenroth FFB.– **5** Brustwickel: °*Aufbreittuch* „bei Husten auf die mit Schweinefett eingeriebene Brust gelegt" Thanning WOR.

– [**Aus-breit**]**t. 1** wie →[*Breit*]*t.*, °OB vereinz.: *Ausbroattüachl* Uffing WM.– Auch Umschlagtuch über Kopf u. Schultern: *Des alte Waberl … (da Vetter werd begrabn) … Ziagt übern Kopf as Ausbroattuach* Altb.Heimatp. 6 (1954) Nr. 48,7.– **2** wie →[*Auf-breit*]*t.*2: °*Ausbreittüchl* „zum Essen" Lindenloh BUL.– **3** †wie →[*Bett*]-*t.*: *1 grünes taffetes Ausbreittuch über das Bett* Hart WS 1689 Inn-Oberld 17 (1932) 74.– **4** wie →[*Auf-breit*]*t.*5: °*Ausbreittuch* Thanning WOR.

[**Brem**(**en**)]**t.** Tuch am Pferdegeschirr zur Abwehr von Mücken, Fliegen u. Bremsen, °OB, °NB, °OP vereinz.: °*Bremtuach* „netzartig, mit Quasten" Arnstorf EG.

[**Bretter**]**t.** wie →[*Bach*]*t.*: *Brettertücher* „zum Zudecken der Teigsemmeln" Traunstein.

[**Brot**]**t. 1** Tuch, auf dem die Teiglinge vor dem Backen liegen, NB vereinz.: „die Semmel liegt beim Bäcker auf dem *Bråudtuach*" Iggensbach

DEG.– **2** Tuch zum Abdecken od. Einbinden des Essens, das aufs Feld getragen wird: *s Bråudtua* „über dem Imbiß im Brotkorb" Mittich GRI.– **3** †best. Tuch für Brot als Teil der Tischwäsche: *ii Lot roter Näseiden zu den Prottüchern* 1485 DORNER Herzogin Hedwig 95.
WBÖ V,835.

[**Brust**]**t.** Schulter- od. Brusttuch, °OB, NB, °OP, °MF, °SCH vereinz.: *s Brustdiachl umbinttn* Mittich GRI; *Bruusdtouch* „großes, wollenes oder baumwollenes, mit Fransen versehenes Umschlagtuch" BRAUN Gr.Wb. 69; *Pectoralis fascię prusttuoches* Tegernsee MB 10./11.Jh. StSG. I,626,55; *umb i Viertel Sämbat, den jungen Freilein zu Prustüchern* 1485 DORNER Herzogin Hedwig 86.
WBÖ V,835f.

[**Pünkel**]**t.** Tuch zum Einbinden u. Tragen von Speisen: *wie einer nach dem andern sein rots oder blaus Binkeltuch aus dem Sack zog, einen Brocken Kälbernes … nebst etlichen Schmalznudeln … dareinband* CHRIST Werke 357f. (Mathias Bichler).– Zu →*Pünkel* 'Bündel'.

[**Bür**]**t.** Tuch zum Transport von Gras, Heu u.ä.: *Biadouch* „Leinentuch, 2 x 2 m, mit vier 1 m langen Bändern an den Ecken" Sulzbach-Rosenbg.– S. Abb. 15. – Zu einer Nebenf. von →*Burde* 'Traglast'.

[**Tabak(s)**]**t.** meist Dim., Taschentuch, bes. des Schnupfers, °OB mehrf., °NB, °OP, °SCH vereinz.: °*a Dawaktüache* „buntes Schneuztuch des Schnupfers" Altenerding ED; °*Tawakstöichl* Frauenbg PAR; *ein … Fahn'l … in Form eines Tabaktüchel* Stadtfraubas (München) 2 (1863) 389.
WBÖ V,837.

Mehrfachkomp.: [**Schnupf-tabak(s)**]**t.,** [**-opf-**]- meist Dim., wie →[*Tabak(s)*]*t.*, °OB mehrf., °NB, °OP, SCH vereinz.: °*zum Schneizn håd er a grouß Schnupftabaktüache* Gebensbach ED; *Schnoubfdawackchdiachla* „meist blau, mit gedrucktem Muster" Mering FDB; „1. April … Man schickte sie … um ein *Schnupftabaktüchl* in die Drechslerei" Spiegelau GRA HALLER Glasmacherbrauch 125f.

†[**Tafel**]**t.** Tafeltuch: *vier unnd zwainczigckh dischtiecher dreiczechen tafl tiecher* Lichtenbg LL 1604 SbMchn 1910, 5.Abhandlung 25 (Inv.).
WBÖ V,837.

[**Kirch-tag**]**t.** Dim. **1** festliches Kopf-, Schultertuch u.ä., °OB, °NB, °OP, °SCH vereinz.: °*Kirtatüchl* „schönes Kopftuch für festliche Tage" Rottenburg.– **2** zu Kirchweih verschenktes Kopf-, Schulter-, Taschen-, Einstecktuch u.ä., °OB, °NB vereinz.: °*Kiadadiachö* „Halstuch, das der Bursche seinem Mädchen schenkt" Ergolding LA; „sie schenkt ihm … das *Kirtatüachl* (Einstecktuch)" Ering PAN OBERWALLNER Truhe 50.– **3** Tuch zum Einbinden u. Tragen von zu Kirchweih zubereiteten Speisen, °OB, °NB vereinz.: °*Kirtaküachal ins Kirtatüachal glegt* „die Dienstboten bringen sie so zu ihren Eltern heim" Wildenroth FFB.– **4**: °*Kirtatüchlein* „rote Tücher an den Fenstern bei der Kirchtagsprozession" Peißenbg WM.

[**Taschen**]**t.** meist Dim., Taschentuch, ugs., städt., °Gesamtgeb. vereinz.: °*i hob ma extre as Daschndiache an Gnupf einegmacht, daß es ned vagiß* G'holzhsn RO; *Daschadiachla* „in Bürgerkreisen" Mering FDB; *s Taschntöichl* SINGER Arzbg.Wb. 235.– Phras.: *dös is grad so, als wenn da Frau as Taschntuach raushängt* „wenn der Mann klein und die Frau groß gewachsen ist" Rosenhm.
WBÖ V,837.

[**Tauf**]**t. 1** Dim., Tuch, das der Priester bei der Taufe verwendet, OB, OP vereinz.: *Taftüachei* O'audf RO.– **2** †Tauftuch: *1 Tauftuech, mit schwarzer seiden auß genädt* Frsg 1613 Frigisinga 7 (1930) 240.
WBÖ V,837.

[**Dengel**]**t.** beim Sensenschärfen benötigtes Tuch: „Dem Knecht verehrt … eine Magd ein sogenanntes *Dengltüachl* für das Sensenschärfen, in welches … gerne … der Name der Spenderin eingestickt wird" VIB HuV 10 (1932) 38.

[**Tibet**]**t.** Kopftuch aus dickem Wollstoff (→*Tibet*): *schwårze Tibetdiachlen mit schwårz eigschdikte Bloame* Hfhegnenbg FFB.
WBÖ V,837.

†[**Dirn**]**t.** Tuch der Magd: *1 lafftl* [Schachtel] *mit einem dirntuch* Rgbg 1476 Rgbg.Judenregister 125.

[**Tisch**]**t.** Tischtuch, °OB, °OP, °MF, SCH vielf., °NB mehrf.: *a schmirwis Dischduach fest uman Kopf schlagn und dünstn lassn* „gegen Zahnschmerzen" Straubing; °*schau af, du trölderst s ganze Tischtouch voll!* Nabburg;

S'Dischdouch wird alli acht Dog gwechslt Bärnau TIR SCHÖNWERTH Leseb. 86; *vier tisch tuecher gestraimbt* 1495 Stadtarch. Rgbg Inv. Aman, fol.6r; *1 Tisch Tüchl* Brannenburg RO 1788 G. WERNER, Eremiten im barocken Bayern, Münster u.a. 2017, 226 (Inv.).– Phras.: *zwischn uns is Tischtuach zschniehn* „unsere Freundschaft ist beendet" Passau.– Auch †Tuch, mit dem sich Frauen in den Rauhnächten verhüllen: „In der *Rau-Nàcht* ... Die Waldlerinnen hüllen sich gern ... sie über den Kopf hängend, in ihre sogenannten *Tischtücher* von schöner Leinwand, mit einem rothen Streifen in der Mitte und rothen Trodeln ... an den Ecken" Bay.Wald SCHMELLER II,14.
WBÖ V,837f.

[**Topfen**]**t.** Seihtuch, um Quark von Molke zu trennen, °OB vereinz.: *Dopfntuach* Kochel TÖL; „der *Säure* oder *Käswasserzuber*, worauf die Seiher zum *Dopferaufgießen* und das *Dopfertuch* ruht" LENTNER Bavaria Almen 17.

[**Toten**]**t.** wie →[*Bahr*]*t.*, OB, NB, OP, MF vereinz.: *Totentuch* „für Ledige mit weißem, für Verheiratete mit rotem Kreuz" Dietelskchn VIB; *Doundouch* Pfrentsch VOH; *dem Herrn Pfarrer für Stolgebüren, 14 beymessen ... Todtentuch ... 30* [fl.] *58* [kr.] Rgbg 1815 VHO 90 (1940) 75; *ein weyss toten tůch auff die par* Landshut Mitte 15.Jh. ObG 11 (1969) 309 (Inv.).

[**Trag**]**t.** Tragtuch, Tuch zum Einbinden u. Tragen, °OB, °NB, °OP vereinz.: *Draduach* „für Heu" Hartmannsrt WEG.
WBÖ V,832.

[**Trame(n)**]**t.** best. Krawatte, Halsbinde: *Tram(n)düache* „seidene Trachtenkrawatte" Ramsau BGD Bergheimat 10 (1930) 42.– Bestimmungsw. aus frz. *trame* 'Schußfaden'.

[**Trenz**]**t.,** [**Trems**]**-,** [**Trensch**]**-** meist Dim. **1** Kinderlätzchen, °OB mehrf., °NB, °OP, °SCH vereinz.: °*Tremstüachla* Rehling AIC; °*Trenztöichl* „um den Hals von kleinen Kindern, die geifern" Frauenbg PAR.– **2** Serviette, °OB, °NB, °SCH vereinz.: °*Trenztüachl* „um die Kleidung beim Essen nicht zu verschmutzen" Steinhart WS.– **3** Taschentuch, bes. zum Trocknen der Tränen, °OB, °SCH mehrf., °NB, °OP vereinz.: °*då håb i mei Trenztüachl braucht* „bei der Beerdigung" Taching LF; °*hast denna s Trenzltüchl dabei?* „zu einem, der weit wegreist" Neukchn a.Inn PA; *Du rinnaugats Deandl i hab di so gern, i kunnt z'weng deine Rinnaug'n glei a Trenztüachl wer'n* W. SCHMIDKUNZ, Auf der Alm ... 365 waschechte Schnaderhüpfln, Rosenheim 1974, 156.– **4** weinerlicher Mensch, °OB, °NB vereinz.: °*a Trenztüachl* „weinendes Kind" Straubing.
WBÖ V,838.

[**Trocken**]**t.,** [**Trück(en)**]**-** **1** Geschirrtuch, OB, NB, OP, MF vereinz.: *Driggadejchl* Eslarn VOH.– **2** Aufwischlappen: *Trockntuach* Mehring AÖ.

Mehrfachkomp.: [**Ab-trock(en)**]**t.,** [**-truck-**]**-,** [**-trück-**]**-,** [**-trückel**]**-** **1** wie →[*Trocken*]*t.*1, OB, OP, MF vereinz.: *Otrikituach* Trockentuch für das gewaschene Geschirr Isen WS; *Otrucktouch* O'trübenbach ROD; *s Otricktöichl* SINGER Arzbg.Wb. 169.– **2** wie →[*Trokken*]*t.*2, OB, OP vereinz.: *Otrickdejchl* Aufwischtuch Luitpoldhöhe AM.
WBÖ V,838.

[**Für-tuch**]**t.** Schürze, nur in Phras.: °*der hat sein Misch in Fürtatuach* „von einem Dieb" Brunnen SOB.

†[**Dünn**]**t.** zartes, feines Gewebe, Schleier daraus: *vmb ein seiden Duntuch ain Reinischen Gulden* 1466 Frsg.Dom-Custos-Rechnungen I, 234.
WBÖ V,838.

[**Dunst**]**t.,** [**Dünst**]**-** **1** feuchtes Tuch zum Bügeln, Aufdämpfen, °OB, °NB, °OP vereinz.: °*Dinsttichl* „zum Aufbügeln von Hosen" Neusorg KEM.– **2** Tuch zum Bedecken eines Gefäßes u.ä. mit Wasserdampf od. Gärgasen.– **2a** Tuch über einem Dampfbad, °OB, °NB vereinz.: °*Dunsttuch* „überm Kopf beim Inhalieren" Deggendf.– **2b** Tuch über dem Topf beim Dampfnudelkochen: °*Dunsttuch* „zwischen Topf und Deckel, damit der Dampf nicht entweichen kann" O'viechtach.– **2c** Tuch über einem Krautfaß od. Gärballon, °OB, °NB vereinz.: °„zur Reinigung des Krautfasses wird ein heißer Ziegelstein mit Wacholderbeeren hineingelegt, überbrüht und das Faß mit einem leinenen *Dunsttuch* abgedeckt" Neukchn KÖZ.– **3** Tuch zur Herstellung von Serviettenknödeln: °*Dunsttuch* „für Hefe- oder Kartoffelknödel" Peißenbg WM.– **4** Umschlag, Wickel, °OB, °OP vereinz.: °*Dunsttuch* „feuchtwarm, bei Kinderkrankheiten" Fronau ROD.